清华 公共管理教材

区域治理概论

Introduction to Regional Governance

李应博 著

清华大学出版社
北京

内 容 简 介

本教材旨在帮助学生建立区域治理的理论知识体系,增强运用区域治理视角和工具方法解决区域发展重大问题的主动意识、理论素养和实践能力。本教材从区域治理的概念界定、主体构成、治理工具、治理机制、治理过程和治理效果等方面系统讲授了区域治理的相关理论基础、分析工具和研究方法;介绍了国际区域治理的组织、制度安排与进展。从治理目标、治理逻辑、治理特征、治理工具等方面提供了中国区域治理的分析框架,介绍了国内成功的实践案例,从而帮助学生更加深刻地理解中国区域治理范式的独特性与创新性,树立对我国区域治理的理论自信与制度自信。

本教材适用于公共管理专业研究生,也可以供公共管理专业高年级本科生阅读参考。

图书在版编目(CIP)数据

区域治理概论/李应博著.—北京:清华大学出版社,2024.3
清华公共管理教材
ISBN 978-7-302-65063-8

Ⅰ.①区… Ⅱ.①李… Ⅲ.①区域-行政管理-中国-高等学校-教材 Ⅳ.①D630.1

中国国家版本馆 CIP 数据核字(2024)第 003481 号

责任编辑:徐永杰
封面设计:常雪影
责任校对:王荣静
责任印制:沈 露

出版发行:清华大学出版社
      网 址:https://www.tup.com.cn,https://www.wqxuetang.com
      地 址:北京清华大学学研大厦 A 座   **邮 编:**100084
      社 总 机:010-83470000   **邮 购:**010-62786544
      投稿与读者服务:010-62776969,c-service@tup.tsinghua.edu.cn
      质量反馈:010-62772015,zhiliang@tup.tsinghua.edu.cn
印 装 者:三河市君旺印务有限公司
经 销:全国新华书店
开 本:185mm×260mm   **印 张:**15.75   **字 数:**260 千字
版 次:2024 年 3 月第 1 版   **印 次:**2024 年 3 月第 1 次印刷
定 价:68.00 元

产品编号:094369-01

"清华公共管理教材"编委会

总　　序

党的十八大以来，以习近平同志为核心的党中央高度重视和关心教材建设，提出"用心打造培根铸魂、启智增慧的精品教材，为培养德智体美劳全面发展的社会主义建设者和接班人、建设教育强国作出新的更大贡献"。为全面贯彻落实习近平总书记关于教材建设的重要指示精神，教育部推出多项政策，加快推进课程教材治理体系和治理能力现代化，鼓励高校根据人才培养目标和学科优势，制定本校教材建设规划。清华大学积极响应国家号召，出台多项举措大力推进教材建设，鼓励院系发挥学科优势建设体系教材。

教材是学科发展的知识载体和成果结晶。公共管理学科是研究政府及相关公共部门为实现经济、政治、文化、生态和社会发展目标，制定公共政策和实施综合管理行为的学科群的总和。中国公共管理学科的兴起与发展与中国改革开放四十多年的社会实践发展紧密相关，这需要中国的公共管理教育不断追踪社会的发展和治理的进步。新时代的公共管理学科和教育发展对教材建设提出了更高要求，改革开放以来中国有效治理的伟大成就和丰富实践，也为教材编写积累了丰富的素材。我们要用好改革开放和社会主义现代化建设这座理论和政策研究的"富矿"，借鉴国际治理的经验，结合中国公共管理的丰富实践，编写出有时代特色的优秀教材。尤其是当前课程思政的教学改革，更需要我们将中国的经验提炼总结，讲好中国故事。因此编好公共管理教材责无旁贷。

清华大学公共管理学院建院二十多年来，在公共管理研究生教育方面坚持开拓创新，不断成长和发展，为培养深入理解中国国情与发展模式、具备国际视野并能洞悉全球治理走势、掌握现代公共管理知识的公共事务领导者作出了积极贡献。作为清华大学公共管理学院"十四五"时期学科发展的重要任务之一，"清华公共管理教材"系列丛书的编写和出版，旨在丰富我国公共管理研究生教育教材建设成果，推出融汇古今中外公共管理理论与实践、体现中国改革开放四十多年发展和治理经验、反映中国特色和时代特征的公共管理教材。我们希望这套教材的出版,能够回应各方面对中国发展模式认知与治理理论创新的期待,服务国家治理现代化对公共管理教育高质量发展的需求,并在课程思政教学设计方面作出探索。

本套教材在编写理念上力求把握好以下关系:一是把握好传授知识体系与反映治理创新前沿的平衡;二是把握好提供中国特色治理研究成果与吸纳国外学术研究进展的平衡;三是把握好学术理论性、现实针对性和实践操作性之间的平衡;四是把握好服务国内外教学普遍需求和体现清华大学公共管理学科特色的平衡。本套教材在教学手段上适应高等教育多媒体教学、网络化教学的新要求,在出版纸质图书的同时,配套多媒体教学课件、扩充资料、影像视频,采用融媒体形式,实现传统图书出版与新媒体技术的有机结合。本套教材力争做到形式和内容的创新,主要特点是:与学科建设紧密结合,具有特色化、专业性和创新性;与课程建设紧密结合,具有实用性、多元性和前沿性;与学院发展紧密结合,具有高质量、引领性和持续性。"清华公共管理教材"系列丛书的读者对象定位于公共管理研究生层次,包括学术型研究生和专业型研究生(MPA),同时可供公共管理类学科或专业高年级本科生阅读参考,也可供公务员培训使用。

为做好丛书组织编辑工作,我们组建了编委会,邀请校内外公共管理教学和理论研究的著名学者,为本套教材的编写与出版工作提供专业指导,衷心感谢各位专家的参与。丛书编写和出版同时得到了清华大学出版社的大力支持,也表示衷心的感谢!我们将与全院教师及学界同人共同努力,力争将这套教材做成精品,为中国公共管理教育和学科发展尽绵薄之力。

江小涓　薛澜

2022 年 2 月

前　　言

自 20 世纪 90 年代以来,经济全球化加速,世界经济进入一个新阶段。世界经济总量基本保持增长,产业科技变革加速,驱动力量增强;新兴经济体快速崛起,国家、地区间联系普遍加深;全球治理结构也在发生深刻变化。

全球化的经济效果易被感知,但是全球化中存在的不确定性和风险却更应被当今世界各国高度关注。世界已进入经济、地缘政治和社会结构加速演变的新阶段。建立地区间合作、包容发展、公平发展、普遍安全的区域治理机制,对增强地区竞争能力、开放能力和风险防控能力至关重要。如新冠疫情曾阻滞资源空间流动,但是数字经济却展现了更大潜力和价值。这说明:在重大公共危机面前,人类社会是富有韧性和智慧的。面对全球经济和地缘政治复杂多变、风险管控艰难的外部挑战,构建区域发展的新机制和新模式,践行真正的多边主义区域治理机制,构建持续对话渠道和平台,强化风险预警机制,提升区域政策设计水平和治理能力,对全球新型治理体系构建及全球化回归都将提供重要的方案和思路。

高质量发展是全面建设社会主义现代化国家的首要任务,区域高质量发展是中国式现代化道路上的重要支撑力量。有效的区域治理既是区域高质量发展的重要组成部分,也是实现区域高质量发展目标的机制保障。当前,我国很多地区已经跨越总量积累阶段,提升发展质量成为最紧要任务。近年来,党和国家相继出台促进区域高质量发展的多项重大政策举措。党的二十大报告进一步明确提出了深入实施区域协调发展战略、新型城镇化战略,构建优势互补、高质量发展的区域经济布局等区域战略要求。习近平总书记更是心系区域高质量发展,多次强调要高质量推进区域协调发展。在 2024 年两会期间,习近平总书记指出要因地制宜发展新质生产力,为各地区找到适合自身高质量发展的新路指明了战略方向和发展目标。

区域治理日渐成为区域公共政策的重点议题。无论是一个国家内部的某个区域,还是跨国家、跨行政区等不同地区间以及多层次的跨区域治理议题更成为当前国内外学术焦点和重要的政策实践场域。由于国家间历史脉络与文化基因、现实制度结构和发展阶段均不相同,跨区域治理问题必定呈现国别差异。虽然西方区域治理理论起步较早,各种工具方法也相对完备,但是所涵盖的议题主要触及的是边境、流域和生态治理。西方工业化国家的区域治理具有内生性演化的特点。我国区域发展既具有典型的制度建构性,也充分体现了国家能力建设的驱动性、清晰的发展时间表和政策理性与公共价值的适配性。也就是说,我国的区域治理模式是伴随着区域发展道路而得到推进的,而且当前的治理场景远比西方工业化国家曾经的区域治理场景更加复杂动态。因此,在理解西方区域治理理论的基本逻辑之上,通过比较分析国内外区域治理实践道路来建构我国新时代区域治理范式,将具有宽广的研究视角和深远的学习意义。

本教材希望通过讲授区域治理的基本概念和基础理论,帮助学生建立区域治理的基本理论框架,理解区域治理作为全球治理学科组成部分的重要意义。同时,教材讲授了国际区域治理的实践和典型案例,以及中国区域治理的历程、特点、工具和典型案例,帮助学生理解区域治理作为一种新的区域发展范式逻辑和发展途径,在一国国内和国际社会发挥机制性和建设性功能;更好地建构在不确定性环境下区域自身发展韧性,提升地区间协调发展水平和能力;理解区域治理的中国实践方案,更好地建立对中国式现代化的区域治理道路的理论自信与制度自信。

本教材具体章节安排如下:第一章为全球化中的区域发展,第二章为区域与区域主义,第三章为区域治理的理论基础,第四章为区域治理主体,第五章为区域治理机制,第六章为区域治理效果,第七章为国际区域治理实践,第八章为中国区域治理实践。

通过学习本门课程,希望学生树立开放、自主、积极、合作与发展的区域治理观;在构建人类命运共同体的治理实践中,思考、探索并构建区域治理的中国范式。

2024 年 3 月

李应博

目　　录

第一章

全球化中的区域发展

学习目标

［1］ 了解全球化的主要特征。

［2］ 掌握全球治理的核心思想。

［3］ 了解世界区域发展的主要特征。

能力目标

从相互依赖视角分析全球化中的区域发展特点。

思政目标

［1］ 树立开放、自主、积极、合作与发展的区域治理观和知识体系。

［2］ 在构建人类命运共同体的治理实践中,思考、探索并构建区域治理的中国范式。

自 20 世纪中叶以来,人类历史进程进入一个迅速变革的新时期。新兴市场国家和新兴经济体正在重塑全球经济与地缘政治版图;国家间和区域间的相互联系也在增强。主要经济体的经济总量持续攀升,产业科技变革速度加快,发展道路也呈现多样性。20 世纪 90 年代以来不断加速的全球化浪潮更助推了资源、要素、信息和知识的全球流动,促进了国家、地区间的经贸往来;彼此间在社会、文化、政策、制度和思想的接触意愿与能力也在增强。但是,由于发展目标、资源禀赋、发展阶段和发展能力在国家、地区间仍存在差异,因此全球化不是一个均质的、同节奏的进程。全球化中的区域化特征逐步显现。

第一节　全球化中的相互依赖

一、相互依赖思想

在人类历史长河中,相互依赖(interdependency)的思想源远流长。中国哲学博大精深,每一种思想流派和每一方智慧良田,都蕴含着广泛而深刻的相互依赖的思想。相互依赖既是自然万物共生的法则,也是人类社会和谐进步的内在规律。《道德经》中已有"有无相生,难易相成,长短相形,高下相倾,音声相和,前后相随"的哲学思想。这里所指的宇宙是一切存在之全,是"至大无外";每个人、每个事物都应当被看作宇宙的一部分。[①] 正是这种天地一体和万物一体才使它们彼此间相互转化,没有绝对界限。同时,中国传统的儒家政治哲学也是在首先定义了人与人之间的关系基础上才构建社会意义和国家意义上的发展逻辑。

西方经济上的相互依赖源于交换和劳动分工。亚当·斯密在《国富论:国民财富的性质和起因的研究》之《分工的根源》一章中提出"通过契约、以物易物和购买来获取大部分我们所需要的相互的帮助和照料,正是这个以物易物的意向最初引起了劳动的分工"。[②] 社会交换理论认为,人与人之间建立关系并产生互动是出于生存和活动需要,因此人的利益具有相互相关性。西方实用主义哲学家杜威(Dewey)认为,人与人之间以及人与环境之间存在密切相关性是适应环境的一种行为表现,人与人之间的关系中建构出来的意义网络是社会经验。[③] 当社会生产力发展到企业和贸易作为经济生活的最主要形态时,分工也逐渐从个体间转向企业间、地区间和国家间。这一过程推动了国际分工、塑造了全球市场、加速了经济全球化进程。

在当代国际问题领域,"相互依赖"这一概念始于20世纪60年代。从广义上讲,相互依赖是"一个人的条件依赖于另一个人,反之亦然"。[④] 相互依赖的行为与效果在政治、经济、技术、安全、社会、文化中广泛存在。它是以国家之间或不同国

---

① 冯友兰.中国哲学简史[M].北京:北京大学出版社,2010.
② 斯密.国富论:国民财富的性质和起因的研究[M].谢祖钧,译.北京:新世界出版社,2007.
③ DEWEY J. Human nature and human conduct[M]. New York:Prometheus Books,2002.
④ NYE J S JR,WELCH D A. Understanding global conflict and cooperation:an introduction to theory and history[M]. 10th ed. 上海:上海人民出版社,2021.原文为"Interdependence is where the condition of one depends on another and vice versa"。

家行为体之间的相互影响为特征的情景。[①] 美国学者罗伯特·O. 基欧汉（Robert O. Keohane）和约瑟夫·S. 奈（Joseph S. Nye, Jr.）认为，全球主义是世界的一种状态，是世界洲际存在的相互依赖网络，并通过资本、商品、信息、观念、人民、军队、与环境生物相关的物质（如酸雨和病原体）的流动和影响在一起。全球化或去全球化指的是全球主义的增减。[②] 在全球主义框架内，经济全球主义、军事全球主义、环境全球主义、社会文化全球主义构成了四个主要维度。他们以权力与相互依赖作为分析框架，采用"敏感性"和"脆弱性"解构了国家间复合相互依赖、均等依赖、绝对依赖和不对称依赖情景。也有观点认为，一国的经济增长将会导致其他国家或国际关系敏感性（sensitivity）的增强。[③]

二、经济、技术、社会全球化中的相互依赖

相互依赖是全球化的重要特征之一，表现为不同国家和区域在经济社会发展中存在的广泛关联性，以及通过合作来实现经济发展与社会进步的特点。相互依赖并不等同于全球化。全球化是一种多边网络化关系，也是一种包含洲际距离的全球主义，而非两个主体间的单一的相互依赖关系或区域网络。

（一）经济全球化中的相互依赖

国际货币基金组织（IMF）在《世界经济展望（1997）》中指出，"经济全球化是指跨国商品与服务贸易及资本流动规模和形式的增加，以及技术的广泛迅速传播，使各国经济的相互依赖性加强"。在全球化的流动空间中，经济与文化地理以更加复杂的世界网络形态进行演化。通过空间相互依赖来概括当代变化世界中的流动和迁移具有可行性。[④] 20 世纪 60 年代，贝拉·巴拉萨（Bela Balassa）关注到了全球化分工中的垂直专业化（vertical specialization）："一类商品的连续生产过程被分割成一条垂直的贸易链，由每个国家根据其比较优势对生产过程中的各阶段分别将其附加值化。"[⑤]自 20 世纪 90 年代以来，国际要素和资本流动下国家

① KEOHANE R O, NYE J S. Power and interdependence[M]. 3rd ed. 北京：北京大学出版社，2004.
② 基欧汉，奈. 权力与相互依赖[M]. 门洪华，译. 4 版. 北京：北京大学出版社，2012.
③ COOPER R. The economics of independence：economic policy in the Atlantic Community[M]. New York：McGraw-Hill，1968.
④ CASTELLS M. The rise of the network society[M]. Cambridge：Blackwell Publishers，1996.
⑤ BALASSA B. Trade liberalization among industrial countries[M]. New York：McGraw-Hill，1967.

和地区间在资源、技术、产品和服务上的相互依赖程度日益加深。越来越多的国家和地区进入全球生产网络（global production network）和全球价值链（global value chain）；跨国企业作为主要节点，彼此间关系更为绵密，分工更加深化，形成了相互依赖型的国际经济体系。同时，经济的相互依赖加深了国家和地区间的利益连接，提升了国家和地区在全球经济体系中的嵌入性（embeddedness）。在动态变化的世界经济体系中，国家和地区间的这种相互依赖具有自我强化的机制，产生循环累积效应（effect of cumulative causation），这对国际政治关系的演变也起到了较大作用。

（二）技术全球化中的相互依赖

技术全球化是知识流动、专利流动和技术转移在全球化中的表现。通过国际产业分工、对外投资和贸易而产生的技术溢出效应促进了技术主体之间的相互依赖。[1][2] 技术全球化不仅重构了世界科技版图，对推动发展中国家和新兴经济体融入全球化过程也起到了重要作用。技术创新主体之间在地理空间，或者心理、文化和社会因素上的毗邻性（proximity）也将影响彼此间的互动与沟通，从而影响相互依赖的程度。[3] 如在 2006 年至 2016 年，国际合作发表的科学和工程出版物的比例从 16.7% 上升到 21.7%。[4] 技术全球化的表现包括三个方面：一是世界范围内对技术的公共投资和商业投资成为普遍共识和普遍行动；二是国家、地区间的科技联系普遍增强，体现在专利流动、知识产权贸易、科技人才跨国、跨区域流动上；三是对技能的投资以及对劳动力市场匹配程度的改进促使国家、地区间有更多的区域中心产生，且相互间技术联系的绵密性也在加强。

（三）社会全球化中的相互依赖

人口的空间迁移是人口跨越领土边界或者行政区域边界，从一个区域迁移到

① FREEMAN R B. Globalization of scientific and engineering talent：international mobility of students，workers，and ideas and the world economy economy[J]. Economics of innovation and new technology，2010，19(5-6)：393-406.

② NIOSI J，BELLON B. The global interdependence of national innovation systems：evidence，limits，and implications[J]. Technology in society，1994，16(2)：173-197.

③ BOSCHMA R A. Proximity and innovation：a critical assessment[J]. Regional studies，2005，39(1)：61-74.

④ National Science Board. Science and Engineering Indicators 2018[R]. Arlington，VA：National Science Foundation，2018.

另一个区域的过程。人口迁移的原因各不相同,如逃离冲突和不利的社会经济条件,以及寻求更好的环境和教育条件等。劳动力迁移是人口迁移的一种主要形式,是由于人们需要为生产活动提供劳动力(如体力、脑力、智力等)而从一个地方迁移到另一个地方。联合国(UN)估计全球移徙人口为2.58亿,其中1 940万人在非洲内部移徙[①],而4.8亿欧盟(EU)公民在欧洲大陆各成员国之间流动、居住、学习和工作[②]。在欧洲的自由移民制度历史化中,工人的自由流动是1957年欧洲经济共同体谈判的核心。[③]

移民、社会融合与全球化也形成了相互塑造的社会全球化过程,且具有相互依赖的特征。虽然难以清晰划分孰因孰果,但是毋庸置疑:全球化进程中的移民数量和文化与社会制度等的交流确实显著增长了。从全世界范围内看,移民的基础是全球人口的增加,其动机或许是对工作机会、生活条件和安全环境的更多愿望。通过移民带来的人力资本提升、不同文化间的接触,以及全球福利改善,也是社会全球化的重要结果。根据联合国统计,2019年世界移民人数达到2.72亿,比2010年增加了5 100万,移民占世界人口的比例为3.5%,这一数字包括近2 600万难民以及一定比例的女性(48%)和3 800万儿童,工作年龄在20~64岁之间的比例为31%。31%的移民在亚洲,30%在欧洲,其余的在美洲(26%)、非洲(10%)和大洋洲(3%)。[④] 西方发达国家是全球化,尤其是技术和人才全球化的主要受益者。有研究表明,发达国家增加相当于其总劳动力数量3%的技术和非技术劳动力暂时性劳动力流动配额,估计每年将为全球带来超过1 500亿美元的福利增加。[⑤]

社会全球化的推进得益于交通基础设施与信息通信手段的广泛使用。全球城市竞争力指数(GPCI)采用了一项评估城市竞争力的指标——可达性(accessibility)。其中,交通可达性以更加多样和更强性能的多样性交通基础设施存量作为评估指标。交通可达性意味着交通基础设施提高与扩大了全球人口和物质资源的流动

---

① United Nations, Department of Economic and Social Affairs, Population Division. World population prospects [R]. New York, 2017.

② European Commission. Maximising the development impact of migration [M]. Brussels: European Commission, 2013.

③ COMTE E. European regionalism and migration global governance[J]. Les cahiers irice, 2012, 9(1): 117-137.

④ AL-HAYANI B, ILHAN H. Efficient cooperative image transmission in one-way multi-hop sensor network [J]. International journal of electrical engineering & education, 2020, 57(4): 321-339.

⑤ WINTERS L A. 模式4: 贸易自由化对经济的影响[M]//MATTOO A, CARZANIGA A. 人才流动与服务贸易自由化. 北京: 中国财政经济出版社, 2004: 42.

速度和空间范围。信息可达性是指信息通信技术广泛在经济社会领域应用；这一进程加速了网络空间上的全球化进程。网络空间的全球化突破了地理空间的局限,加速了世界范围内信息流动,促进了人类社会在知识、经验、文化、观念上的交流碰撞。它正以前所未有的速度重塑全球化的参与机制,且将在更长时间跨度上影响人类社会的历史进程。

第二节 全 球 治 理

一、全球化挑战

经济全球化存在不平衡性以及国际政治结构改革停滞,也加深了国家、地区内部的不平等、贫困、安全和人道主义危机。在经济、政治、社会和思想意识等领域,甚至出现了很强的极化效应。发达国家(地区)在全球治理体系、全球生产网络和全球价值链上仍掌握主导权,而欠发达国家(地区)和落后国家(地区)尚无法完全分享全球化成果,停留于低端路径锁定状态。

(一)经济全球化发展的非均衡性

虽然全球化在很多领域得以呈现,但是今天我们看到的全球化并非发生在所有领域和所有地区。经济全球化出现了"局部性",存在"低端锁定"(lock-in)。传统发达国家通过重大基础科学发现与国际技术转移,获得了经济增长的新动力。[1] 很多发展中国家和欠发达国家却无法在经济全球化中实现广泛参与和深度参与的目标,在全球价值链上仍处在低附加值位置,经济发展的主动性受到了深度抑制。经济全球化并未呈现出均质连续分布的区域格局。人口总量、经济总量、全球贸易、技术专利、基础设施可达性上都呈现出非均衡性。联合国可持续发展目标(Sustainable Development Goals,SDG)(2018)报告指出：全球基础设施的可达性在国家间并不均衡,很多欠发达国家的公路、桥梁等基础设施甚至还未达到满足经济发展的基本需要。

从人口和经济总量角度看,东亚与太平洋地区人口总量最大,撒哈拉以南非洲地区、欧洲与中亚地区和南亚地区人口总数相近。拉丁美洲与加勒比海地区和

---

[1] GATES D M. Basic research in Europe-reply[J]. Science,1959,130(3368)：171.

中东与北非地区人口总数分别位列第五和第六。北美地区人口总数最少,如图 1-1 所示。从人均 GDP(国内生产总值)来看,北美地区的人均 GDP 远远高于其他地区,欧洲与中亚地区次之,拉丁美洲与加勒比海地区、东亚与太平洋地区和中东与北非地区人均 GDP 相近,撒哈拉以南非洲地区和南亚地区人均 GDP 最低,如图 1-2 所示。

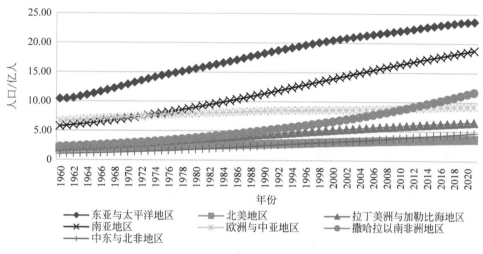

图 1-1　全球各地区人口分布情况
资料来源:世界银行数据库。

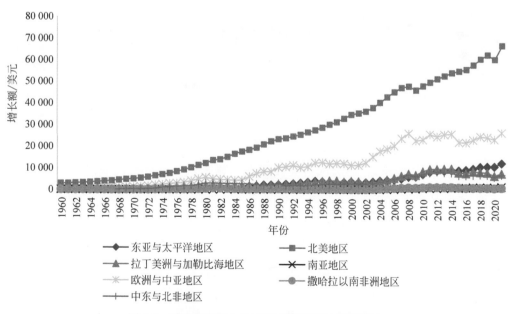

图 1-2　世界各大区人均 GDP 增长情况(现价美元)
资料来源:世界银行数据库。

从进出口贸易指标看,欧洲与中亚地区商品进出口贸易额在各大区域中居首位,东亚与太平洋地区次之,北美地区和欧洲与中亚地区、东亚与太平洋地区贸易额相差较大,位居第三。拉丁美洲与加勒比海地区和中东与北非地区商品进出口贸易额相差不大,位列第四和第五。南亚地区和撒哈拉以南非洲地区商品进出口贸易额最低,如图 1-3 所示。

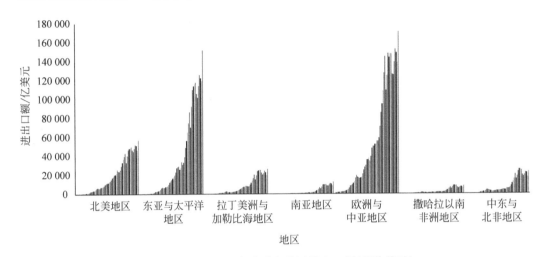

图 1-3　1960—2021 年全球各地区进出口额(现价美元)

资料来源:世界银行数据库。

(二)经济全球化与国际政治结构改革步调不一

当前,国际秩序面临的挑战是经济全球化与国际政治体系改革没有形成动态适应。全球范围内的权力分散且出现非对称性。[1] 联合国、世界银行(World Bank)等国际机构尽管被认为具有广泛的权威性,但是在一些关键性的全球问题的处置机制上仍有失灵问题,在协调各国利益时无法发挥机制性作用。国际贸易和投资增速持续低于全球 GDP 增速,全球跨国直接投资也一直未恢复到危机前的最好水平。[2]

全球孤立主义、分离主义、民族主义交织,对国际秩序造成了严重的外溢效应。第二次世界大战以后形成的传统的国际关系结构仍在根深蒂固地影响着西方国家的发展逻辑。在国际政治场域中,它们不仅希望仍能掌握全球治理的主导权,也正在采用各种方式来维持这种旧有的国际政治结构。基辛格(Kissinger)认

---

[1]　张宇燕,李增刚.国际经济政治学[M].上海:上海人民出版社,2008.

[2]　全球贸易占 GDP 比重数据:2008 年占比为 51.44%;2016 占比为 42.66%;2018 占比为 46.14%。

为国际秩序的巩固与发展依赖成功的全球化,然而全球化的进程也会引发逆全球化的政治反应。[①] 对全球化结果的误判将给自身带来冲击,导致当今一些国家重拾孤立主义和霸权主义的现象频繁发生。

现实主义国际关系理论认为,大国与小国在世界体系中的权力是不均衡的。大国影响全球经济和政治走向,小国只能被动接受。然而,这种观念带有明显的歧视性,不利于世界各国普遍而广泛地享受经济全球化的成果,甚至可能还会引发逆全球化的反应。只有在全球化中践行真正的多边主义,才能有效地推动国际政治结构向更加包容、健康、平衡的方向发展,才能真正实现广泛的全球化,让世界各国分享全球化带来的成果,实现世界的协调和包容发展。中国是真正的多边主义的倡导者和实践者。在国际政治、经济、社会、文化等多个领域,中国正在努力建构全球治理新局面中的新型大国特征。2022 年 6 月 17 日晚,习近平主席应邀以视频方式出席第二十五届圣彼得堡国际经济论坛全会并致辞。习近平主席强调,要践行真正的多边主义,尊重并支持各国走符合本国国情的发展道路,建设开放型世界经济,提升新兴市场国家和发展中国家在全球经济治理中的代表性和发言权,促进全球平衡、协调、包容发展。

二、全球治理理论

(一)全球治理理念的提出

全球治理的理念源起于 20 世纪 70 年代。基欧汉和奈将全球化描述为一个"复杂性的独立"时期,认为全球治理存在必要性,在这样一个"复杂性的独立"时期,需要国际制度和其他国际组织作出应对。[②] 由于现代社会复杂性加剧、人口流动加大,以国家为单一主体来参与全球治理存在不足;而构建超越时间和空间限制的全球化治理尤为必要。[③]

全球治理是维护人类共同利益的一套体系。[④] 全球治理中蕴含的全球合作模

---

① KISSINGER H. World order[M]. New York:Penguin Books,2014.

② KEOHANE R O,NYE J S. Power and interdependence:world politics in transition[M]. Boston:Little Brown & Company,1977.

③ ROSENAU J N,SINGH J P. Information technologies and global politics:the changing scope of power and governance[M]. Albany,NY:SUNY Press,2002.

④ 俞可平. 全球治理引论[J]. 马克思主义与现实,2002(1):20-32.

式反映了国际合作的新特征和新问题。[①] 全球治理是个人与机构,公共部门与私营部门管理共同事务的多种方式的集合。它可以促进存在相互冲突或不同利益的各方主体调和争议并采取联合行动,既包括通过拥有治理权力的制度化机构的治理行为,也包括相关治理参与者的非制度化的治理行动。[②] 也有观点认为,全球治理为国际组织在试图不断努力达到理想和实际的目标的辩论中,取代"世界政府"的一个易让人接受的术语。[③]

可见,全球治理是为应对人类社会发展过程中产生的涉及和平、安全、发展等各个领域的问题,而建立的一套规则与程序。全球治理对象包括全球治理行为所指向的客体,也就是那些正在影响或即将影响全人类的全球性问题。[④] 治理对象包括全球安全(如防止武装冲突、核武器的生产与扩散,以及大规模杀伤性武器的研制与扩散)、国际经济(如全球经济安全、公平竞争、世界贸易)、生态环境(如资源的合理利用与开发、稀有动物保护、防止臭氧衰竭和减缓全球气候变化)、防止跨国犯罪(如走私、非法移民、国际恐怖活动)和基本人权(如防止种族灭绝、屠戮贫民以及疾病传染和饥饿)。

全球治理改革就是针对上述已经出现或潜在的全球公共议题建立新的治理规则、解决机制和有效方案。随着全球化、全球问题以及国际社会新兴力量的崛起,中国在参与全球化的进程中的贡献不断得到体现。习近平主席在金砖国家领导人第五次会晤时(2013年3月27日)指出:"不管国际风云如何变幻,我们都要始终坚持和平发展、合作共赢,要和平不要战争,要合作不要对抗,在追求本国利益时兼顾别国合理关切",为全球各国和地区可持续、稳定发展提供了中国方略。

(二) 全球治理特征的应然性

1. 治理主体多样性

全球治理不等于全球政府或世界政府,也不是民族国家行为体的简单组合,而是一种国家与非国家行为体之间的合作,以及从地区到全球层次解决共同问题

① 蔡拓,林南林.全球治理:适应全球化的新的合作模式[J].南开学报(哲学社会科学版),2004(2):63-70.

② 联合国全球治理委员会.我们的全球伙伴关系[M].伦敦:牛津大学出版社,1995.

③ BARATTA J P. The politics of world federation: from world federation to global governance[M]. Westport: Praeger, 2004.

④ 俞可平.全球治理引论[J].马克思主义与现实,2002(1):20-32.

的新方式。① 全球治理与非政府组织(NGO)、公民运动、跨国公司和全球市场有关,同时也与具有广泛影响力的全球媒体相互作用。② 现实主义学派强调国家权力在全球治理中的作用,如吉尔平(Gilpin)③、科克伦(Cochrane)④、达菲尔德(Duffield)⑤。新自由主义制度学派则关注国家以外的其他主体的角色,重视不同类型主体间的合作在全球治理中发挥的机制和影响。国家不应作为政策制定的唯一主体,核心参与者应该包括国际化的公共官员(工作在某个国家机构,代表国家参与全球政策讨论)、国际公民(在国际组织工作,管理相关机构的人员)以及跨国政策专家(如政策顾问、执行官、科学家、非营利组织负责人)。⑥

全球治理主体包括超国家组织、区域性组织、跨国组织、次国家组织和主权国家。⑦ 在国际场域中的公民、社会、市场和国家都是国际公权力的拥有者,也是全球治理的主体。⑧ 因此,全球治理主体具有多极化,正式权力来自政府、国际组织,非正式权力来自对跨国规则和权力体系能够施加影响的组织与集团。斯科尔特(Scholte)证实了公民社会通过提高全球治理运营的公共透明度、监督和审议全球政策,为全球治理带来更多的公共责任。⑨ 技术专家需要在专业领域发挥他们的知识和专长,并参与治理过程。⑩ 可见,全球治理模式需要从"国家中心"向"多极化"转变,并将政策空间作为分析工具,治理参与者可以通过跨国的、多层次的协调活动,实现权利的增长。⑪

---

① 星野昭吉.全球政治学——全球化进程中的变动、冲突、治理与和平[M].刘小林,张胜军,译.北京:新华出版社,2000.

② The Commission on Global Governance. Our global neighborhood[M]. Oxford: Oxford University Press, 1995.

③ GILPIN R. A realist perspective on international governance[M]//MCGREW A, HELD D, GOLDBLATT D. Governing globalization: power, authority and global governance. Cambridge: Polity, 2002.

④ COCHRANE F, DUFFY R, SELBY J. Global governance, conflict and resistance[M]. London: Palgrave Macmillan, 2003.

⑤ DUFFIELD M R. Global governance and the new wars[J]. Journal of refugee studies, 2014, 15(3): 120-121.

⑥ STONE D. Global public policy, transnational policy communities, and their networks[J]. Policy studies journal, 2008, 36(1): 19-38.

⑦ 麦克格鲁.走向真正的全球治理[M]//俞可平.全球化:全球治理.北京:社会科学文献出版社,2003.

⑧ THAKUR R, WEISS T G. Global governance and the UN: an unfinished journey[M]. Bloomington: Indiana University Press, 2010.

⑨ SCHOLTE J A. Civil society and democratically accountable global governance[J]. Government and opposition, 2004, 39(2): 211-233.

⑩ 麦克格鲁,陈家刚.走向真正的全球治理[J].马克思主义与现实,2002(1): 33-42.

⑪ CERNY P G. The governmentalization of world politics[Z]. 2008.

2. 治理议题跨国(地区)性

正在影响或即将影响全人类的全球治理议题具有跨国(地区)性,它们数量众多,涉及领域广泛。全球治理所要解决的问题并非某个国家(地区)或某些国家(地区)所特有,而是全球范围内多数国家(或地区)所共有,例如流行病爆发、大气污染、水污染问题等。因此,其影响范围具有跨国(地区)性。在全球化影响下,一国(地区)内部问题会迅速扩散或蔓延到其他国家(地区)。例如在国际经济领域,1997年亚洲金融风暴席卷泰国,随后演变为亚洲地区的金融危机,波及马来西亚、新加坡、日本、韩国和中国等地。2008年美国爆发的次贷危机也迅速蔓延到欧洲和亚洲等国,最终演变为全球金融危机。因此,我们需要从跨国(地区)视角来思考全球治理议题,构建行动框架;通过国家(地区)之间的有效沟通来共同应对全球挑战。

3. 治理规则弹性化

全球治理的规则是指用于调节国际关系并规范国际秩序的跨国性原则、规范、标准、政策、协议、秩序。[①] 治理规则应该是在协调各主体利益基础之上形成的。治理能否得到实施,依赖于治理主体的自愿。全球治理的规则是由全球治理的核心参与者与机构(包括国家和非国家主体)通过行动和协议产生的。[②] 全球治理的方法包括国家之间的法律协调、国际制度、全球政策问题网络等。但是,也正是由于全球治理规则产生的自愿性,可能会因为国家间的权威关系[③]产生治理失灵。因此,全球治理虽产生于治理主体合作的自愿机制,但是只有基于秩序和规则约束的治理才有规避合作失灵或风险的可能。

在2016年G20(二十国集团)峰会上,中国提出"构建创新、活力、联动、包容的世界经济"主张,为应对当前全球政治经济形势错综复杂局面,推动全球经济治理、转型与创新提供了重要的前瞻性路径。"治理""创新""转型"日渐成为推动全球化,以及各经济体走出周期性波动阴霾,向结构性创新转型的重要关键

---

① 孔凡伟. 全球治理中的联合国[J]. 新视野,2007(4):94-96.

② O'BRIEN R,GOETZ A M,SCHOLTE J A,et al. Contesting global governance[M]. Cambridge:Cambridge University Press,2000.

③ LAKE D A. Rightful rules:authority,order,and the foundations of global governance[J]. International studies quarterly,2010,54(3):587-613.

词。中国区域发展成就和区域治理实践为全球治理改革提供了新的视野、方案和道路。

第三节　全球化中的区域化

世界经济和政治格局加剧演变，地缘政治、国际贸易、知识产权、全球价值链等多个议题交织。资本、劳动力、技术、信息等多要素间形成更为复杂、弹性和动态的关联性。工业化进程与科技迭代更加广泛、迅速地重构全球化。全球化中的区域主体更为多元，发展诉求更为多样。在这些因素的综合作用下，全球化中的区域化更为凸显。

一、新兴经济体的崛起

自20世纪90年代全球化进程加快以来，科技创新在一国（地区）竞争力塑造上的战略角色日渐突出，很多新兴经济体在全球创新版图日益凸显。特别是全球化加速、通信技术特别是互联网技术发展，以及新兴市场国家（地区）崛起这几种力量共同重塑全球产业分工体系后，世界创新空间版图出现了向"多中心"和扁平化演化的趋势。例如，美国研发支出总量在全球研发支出中所占份额从1960年的69%下降到2017年的28%。[①] 1992年到2020年，东亚与太平洋地区的专利申请量最多，北美地区次之，欧洲与中亚地区再次。拉丁美洲与加勒比海地区、南亚地区和中东与北非地区的专利申请量较少（撒哈拉以南非洲地区无专利申请量数据），如图1-4所示。很多新兴经济体的城市在全球知识产出版图上开始位居第一梯队，如图1-5所示。

二、全球价值链的重构

2001年，Gereffi在"全球商品链"（global commodity chain，GCC）[②]概念基础

---

① CSR Report. The office of technology assessment：history，authorities，issues，and options[R]. 2020.

② GEREFFI G. The organization of buyer-driven global commodity chains：how US retailers shape overseas production networks[M]//GEREFFI G，KORZENIEWICZ M. Commodity chains and global capitalism. Westport：Praeger，1994.

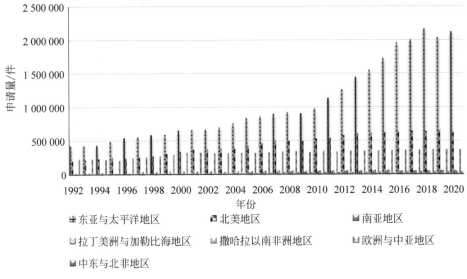

图 1-4 全球各地区专利申请量

资料来源：世界银行数据库。

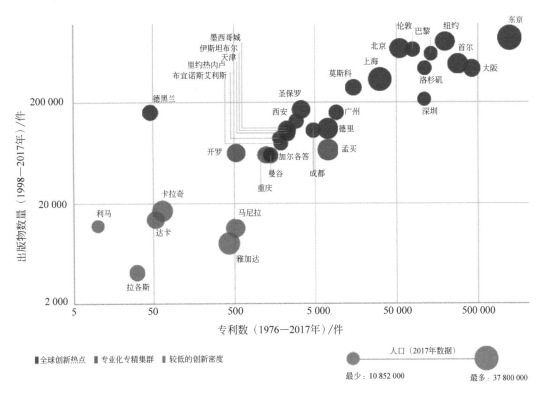

图 1-5 全球知识产出的城市分布

资料来源：WIPO. 世界知识产权报告 2019[R]. 2019.

上，提出了"全球价值链"①的概念。联合国工业发展组织（UNIDO）将全球价值链定义为实现商品或服务价值而连接生产、销售、回收处理等过程的全球性跨企业网络组织，涉及产品或服务从概念到生产、最终消费、消费后回收处理的全阶段。② 全球价值链分析有两个视角（全球、本国）、六大维度（投入产出结构、地域范围、管理结构、升级迭代、本国体制、行业利益相关方）。③

当前，全球价值链与国际贸易、全球产业变迁和各国经济发展相互影响程度日益加深。例如新冠疫情对全球价值链存在明显冲击。在需求与生产端，新冠疫情导致多国医疗设备和药品短缺，需求的激增超过现有生产力，这使得各国更加依赖进口；运输延误、疫情封锁使得复杂价值链中缺少中间产品，从而造成生产中断；政策与疫情的不确定性迫使企业不得不实现供应来源多样化。④ 在创新端，新冠疫情后，以信息制造和数字服务技术的产业转型以及全球气候变化议题下的低碳发展快速推动着全球价值链从传统贸易、投资和消费领域转向新业态，如无形资产、数字平台以及绿色创新领域迁移。本来，这一转型应该是基于国家、地区间自身要素禀赋、国际分工和发展诉求，并且在社会场景驱动和市场机制下的全球价值链重塑过程。近来，全球价值链受地缘政治影响的程度更深；全球经贸机制和全球治理机制的正面积极作用受到了抑制。

在国际政治因素介入下，全球价值链正在从聚合型结构向分布式结构转型，增加了国家（地区）间贸易成本和贸易风险。全球价值链本应是多经济体、多市场主体共同参与形成的一种网络结构，可以稀释掉上述原因引致的断链风险。但是，在新冠疫情、极端气候和地缘冲突等因素综合影响下，原材料供应短缺、物流体系不稳定、商品交货时间压力加大以及消费者的恐慌极端式消费行为等问题可能随时出现；也就是说，各种非预期性的策略可能随时出现。上述问题增加了全球价值链运行的交易成本，既有的稳态结构被破坏了。

一些西方发达国家作为全球价值链参与大国，却正在解构全球价值链的当前

① GEREFFI G，HUMPHREY J，KAPLINSKY R，et al. Introduction：globalisation，value chains and development[J]. IDS bulletin-institute of development studies，2001，32(3)：1-8.

② KRAWCZYK Z，UNIDO. Industrial development report[J]. Przemysl chemiczny，2003，82(2)：65-69.

③ FERNANDEZ-STARK K，BAMBER P，GEREFFI G. Regional competitiveness in the Latin America offshore services value chain[M]//BARDHAN A，JAFFEE D，KROLL C. The Oxford handbook of offshoring and global employment[M]. Oxford：Oxford University Press，2013.

④ BACCHETTA M，BEKKERS E，PIERMARTINI R，et al. COVID-19 and global value chains：a discussion of arguments on value chain organization and the role of the WTO[R]. WTO Working Papers，2021.

形态并试图建立以自身为全球价值链的核心角色。美国签署"美国供应链行政命令"①,针对半导体、先进电动汽车电池、医药、稀土四类产品供应链之韧性进行百日调查,其最终审查报告以"建立韧性供应链,复兴美国制造,促进广泛成长"为名,分析这几项产业之主要产地及其供货商,以评估风险与对策。美国召开跨国半导体供应链高峰会,要求各国主要从业者将半导体产能移往美国就近供应。欧盟虽在半导体产业拥有全球竞争力的设备制造商,但是缺乏量产芯片的厂商,受制于汽车芯片不足而陷入停工。为应对此项危机,欧盟国家签署了《欧洲处理器及半导体科技倡议联合声明》②,旨在恢复欧盟之先进芯片设计及半导体产能,建构欧盟的开放性的战略自主。2018年6月,法国与加拿大联合提出"人工智能宣言"③,呼吁在七国集团框架内建立"人工智能全球合作伙伴组织"。④ 同年8月,该组织正式成立,成员包括加拿大、法国、德国、澳大利亚、美国、日本、韩国等15个国家,重点关注合理使用人工智能、数据管理等四个领域的发展。

近年来,世界地缘政治跌宕,局部军事冲突频发,导致国家间产业链、供应链正常运行遭遇较大阻力。很多国家和地区迫切寻求产业链、供应链本地化策略以建构产业链、供应链韧性和本地化生产网络安全性。既有的全球价值链网络形态面临重构选择。

三、湾区成为新引擎

湾区(bay area)是重塑世界经济地理版图中的一股新兴力量,它是环绕沿海口岸分布的众多海港和城镇所构成的港口群和城镇群。《全球创新指数报告2020》显示:全世界近50%的创新集群都产自海岸线城市;全世界60%的经济总量、75%的大城市、70%的工业资本和人口也都集中于距海岸100～300千米的海岸带地区。当前,粤港澳大湾区与纽约湾区、旧金山湾区、东京湾区被称为全球四

---

① The White House. Executive order on America's supply chains[EB/OL]. (2021-02-24). https://www.whitehouse. gov/briefing-room/presidential-actions/2021/02/24/executive-order-on-americas-supply-chains/.

② European Commission. Joint declaration on processors and semiconductor technologies[EB/OL]. (2020-12-07). https://digital-strategy. ec. europa. eu/en/library/joint-declaration-processors-and-semiconductor-technologies.

③ Government of Canada. Canada-France statement on artificial intelligence[EB/OL]. (2018-06-07). https://www. international. gc. ca/world-monde/international_ relations-relations_ internationales/europe/2018-06-07-france_ ai-ia_france. aspx? lang=eng.

④ OECD. G7 Hiroshima process on generative artificial intelligence (AI)[EB/OL]. https://doi. org/10. 1787/bf3c0c60-en.

大知名湾区。开放的经济结构、全球价值链高端产业、较强的创新能力和国际化的创新网络是湾区科技创新发展的重要特征。

纽约湾区和旧金山湾区拥有全美约80%、全球约60%的风险资本。东京湾区的GDP总量占到全日本国内的1/3。粤港澳大湾区的国土面积为5.71万平方千米，分别是纽约湾区的3.3倍、旧金山湾区的3.2倍、东京湾区的1.6倍。我们国家的粤港澳大湾区总人口约为6 960万人，是纽约湾区的3.4倍、旧金山湾区的8.9倍、东京湾区的1.6倍。[①] 纽约湾区采取"政府＋资本"的创新模式，政府提供土地、人才和税收等要素保障为企业营造创新氛围；纽约作为世界金融中心的功能定位又为企业的创新活动提供充足的资本支持；旧金山湾区鼓励高校与企业密切合作，促进技术转移和衍生企业发展；东京湾区成立日本科学技术振兴机构（JST），负责支持、协调政府与湾区内企业的创新合作事宜，形成"第三方机构＋企业"这一创新模式。世界著名湾区的发展路径和趋势特征充分印证全球科技创新是湾区发展的核心属性。[②] 全球三个国际湾区在新冠疫情发生初期却显示了区域治理中城市间碎片化的资源分配困境与"治理失灵"的严重问题，对湾区经济活力起到了巨大的抑制作用。粤港澳大湾区受益于国家宏观政策与区域市场的双重力量，2020年湾区GDP仍超过1.7万亿美元，保持了稳定发展态势。可见，湾区虽然可以成为区域经济发展的新引擎，但是湾区经济是否真正有效，最终取决于湾区治理的机制是否有效。

四、地区间合作意愿增强

区域经济合作是跨国（地区）型区域治理安排的一种主要方式。区域经济合作包括两种主要类型：一种是经济制度与历史背景相似的地区之间开展的合作，欧盟即为此类；另一种是成员之间经济水平差距较大，但为实现资源和优势互补或构建更为紧密的依赖关系而开展的垂直合作，如北美自由贸易区。以协商一致原则建立的区域协议安排，是在相互尊重主权、不干涉内部事务和互不侵犯基础上，通过构建丰富性的对话机制，保留各成员自身文化历史特色以及提高应对挑

①　李应博，周斌彦.后疫情时代湾区治理：粤港澳大湾区创新生态系统[J].中国软科学，2020(S1)：223-229.
②　段艳红，何悦，胡品平.世界三大湾区的发展路径与特征[J].科技创新发展战略研究，2018(4)：27-30.

战能力的重要性达成一致的安排和集体行动。[①] 排他性的竞争并不是区域治理的应有之义。在现有国际关系结构基础上,秉持相互尊重,彼此关切和需求,构建开放、自主、合作、共赢的区域合作治理新结构才是跨国(地区)型区域治理的内在要求。在国家行为体之间达成的区域协定是国家间开展区域合作、对话沟通和实施区域治理的主要方式,也是国家、地区间府际协议的一种主要形式。

全球经济的有序发展依赖于一整套国际经济协调机制和国际经贸规则体系的有效运转。一方面,第二次世界大战后成立的隶属联合国且独立运行的世界银行(WB)、国际货币基金组织,1995年成立的永久独立的世界贸易组织(WTO)及其前身关税及贸易总协定(GATT)这三大支柱奠定了战后恢复发展的治理基石。另一方面,随着全球化的发展和国际政治经济格局的演变,全球经济治理机制也出现了一些新的变化。在区域层面,新的区域经济一体化组织不断涌现。截至2020年8月,向世界贸易组织通报的496个区域贸易协定中,有306个已经生效。欧盟、北美自由贸易区、东盟(Association of Southeast Asian Nations,ASEAN)、南方共同市场(MERCOSUR)、南部非洲关税同盟(SACU)等区域组织在区域和整个世界经济发展中的作用不断增强。在南北板块,新兴经济体和发展中经济体的声音得到加强。G20在危机后迅速走向前台并升级为首脑峰会,覆盖了全球总人口的2/3以上和全球GDP总量的85%,具有广泛的代表性,成为全球经济政策协调的重要平台。此外,越来越多的新兴经济体通过加强合作,以寻求在国际事务尤其是全球治理体系中更大的舞台和话语权。金砖五国(BRICS)合作、"一带一路"(B&R)倡议以及"金砖+"模式正在成为新兴市场国家(地区)和发展中国家(地区)参与建设平等、互利、合作的全球治理机制以及和平稳定的世界秩序的新力量。

全球化时代的区域治理视角更加普遍多元,对新规则的探讨更加深入,挑战也日渐增加。如何协调日益一体化、高度依赖的全球化发展诉求与国家(地区)自身发展诉求之间的平衡关系是国际政治经济的重要议题。2008年美国金融危机使西方新自由主义经济道路受到了广泛质疑,世界经济的分歧和割裂逐步显性化。西方大国通常以本国既有的全球优越感维持国际话语体系和国际权力结构的主导权。随着新兴经济体的蓬勃发展,新兴国家(地区)在全球经济治理中制度

---

① FENNELL S. Building on Bandung: what does cooperation do for regional engagement? [J]. Asian journal of peacebuilding, 2022, 10(1): 87-105.

性话语也在对应性地增进,多边经济组织改革中的新兴国家(地区)角色地位日渐提升。世界贸易中心从大西洋向太平洋地区不断转移,东亚经济体凭借劳动力优势,成为生产、贸易、投资的新目的地。随着全球化发展,双边、区域贸易协定纷纷涌现。这一进程有助于推动全球治理改革向更有利于中小国家(地区)和新兴国家(地区)发展的方向倾斜。但是,不容忽视另外一个问题——"意大利面条碗"现象(spaghetti bowl phenomenon)。在区域型组织更为多样性的结构中,谈判议题复杂以及参与国家(地区)众多。很多国家(地区)都是多个区域组织或协定安排中的参与者,必须面对多方博弈型的策略集而作出立场选择。

经济发展的不平衡使得全球化面临的挑战加剧,拉高了全球化运行成本,产生了较大的外溢后果。全球化中的巨大挑战就是世界上最富裕国家和最贫穷国家之间的财富差距不断扩大。全球经济增长并不一定能以相同的速度改善全球所有人的福祉。世界上最富有的 26 个人拥有的财富与世界人口中最贫穷的 50% 的人拥有的财富相同。① 全球有 33 亿人(占全球人口的 71%)获得的收入低于 10 000 美元,其中不到 80% 的收入或财富相当于超过 5 000 美元。另外,全球只有 3 400 万人拥有超过 100 万美元的资源,但最富有的 0.7% 的人拥有全球任何一年创造的财富的 45% 以上,2015 年为 113 万亿美元。每年流向已经富裕的人的财富占世界总财富的 84.6%。② 发达国家内部财富分配问题导致其国内中低收入群体失业率提高,越来越引起国内民众对财富分配的高度不适感。但是,这些问题被发达国家简单转嫁到国际关系,造成极大的负面外溢后果;全球治理形式面临更大挑战。

经济行为体间的"互嵌性"已成为全球化中的典型特征。区域经济合作组织形成了彼此嵌套的全球地图上的"马赛克",区域间经贸关系日益紧密。自由贸易协定(FTA)和区域贸易协定(RTA)成为地区间合作的重要机制;同时各类区域组织也快速发展起来。在区域间合作的制度化建设上,截至 2024 年 1 月 19 日,共有 295 个区域贸易协定在执行③,自 1948 年以来,RTA 的新增数

---

① LAWSON M,CHAN M K,RHODES F,et al. Public good or private wealth? [EB/OL]. (2019-01-21)[2019-02-25]. https://www.oxfam.org/en/research/public-good-or-private-wealth.

② ESTES R J. The 'rich' and 'poor':the widening income and development gap between rich and poor nations worldwide[M]//BRULÉ G,SUTER C. Wealth(s) and subjective well-being:social indicators research series, vol 76. Cham:Springer,2019.

③ http://rtais.wto.org/UI/PublicAllRTAList.aspx.

量呈现出快速增长趋势,在2009年和2021年分别达到了峰值,如图1-6所示。欧洲、东亚地区和南美洲加入RTA的数量位居全球前三,如图1-7所示。目前,在全球发挥治理机制的有代表性的跨国性的区域协定如区域全面经济伙伴关系(RCEP)、"一带一路"倡议。此外,"金砖+"机制、欧盟、东盟、亚太经济合作组织(APEC)、上海合作组织(SCO),二十国集团、非洲同盟、南美洲国家联盟(Union of South American Nations,USAN)等一些区域组织也在不同程度地发挥全球治理中的参与性作用。

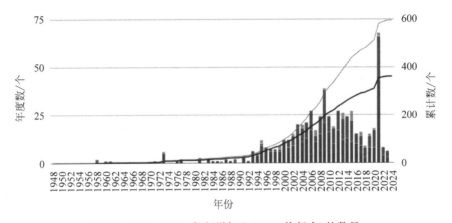

图1-6 1948—2024年新增加入RTA(执行中)的数量

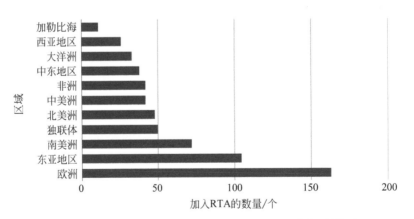

图1-7 截至2024年3月世界各大区加入RTA(执行)的情况

本章小结

自20世纪90年代以来,经济全球化已成为推动全球治理改革的主要推动力。全球化的经济效果易被感知,但是全球化中的不确定性和风险却易被忽略。

今天,世界已进入经济、地缘政治和社会结构加速演变的新阶段。建立地区间合作、包容发展、公平发展、普遍安全的区域治理机制,对增强地区竞争能力、开放能力和风险防控能力至关重要。面对全球经济和地缘政治复杂多变、风险管控艰难的外部挑战,构建区域发展的新机制和新模式;践行真正的多边主义区域治理机制,构建持续对话渠道和工作平台;强化风险预警机制,提升区域政策设计水平和治理能力;对全球新型治理体系构建及全球化回归提供重要新思路。

关键术语

全球化 相互依赖 全球治理 区域治理

复习思考题

1. 什么是全球化中的相互依赖?

2. 当前全球化发展面临的主要挑战是什么?

3. 经济全球化的主要特征是什么?

4. 技术全球化的主要特征是什么?

5. 社会全球化的主要特征是什么?

6. 如何理解全球治理的应然性?

7. 世界范围内的区域化包括哪些主要特点?

8. 近年来全球的区域贸易协定包括哪些类型?

第二章

区域与区域主义

 **学习目标**

　[1]　掌握区域的概念。

　[2]　理解区域形成的主要脉络。

　[3]　掌握区域的主要特征。

　[4]　理解新旧区域主义的区别。

 能力目标

　[1]　从多元视角理解区域的概念。

　[2]　采用新区域主义分析框架找到解决区域现实问题的基本途径。

 思政目标

　[1]　建立区域发展的历史观。

　[2]　能够从批判性视角分析区域主义在推动区域发展的正反两方面作用。

人类各种活动在地理空间发生、发展。地理空间影响着经济系统的运行效率。因此,区域首先是一种空间意义上的概念。同时,区域也可以从政治、经济、社会、文化等视角去理解。政治意义上的"区域"被定义为具有明显的行政边界和功能边界的地理单元,它与人口、经济与社会资源相互嵌入。经济意义上的"区域"是按人类经济活动的空间分布规律划分的,具有功能性、均质性和集聚性。区域的范围视角是弹性的(可大可小),大可超越国家尺度,小则具体为一个村庄或一处湖泊。区域在时间轴线上也是动态演化的,演化的核心问题不是"存在",而是"成为"区域发展的过程就是区域演化和重塑的过程。

第一节　理解区域的概念

一、区域的形成

区域(region、area、district)既可以从空间上理解,也可以从经济、政治、社会、文化等方面理解。从空间视角看,区域是指一个特定的地理空间。在《辞海》中,区域是指地表任何一个地区,其自然和人文环境与周围地区有显著差异的特性。《辞书》将区域定义为:为某种目的自全部中区分出的部分。《联合国海洋法公约》(1982)将区域定义为:"是指国家管辖范围以外的海床和洋底及其底土。"

区域提供了人类活动的固定空间,进而塑造了人类社会历程进程。"那些曾经在森林中游荡的人,一旦得到一个更加固定的场所,便缓缓地相互靠近,以不同部落的形式聚集起来,最后在每一个区域形成一个独特的民族,依靠习性和特征团结起来。促使他们团结起来的并不是法律法规,而是根据相同的生活饮食习惯以及同样的气候影响。"①成功的地区有着深刻的历史根源。② 我国清代陈康祺所著《郎潜纪闻》卷三记载的《咨其风土,考其区域》一文就强调了区域形成的社会因素影响。

中国古代以行政边界划定的区域遵循随山川形便与犬牙交错两种原则,体现了中国在历史上对区域的空间政治③与政治空间的嵌入与融合。《周礼·地官·序官》中的"廛,民居区域之称。"含有固定的、有边界的空间之意。潘岳[晋]的《为贾谧作赠陆机》诗:"芒芒九有,区域以分。"人类社会利用的不仅是资源和环境,空间与政治从来没有离开过历史。随山川形便是指依据山脉、河流等自然条件而进行划分。唐朝时,"因山川形便,分天下为十道",主要依据山脉、河流划分。但是,如果完全以"山川形便"的原则来划分区域,该区域就会成为一个完整且独立的地缘形胜之区和四塞之国。例如秦末,赵佗兴兵绝新道,割据岭南而自立,于是岭南地区直到汉武帝时才重新回归中原政权。在元朝建立行省制度后,"犬牙交错"成为制约地方割据的行政边界划分逻辑。

---

① 卢梭.论人类不平等的起源和基础[M].邓冰艳,译.杭州:浙江文艺出版社,2015.

② PUTNAM R D. Making democracy work: civic traditions in modern Italy [M]. Princeton: Princeton University Press,1993.

③ 韩茂莉.中国历史地理十五讲[M].北京:北京大学出版社,2015.

二、区域概念的不同视角

对区域概念的理解,体现了人类在区域实践上的经验积累和知识演化。地理空间约束下,区域是内部统一的,社会、经济、人口、自然等要素被整合为一个特性化的向量载体。区域也是国家内部"政治行政单位的地域镶嵌"[①]的不同层级政府能够行使正式决策权的级别和地理边界。社会发展意义之下的区域是以具有同质性的自然气候、地理风貌、人类活动、民族、文化与历史演变为衡量尺度下的一个地域单元。在世界各国实践中,区域的概念被更加广泛应用。[②] 欧盟语境下,区域是跨越国家的一个概念;区域制度安排在逻辑上嵌套在更大空间尺度或更复杂的权力结构之中。因此,理论研究投射的视角不是特定尺度上的层次集合和有界单元,而是单元之间更具流动性的关系空间。可见,区域可以看作参与主体之间行为关系的产物,也可以看作政治或行政层次和空间边界的产物。即使我们从不同视角来理解区域,也应从规模和水平两个维度去理解跨国的、跨行政区的,或者是多层次和长时间轴线的一系列复杂的区域制度关系和政策工具。

(一)行政区域

行政意义上的区域被定义为具有明显的政治功能和行政边界的地理单元,它与人口、经济与社会资源相互嵌入。区域可以理解为一个地方性的管理系统,它联合了一个社区群落、一套组织行为和一套地方管理制度。[③] 行政区界线在大地上是自然风貌,在地图上是线条,在人类社会关系中则标示着领土和权力。领土作为社会空间结构的子集出现,并在社会行动和社会意识领域中被确立和明确识别。[④] 我国春秋战国时代分封疆土时建立的郡县制就是通过划定行政区域来明确权力空间;呈现了中国古代继宗法血缘分封制度之后出现的以郡统县的两级地方行政制度。

(二)经济区域

经济意义上的区域是按人类经济活动的空间分布规律划分的,它是指经济结

---

① HARRISON J. Configuring the new "regional world": on being caught between territory and networks[J]. Regional studies,2013,47(1):55-74.

② AGNEW J A. Arguing with regions[J]. Regional studies,2013,47(1):6-17.

③ CAPELLO R. 区域经济学[M]. 赵文,陈飞,等译. 北京:经济管理出版社,2014.

④ PAASI A. The institutionalization of regions: a theoretical framework for understanding the emergence of regions and the constitution of regional identity[J]. Fennia,1986,16:105-146.

构基本完整、在人类经济活动中发挥特定作用的地域单元。在经济区域中,自然资源、劳动力、资本、技术等要素禀赋充沛;同时区位优势明显,经济活动多样、经济联系紧密。在现代经济体系中,经济区域基本上与行政区域在地理空间上是重合的。也就是说,行政区域都具有相对独立的经济功能。西方区域主义将这类区域定位于正式区域,即拥有相同的工业结构、历史、种族、语言或者同属一个政体(例如,挪威特别重视语言作为一种区域划分准则)。经济区域也可能是跨行政区域而形成的更大空间范围的地理空间。这种因为功能相似或互补而形成相互依赖的地区在西方区域主义理论中也被视为功能区域;这些地区将会随功能的变化而发生结构演化或边界变化。这在全世界类似的经济区域很常见,如流域地区、资源地区、创新区域等。德国鲁尔区、美国锈带、美国硅谷、我国粤港澳大湾区等都是跨行政区的经济区域。

(三)政治区域

政治区域(political region)与地区政治权力密切相关,旨在维系本地区的政治安全、发展公民政治身份。政治区域与行政区域不同,区分两者应看其目标是政治发展还是政策执行。[①] 政治区域与行政区域在地理空间上可能重合,也可能不具有包含关系。行政区域有清晰的行政权力边界。政治区域的地域边界可能是变化的,取决于区域政治功能的拓展。

在政治区域中,政治动员、文化表达和新的政府结构形成是三类核心活动。政治渠道具有制度化特征。西方学者帕特南(Putnam)提出的"社会资本"[②]概念用以解释参与互利合作体系的地方利益相关者角色,以及公民身份塑造和区域繁荣过程。在学术与政治话语体系中,政治区域被视为基于治理的"功能空间"。现实政治的区域化与地方主义是指在上一级政府权力管辖范围内作为"问题区域"在一定的地理空间上下放治理权力,以此来执行实际存在的政治接触。

(四)文化区域

文化与区域具有互嵌性。区域是具有相同或相似的历史、文化、语言、民族、

① HALKIER H. Regionalism contested:institution,society and governance[M]. London:Routledge,2005.

② PUTNAM R D. Making democracy work:civic traditions in modern Italy[M]. Princeton:Princeton University Press,1993.

宗教信仰的地理空间。区域内的自然地理、文化符号系统、话语体系和人类活动，塑造了共同区域意识。文化是一个区域内成员共有的价值体系。文化塑造区域的过程是人类语言表达、思想和行动的共同结果。人文区域具有新的身份识别功能。但是，文化区域没有清晰的行政边界，不具有正式制度下的政策执行功能。这一区域也不一定必须具有现代政治功能，因为人们的联系纽带主要是共同的人文价值关怀。在全世界范围内，目前存有的一些古文化村落和少数民族地区就是这类区域。这类区域很多都是以自治性区域形式存在。当然，随社会的不断进步，很多人文区域已从原始样貌逐步向现代经济、政治和行政意义上的区域转变。建立基于经济和文化桥梁的融合型区域是人文区域未来演化方向。

三、区域的特征

（一）区位

区域的首要特征是它的区位。区位解释了特定空间内人类行为和经济要素之间的相互关系；它是自然地理区位、经济地理区位和交通地理区位在空间地域上的结合体。在特定区域中，人类活动成为可以被测度的变量。

识别区位需要借助空间距离和运输成本。区位的选择是一个成本-收益的权衡过程。在新古典主义经济理论中，决策者的区位选择依据或者是基于成本最小，或者是收益最大。总成本最小是指土地租金和运输成本总和最小。冯·杜能（Von Thünen）的农业区位论[①]、韦伯（Weber）的工业区位论[②]、奥古斯特·廖什（August Losch）的经济区位论[③]和哈罗德·霍特林（Harold Hotelling）的空间竞争理论[④]都强调了成本和收益两种力量的对比在区位选择中的作用机制。随人类生产实践的不断推进，精神、文化和心理因素在要素的空间迁移上也得到强化；于是运输费用、时间成本、信息成本、心理成本都被包含在空间转移成本中。基于成本-收益的计算，使区位选择变得复杂。在不确定性的世界中，"最优"只是理想

---

① VON THÜNEN J H. Der isolierte staat in beziehung auf landwirtschaft und national konomie[M]. Hamburg：Puthes，1826.

② WEBER A. Über den standort der industrien，1. teil：reine theorie des standortes[M]. Chicago：University of Chicago Press，1929.

③ LOSCH A. The economics of location[M]. New Haven：Yale University Press，1954.

④ HOTELLING H. Stability in competition[J]. The economic journal，1929，39(153)：41-57.

命题。新制度主义理论在区位研究上更强调区域的传统、习惯、认知框架、偏见、象征、时尚、惯例、仪式、命令、组织规则、权力关系、区域价值观等因素所建构出来的区域社会规范和制度。

（二）边界性

区域的边界性是指区域所处的空间范围以及由此确定的功能边界和权力边界，具体包括经济社会发展、政治、军事以及空间安全。区域边界不仅圈定了区域内外资源要素分布状态和行为主体的活动范围，同时也引发了处于边界线上的资源流动以及行为主体联系方式，也就是我们通常讲的跨区域（cross-border）问题。空间视角下的区域边界性问题其实就是地缘政治的核心要义。

关系分析理论提出的经济行为、政治谈判、文化标识、信息网络挑战了区域边界性的概念。规模政治经济学认为区域具有"嵌套规模和领土边界"。"区域性"是指一个特定的地理区域间的主体的合作认知，从消极到积极、从客观到主观的理念转变过程，通过这种转换过程，把区域的跨国（地区）利益联结起来，建立有效的合作和协调机制以提高区域竞争力的地区发展的属性。[①] 当前，全球很多区域议题都与边界问题相关，因为边界凸显了区域利益作为自身空间的评判尺度和政治行动的意涵。特定体制和意识形态驱动下对区域领土的要求，在今天世界很多地方以不同的方式被激发出来，以此表达一种根深蒂固的领土导向意识。西方区域主义视角的竞争性区域体现的就是这种意识。这类区域不寻求与其他区域的融合，而是用自己的优势反对国家（地区）力量，主要聚焦于经济和社会资本。这种分离主义的区域化倾向应引起国家和地区决策者的高度关注。

（三）均质性

经济学家采用"区域"一词来分析在连续的、均质的空间里经济主体的各种活动和彼此联系。一个区域内，资源和要素禀赋是均衡分布的；不同的区域，其内部的资源和要素禀赋是异质性的。因此，均质区域有明确的、封闭式的区域边界。区域内部的均质性意味着在区域内自然资源和要素禀赋是静态均衡分布或者资源流动实现了动态平衡。如依据自然地貌划分，高原城市、平原地区、海湾城市都

---

① 郑先武.区域研究的新路径："新区域主义方法"述评[J].国际观察，2004(4)：65-73.

是均质区域。依据人文要素划分,少数民族地区、方言地区是一种文化视角下的均质区域。依据经济要素划分,农业区也是均质区域。

虽然区域内部均质性被认为是理想的均衡状态,但是如果处在"低水平均衡陷阱"[①]里,这种均衡将无法贡献于区域发展。在不均衡发展理论中,低水平均衡陷阱是指经济落后地区,人均实际收入处于仅够糊口或接近于维持生命的低水平均衡状态;低水平居民收入抑制了地区储蓄和投资的增长。若以增加国民收入来提高储蓄和投资,又通常导致人口增长,从而又将人均收入推回到低水平均衡状态中,就会形成难以逾越的陷阱。跳出低水平均衡陷阱的有效途径是实现区域收敛(convergence)。新经济增长理论认为,增强区域的开放性,推动区域内部与外部的知识流动,提升技术进步贡献率,缩小区域鸿沟,将产生区域经济收敛。因此,"低水平均衡—非均衡发散—均衡收敛—多样性"的区域发展路径具有实践意义。

(四)异质性

20世纪60年代,以弗朗索瓦·佩鲁(Francois Perroux)为代表的一批西方经济学者创立了区域非均衡增长理论。佩鲁提出的"增长极"观点是对"均质性"区域增长理论的巨大挑战,因为"增长极"是力量累积和要素整合的结果,更强调从封闭式走向开放式的能量交换,突破了区域边界的局限,形成了不同地区间产业分工和贸易,产生了区域比较优势,加深了区域间联系。

区域的异质性是区域的本地化(localization)和开放性(openness)两种因素共同作用的结果。本地化是区域禀赋的呈现,是指区域内的自然资源、劳动力、资本、技术等要素的总量和结构。区域禀赋带有天然的区域特质,塑造了区域的本地化特征,从而产生了区域的异质性。我们熟悉的"南橘北枳"就是这个道理。20世纪30年代,德国经济学家廖什提出:在天然均质的区域内,将会有什么样的区域结构? 现实版本的答案就是有规则的自组织体系(城镇诞生)。当这种自组织体系形成时,原来的天然均质的结构不存在了,取而代之的是一种区域内不同子区域的异质性结构。

本地化也是一把"双刃剑"。如果本地化程度过深,将会导致区域内资源和制

---

① NELSON R R. A theory of low-level equilibrium trap in underdeveloped economies[J]. American economic review,1956,46(5):894-908.

度结构的固化,抑制了区域可持续发展动力。如经济锈带就是过度本地化的结果。因此,区域异质性的形成还需要借助开放性。开放意味着资源流动和内部主体多样性,强调了经济循环和网络折叠的拓扑结构特征。从社会关系视角,现代区域刻画的是一个复杂的、无界的网格。[①] 从历史经验看,区域政治实践要求政府建构出一个离散的、有边界的空间,创设出对区域的共同理解和政治行动框架。然而,在理解区域的空间延伸和跨地理分布时,这种以领土为导向,或者以经济、历史、文化来识别区域身份的逻辑,已经无法有效阐释当今网络空间视角下的区域概念。例如我们虽然看到全球城市集中了大量的政治、经济和文化权力,但是在网络空间中,那些"名不见经传"的中小城市或许会释放更强的潜力和能力。

(五)演化性

演化是多样性选择机制的变迁过程,有些力量能够维持胜出者,但也有一些机制能引入新内容。[②] 在越来越不确定的环境中,演化是区域的重要特征。演化的核心问题不是存在(being),而是生成(becoming)。[③] 区域经济增长、区域结构变迁和区域间竞争与协调都是演化的结果。从这层意义上讲,区域研究是永恒主题——因为情况总是在变化。

区域演化的第一个原因是区域经济增长。20世纪60年代开始,经济学家们将"规模经济""集聚经济""外部性""创新"和"制度"这些因素代入区域情境,用以分析富裕地区和贫穷地区出现差距的原因以及缩小差距的手段。空间分工理论认为,经济发展过程中往往伴随着经济空间的变化,经济空间的不同也会对区域增长的效果产生影响。不同的空间经济增长模式,会在不同的工业部门之间存在着差异和变化特征。[④] 对于生产部门和制造部门而言,当发展速度较快时,也势必会引起空间增长模式的变化。因专业化而产生的集聚经济因彼此"邻近"(毗邻

---

① AMIN A. Unruly strangers? The 2001 urban riots in Britain[J]. International journal of urban and regional research,2003,27(2):460-463.

② NELSON R R,WINTER S G. An evolutionary theory of economic change[M]. Cambridge:Harvard University Press,1982.

③ FOSTER J,METCALFE J S. Frontiers of evolutionary economics competition,self-organization and innovation policy[M]. Cheltenham:Edward Elgar Publishing Limited,2001.

④ DESMET K,HENDERSON J V. Chapter 22-the geography of development within countries[J]. Handbook of regional and urban economics,2015(5):1457-1517.

性）而创造出的规模经济，以及由上述两种情况产生的外部性，降低了区域内部的整体生产成本和交易成本，创造了区域经济的比较优势，引发了区域经济增长。在新古典主义经济视角下，区域经济增长是市场力量塑造的；在新制度主义视角下，区域政策在区域经济增长中产生主要影响。

区域演化的第二个原因是区域制度变迁。区域正式制度包含区域政治结构、区域决策组织与权力关系和区域法律政策。区域非正式制度包含传统、习惯、认知框架、成见、标记、惯例、组织规则、仪式、社区价值、流行式样、象征、结社的非功能性基础、归属准则和荣誉标准。区域主义理论认为，区域是基于协商的、不断演变的集体社会秩序的制度储存器。[①] 这种集体社会秩序可能是微观法律型监管[②]或者基于宪法秩序构建的[③]。不同区域内在的机制安排（institutional settings）将产生集体社会秩序的不同形式，催生异质性组织结构，并决定了区域内主体的行动偏好和实际行动，主导区域演化进程。基于自然状态变化的区域演化是缓慢的。从资源动员理论角度看，在适度的时空维度上如果有恰当的经验和技术，就可以优化资源生产力。[④] 从历史经验看，重大公共事件或者目标明确的干预因素，都可能加速区域制度变迁。谈判、学习、施加权力、影响力和信任[⑤]都将触发区域内的多个主体的共同学习机制[⑥]，从而形成区域制度变迁的合力。

区域演化的第三个原因是区域社会结构变化，它与区域内的人口、文化、历史、教育、公共卫生、生态环境变化均密切相关。区域社会结构变化的方向将影响区域演化的方向，直至重塑区域的"集体个性"（collective personality）。例如，美国硅谷发展历程就比较鲜明地刻画了发端于曾不被当时美国社会看好的斯坦福大学在其中的重要角色。在斯坦福大学开学典礼上，当时纽约报纸曾预言没有人

① SCOTT A. From Silicon Valley to Hollywood: the multimedia industry in California[M]//BRACZYK H, COOKE P, HEIDENREICH M. Regional innovation systems. London: UCL Press,1997.

② OSTROM E. Community and the endogenous solution of commons problems[J]. Journal of theoretical politics,1992,4(3): 343-351.

③ SABEL C. Constitutional ordering in historical context[M]//SCHARPF F. Games in hierarchies and networks. London: Routledge,1993.

④ MCCARTHY J,ZALD M N. Resource mobilization and social movements: a partial theory[J]. American journal of sociology,1977,82(6): 1212-1241.

⑤ ISAKSEN A,REMOE S O. New approaches to innovation policy: some Norwegian examples[J]. European planning studies,2001,9(3): 285-302.

⑥ JAKOBSEN S E,BYRKJELAND M,BATEVIK F O,et al. Continuity and change in path-dependent regional policy development: the regional implementation of the Norwegian VRI programme[J]. Norsk geografisk tidsskrift-norwegian journal of geography,2012,66(3): 133-143.

会到这个蛮荒之地来上这所大学："教授们将在大理石教室里,面对空板凳讲课",但意想不到的是,当天学生们纷至沓来,其中有 2/3 来自美国加州以外。随后的事情我们都所熟知,硅谷创新成为全球区域创新的一个典型案例。可见,当区域社会结构被某种因素或某几种因素同步改造后,区域内的组织或个人就获得了新的社会资本,促进他们之间建立新的联系,塑造出新的共同信念和集体行动。

拓展案例 2-1

第二节　区域主义：新旧之争

一、区域主义的兴起

区域主义(regionalism)既是一种理论,也指一种社会行为方式。区域主义是从高度政治化的概念演变而来,是第二次世界大战后国际关系理论中的重要分支。它强调要"巩固国家与周边地区的利益及外交"。20 世纪 50 年代,学者们关注的更多是经济区域空间结构优化问题。20 世纪 60 年代开始,各种区域发展的模式和内在机制都呈现出快速发展的趋势。20 世纪 70 年代后,由于冷战主义和孤立主义大行其道,区域主义陷入停滞。经过 20 世纪 80 年代的冷战,全球化开始迅速推进,区域主义得以复苏。随着发达国家(地区)逐步进入后工业化社会,加之科技发展与西方国家(地区)政府财政危机加重,"科层制"和"政治—行政"二分制体系受到挑战。尤其是关税同盟在欧洲实现后,区域主义的相关研究再次得到快速推进。

在地区尺度上,经济要素(如贸易和投资、生产和销售、金融以及科技)等与地方社会资本、制度与社区公民意识彼此嵌入,形成了集群和地方化网络。[1] 在城市尺度上,世界城市、全球城市、区域性城市、国家中心城市、外围城市等成为世界或

---

① DICKEN P. 全球性转变：重塑 21 世纪的全球经济地图[M]. 刘卫东,译. 北京：商务印书馆,2007.

区域信息和物质流动的传输节点[1],形成了强烈的空间依赖性。在跨国家尺度上,随着全球化的推进,经贸往来紧密程度日益加深。以自由贸易协定、区域贸易协定为载体的地区间合作与对话机制不断强化,区域集团和区域联盟组织兴起。斯科特(Scott)认为区域经济合作形成了彼此嵌套的全球地图上的"马赛克",成为新世界体系中重要的空间载体。[2]

二、区域主义的发展

从区域主义发展的时间线条看,存在新旧分水岭。旧区域主义(传统区域主义)强调政府干预、整合和权力中心化,新区域主义更强调协同与合作[3],如图 2-1 所示。新区域主义(new regionalism)是指包括经济、政治、文化等各个方面的多纬度的区域一体化进程,它在经济上将原先多少被隔离的国家(地区)与市场联结成一个功能的经济单元;在政治上以建立领土控制、区域内聚力和区域认同作为主要目标。从旧区域主义到新区域主义,政府和社会组织的角色机制发生了明显变化。在经历上述的变化过程后,斯塔布(Stubbs)对区域主义进行了经验总结和理论凝练,认为区域主义是指拥有共同历史经历、地理区域上接近的一群国家(地区)或社会,被有组织地赋予法律上和制度上的外形,并按一些制定的游戏规则发展的互动方式。[4] 新区域主义取代旧区域主义逐步成为全球治理中的一个新视角。新区域主义的纵深发展进一步推动了与全球化进程相伴的世界政治经济的地区化进程。

图 2-1 从最集中式到最去中心化的区域主义体系

目前,区域主义更加呈现出多元化、混合型的复杂结构(图 2-2)。在这种混合

① TAYLOR P J. World city network: a global urban analysis[M]. London: Routledge, 2003.

② SCOTT A J. Globalization and the rise of city-regions[J]. European planning studies, 2001, 9(7): 813-826.

③ HAMILTON D K. Measuring the effectiveness of regional governing systems: a comparative study of city regions in North America[M]. New York: Springer, 2013.

④ STUBBS R, UNDERHILL G R D. Political economy and the changing global order[M]. London: Macmillan Press, 1994.

型的区域主义中,并不存在"非此即彼"的二元结构,而是从问题的动态性、开放性和复杂性出发,基于目标达成,采取"整合＋协调"的治理手段来调动任何潜在的资源,实施跨越部门边界、地区边界甚至国家边界的治理过程。

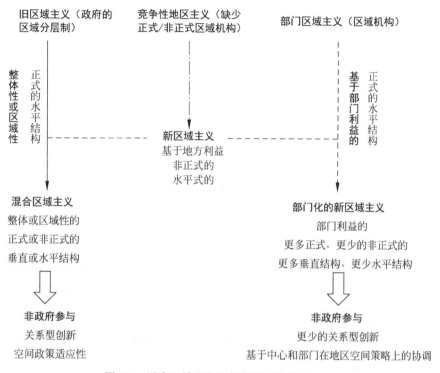

图 2-2　混合区域主义和部门新区域主义

新区域主义是在全球化进程中随着区域经济发展受到有限资源和空间约束而产生的一种区域合作治理理论。它成为 20 世纪 90 年代以来区域发展研究中的重要理论范式。新区域主义的理论特征是强调区域合作与融合,宗旨是通过建立灵活的政策网络和资源共同体,以及达成利益共识来推动区域整合协调。全球经济一体化进程推动了新区域主义应用范畴的扩展,经济发展中资源的有限性和环境约束使区域成员为合作发展寻求新的理论支点。那些地理位置邻近、经济上依存度较高的地区形成新的区域联盟来应对国际日益复杂的政治、经济、社会、安全等领域的矛盾和冲突。国家内部因为区域间的差异和区域合作的需要也要求从新区域主义视角来探求合作治理的路径。新区域主义提倡以灵活的治理横向网络代替单一、僵化的管理模式,吸纳区域内其他非营利组织、商业社团和公民组织参与整体治理,体现了世界各大城市区域对全球化经济影响的有机吸收和积极反馈。新区域主义为区域整体发展提供了灵活多样的治理模式,地区可以因地制宜,制定富有创新性的治理政策。新区域主义发展逻辑的差异如图2-3所示。

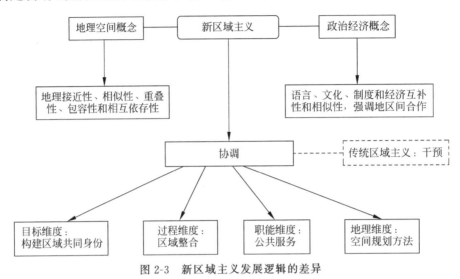

图2-3　新区域主义发展逻辑的差异

新区域主义也存在批判声音。相较于通过合作解决地方层面捆绑利益的视角[1],治理群体中的不透明决策和间接民主问责都与新区域主义相关[2][3]。新区域主义在区域治理中虽然促进了"非政府参与"[4],但是,区域治理组织的缺失也导致了权力分散化的制度环境。[5] 在这种超地方治理中,很可能缺少"非腐败"排斥和广泛规制的理由。从新区域主义视角看,"谁没有参与?"这一问题在区域决策中具有很强的"政治性"。[6]

诚然,新区域主义仍可以为推动地区间开放合作提供路径出口。当旧有的区域主义无法为当今区域发展现实困境提供解释工具和治理手段时,向新区域主义

① MITTELMAN J H. Rethinking the 'new regionalism' in the context of globalization[M]//HETTNE B, INOTAI A,SUNKEL O. Globalism and the new regionalism. London:Palgrave Macmillan,1999:25-53.

② BRENNER N. Berlin's transformations:postmodern,postfordist...or neoliberal? [J]. International journal of urban and regional research,2002(3):635-642.

③ PAPADOPOULOS Y. Cooperative forms of governance:problems of democratic accountability in complex environments[J]. European journal of political research,2003,42(4):472-501.

④ KUBLER D,SCHWAB B. New regionalism in five Swiss metropolitan areas:an assessment of inclusiveness, deliberation and democratic accountability[J]. European journal of political research,2007(4):473-502.

⑤ ANDERSEN O J,PIERRE J. Exploring the strategic region:rationality,context,and institutional collective action[J]. Urban affairs review,2010,46(2):218-240.

⑥ HILLIER J. Splintering urbanism:networked infrastructures,technological mobilities and the urban condition[J]. Political geography,2003,22(6):707-710.

寻求可用的认知框架和技术手段,不失为可行途径。例如,当地区间存在利益冲突时,采取"关系创新"逻辑,通过高层和低层两个层次的政府部门间的"规模跳跃"[①],或者建立社会组织参与型治理机制,以及由代表商业行为的市场主体共同落实区域合作目标,都是可行的。应当讲,这种权力结构和治理水平的松散耦合虽然导致了权力分散和广泛谈判,但却促进了与潜在的利益主体建立共识,并在追求合作时对涉及的共同利益达成特殊约定。[②] 因此,这种"关系创新"更有可能发生在新区域主义视角下。

三、区域治理理论的发端

区域治理是为了实现区域公共利益、解决区域发展面临的重大问题而发展出来的一系列实践工具、过程和方法。区域治理可以灵活、更有针对性和高效率地实现地区间整合,从而避免全球治理可能存在的长期性"失灵"问题。随着区域化的不断推进,区域治理作为一种政策信念、政策工具和实施手段,已经成为很多国家(地区)创造合作共赢的通道。区域协定、区域组织的快速增长也为区域治理提供了重要的实践场域。

全球化、新旧区域主义与区域实践共同促进了区域治理理论的发展。区域治理理论是解释现代社会中区域经济、政治秩序、行政权力运行,以及公共政策演化的综合性、交叉性、融合性的理论体系。区域治理在 20 世纪 80 年代新区域主义出现后迅速发展。区域治理是全球治理的重要组成部分。自从 20 世纪 80 年代出现新公共管理运动,全球各国在经济合作、政治对话、生态保护、科技创新和公共服务等各类议题上都需要面向公共利益,采取集体行动。

由于全球治理机制的执行需要更广范围、更多主体的参与,在政策议题上区域治理比全球治理更加快速有效地确立组织化、机制性和聚焦性的目标、手段、过程和结果评估,因此,需要在全球治理架构下,及时、有效、精准地面向区域发展的中短期重要议题,寻找解决方案的途径。区域治理可以理解为政府、非政府组织、私人部门、公民及其他利益相关者为实现最大化区域公共利益,通过谈判、协商、

---

① VAN DYCK R. 'Divided we stand': regionalism, federalism and minority rights in Belgium[J]. Res publica, 1996, 38(2): 429-446.

② BENZ A, EBERLEIN B. The Europeanization of regional policies: patterns of multi-level governance[J]. Journal of European public policy, 1999, 6(2): 329-348.

伙伴关系等方式对区域公共事务进行集体行动的过程。[①]

当前,在复杂的不确定性环境中,各种重大突发性的全球危机和区域化的问题频繁发生。采用全球治理框架的协调与动员成本很高,治理主体的参与度和边界均存在不确定性。因此,在面对上述棘手问题时,为了适应经济和社会发展的需要,区域治理成为治理方案中的一个重要选项。相较于区域发展对在地理空间范围内配置资源的关注,区域治理更加强调通过多元主体参与提供区域公共物品。在国家(地区)和区域发展过程中,面对网络化、智能化和个性化的外部环境,政府需要在区域治理中进行角色转换和功能创新,管理机构和公共组织也必须适时作出弹性调整,才能够更好地应对外部环境的复杂性和不确定性。解决好"区域治理"的若干重大问题,对提升区域发展质量和推进全球治理改革都具有重要意义。

本章小结

本章从多元视角介绍了区域的演化脉络;介绍了不同视角下区域的概念;讨论了区域的主要特征。本章在系统地分析新、旧区域主义差异的基础上,介绍了区域治理理论的产生背景、现实需求和主要的问题场景。本章将帮助学生建立区域分析的基本框架,理解区域主义发展的历史过程;培养比较视角下分析新、旧两种区域主义的现实意义;明确区域治理理论的学习意义。

关键术语

区域　演化　区域主义　区域治理

复习思考题

1. 从人类历史进程角度看,区域形成的主要原因是什么?
2. 经济意义上的区域具有哪些突出特点?
3. 政治区域与行政区域的异同点是什么?
4. 新旧区域主义的主要区别是什么?
5. 新区域主义可能在哪些区域问题上存在理论解释"失灵"?
6. 区域治理理论是在何种历史条件和现实背景基础上产生的?

---

① 陈瑞莲,杨爱平.从区域公共管理到区域治理研究:历史的转型[J].南开学报(哲学社会科学版),2012,226(2):48-57.

第三章

区域治理的理论基础

 **学习目标**

　　[1]　掌握治理的核心思想。

　　[2]　掌握区域治理的概念。

　　[3]　掌握区域治理目标的五个维度。

　　[4]　掌握区域治理的理论工具。

 **能力目标**

　　从多个角度分析区域治理的目标。

 **思政目标**

　　理解西方区域治理理论对中国区域治理问题研究的可借鉴性以及不适用性。

　　治理是促进经济和社会发展的关键因素。在过去几十年里,区域治理已经成为应对全球重大议题的重要工具之一。它可以更有韧性地实现地区间合作与关系联结,以市场工具理性和社会理性来构建政府、市场、机构和公众之间的治理网络,以推动区域发展。如为寻求地区经济发展、消除贫穷、人权立法、女性参与发展进程、环境质量、资源管理、可持续发展、技术、安全和全球伙伴关系等问题的应对方案,联合国以全球关键问题会议和首脑会议这种治理方式开展行动。区域治理理论用于解释现代社会中区域发展、政治秩序、行政权力运行与公共政策演化的理论体系,具有综合性、交叉性、融合性和开放性。本章将介绍区域治理的概念、目标构成和理论工具,建立区域治理的理论基础框架。

第一节　区域治理的概念

一、区域治理的核心思想

治理（governance）在古典拉丁语和古希腊语中具有"操舵"之意。在西方政治学和经济学框架下，治理是研究社会关系的一种新的认知框架，旨在通过合作、协商的方式对公共事务进行管理，从而弥补国家（地区）和市场在社会资源配置过程中的不足或失效之处。

治理被作为一种阐释现代社会、政治秩序与结构变化，分析现代政治、行政权力构架，阐述公共政策体系特征的分析框架和思想体系。治理通常是指一套控制和激励集体行为的机制；通过改善组织管理和倡导组织成员参与，激发组织与社会的互动关系。治理塑造了促进集体行动的机制，并在网络发展中占据核心地位。[①] 治理的本质在于它所创造的结构和秩序不能由外部强加，而是需要依靠多种进行统治以及互相发生影响的行为者的活动。[②]

在西方理论视角下，治理是能够规避市场失灵和政府失灵的"第三条道路"。《我们的全球伙伴关系》[③]一书认为：治理是各种公共的或私人的和个人机构管理其共同事务的诸多方式的总和。它是使相互冲突的或不同的利益得以调和并且采取联合行动的持续过程。这既包括有权迫使人们服从的正式制度和规则，也包括各种人们同意或以为符合其利益的非正式的制度安排。

治理理论涵盖广泛，国家治理、公司治理、新公共管理治理、善治型治理、社会控制系统的治理以及组织网络的治理都属其中重要内容。[④] 尽管理论分支呈现多样性，但是其核心观点是一致的。治理要基于共同信念和原则，国家与社会、市场应形成新型互动关系，以应付日益增长的社会以及政策议题或问题复杂性、多样

---

① GRANDORI A. Innovation, uncertainty and relational governance[J]. Industry & innovation, 2006, 13(2): 127-133.

② 斯托克，华夏风. 作为理论的治理：五个论点[J]. 国际社会科学杂志(中文版)，1999(1)：19-30.

③ 1992年，德国前总理、社会党国际前主席、国际发展委员会主席勃兰特等成立"全球治理委员会"，专门研究这一问题。该委员会在1995年联合国成立50周年时，发表了标题为《我们的全球伙伴关系》的专题报告，呼吁国际社会开展广泛合作，共同应对在全世界范围出现的公共问题。

④ RHODES R. The new governance: governing without government[J]. Political studies, 1996, 44(4): 652-667.

性和动态性的需要。①

治理不能被缩减为某种国家体制或者政治制度。它不是简单的政府管理体制的延伸,更不能简化为良好的区域公共管理技术。它包含法律、权利、政治、体制、行政的概念,甚至在内涵和外延上走得更远。治理是一种社会调节的艺术,其目的是在各种不同的制度关系中运用权力去引导、控制和规范社会的各种活动,以保证社会的生存、团结和发展,以及社会与生态的平衡,从而最大限度地增进公共利益。

二、区域治理的概念提出

区域治理是指在特定的地域范围内,面向重要议题,政府、社会组织、私营部门、公民等治理主体通过建立共同信念,确立共同规则,形成区域治理机制。同时,采用多样性治理工具,对区域公共事务进行协调、协商与管理,并对治理行动进行有效评估的过程。

当前世界发展的主题,如经济增长和发展、获得服务的机会、就业、保健、教育、两性平等、保护脆弱群体、社会融合、有特殊需要的国家、资源管理、可持续发展、技术、安全和全球发展伙伴关系,都强调了治理能力建设的中心地位。② 亚洲区域治理经历了三个主要阶段,如图 3-1 所示。第一个阶段集中在对公共部门的决策、执行和评价能力和制度化水平的提升上。第二个阶段关注到政府、民间社会和私营部门的利益领域日益重叠环境中寻求新方法来鼓励民主、参与和透明的管理。第三个阶段聚焦在跨境治理(cross-border governance),以应对全球化条件下国际经济交往的加深、新规则的产生和重大公共议题。

区域治理具有边界扩展性。理解区域治理的概念,首先应理解区域的空间指向、政治指向、经济指向和社会指向。区域指向决定了区域治理的视域。从行政权力视角将区域治理分为单一区域治理和跨区域治理③两类问题,是区域治理视域下的重要维度。单一区域治理是特定行政边界内的治理。跨区域治理过程、结

① KOOIMAN J. Social-political governance:overview, reflection and design[J]. Public management,1999,1(1):67-92.
② UN General Assembly. 2005 World Summit Outcome:A/RES/60/1[R]. 2005.
③ 陶希东.跨省区域治理:中国跨省都市圈经济整合的新思路[J].地理科学,2005(5):529.

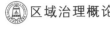

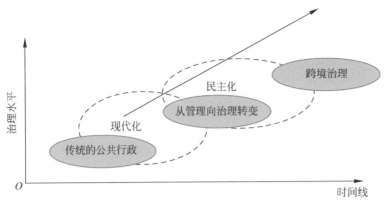

图 3-1　区域治理的范式改变

资料来源：CHEEMA G S，MCNALLY C A，POPOVSKI V. Cross-border governance in Asia：regional issues and mechanisms[M]. Tokyo：United Nations University Press，2011.

构与整合模型[1]也会比单一区域的治理更为复杂。从实践上看，区域治理越来越呈现出多领域、多问题、跨边界的特点。区域的可持续发展必须朝向合作的方向演化。[2] 区域治理可以用于超国家视域下双边或多边合作框架，如欧盟、东盟；可以用于跨境治理，也可以用于国家内的次区域合作框架，如中国的粤港澳大湾区；还可以在特定地理地貌特征为空间承载体中使用，如流域治理。

区域治理议题具有公共物品特征。区域治理是根植于地区发展实践中遇到的棘手公共问题或前瞻性议题的，如经济发展、政治体系、权力分配、地区安全、区域创新、能源生态以及文化包容。这些议题产生的问题以及结果具有显著的公共物品特征，也具有比较明显的外部性特征。[3] 例如，中国京津冀三地跨区治理雾霾的困境破解[4]，长三角区域的社会信用体系中的地方政府合作[5]，深圳、惠州之间垃圾填埋场污染纠纷案和北基垃圾合作治理案中的行政协调[6]，地方水资源跨区

---

① 申剑敏，朱春奎.跨域治理的概念谱系与研究模型[J].北京行政学院学报，2015(4)：38-43.

② COOKE P，URANGA M G. Regional systems of innovation：an evolutionary perspective[J]. Environment & planning A：economy and space，1998，30(9)：1563-1584.

③ 郭延军.美国与东亚安全的区域治理——基于公共物品外部性理论的分析[J].世界经济与政治，2010(7)：36-50.

④ 孟祥林.京津冀协同发展背景下的城市体系建设与雾霾跨区治理[J].上海城市管理，2017(1)：37-42.

⑤ 申剑敏，陈周旺.跨域治理与地方政府协作——基于长三角区域社会信用体系建设的实证分析[J].南京社会科学，2016(4)：64-71.

⑥ 饶常林，黄祖海.论公共事务跨域治理中的行政协调——基于深惠和北基垃圾治理的案例比较[J].华中师范大学学报(人文社会科学版)，2018，57(3)：40-48.

治理模式[①]等案例提供了中国区域治理场景。

区域治理具有主体可塑性。新区域主义逻辑下的多元化目标、弹性合作模式和自愿型机制设计对此提供了解释。区域治理主体的类型和规模是可变的。从国际经验看,区域治理主体主要在区域治理机制平台上发挥作用。例如区域发展委员会、区域治理局、区域公共政策联盟(regional policy alliance)等区域治理组织在区域治理过程主体凝聚和集体行动中发挥了核心功能。区域治理主体存在最优规模,它是指治理主体的类型和每一类治理主体的数量。治理主体规模过小,将增加机会成本、制约区域治理能力,导致"治理困境"。治理主体规模过大,将会增加协调成本,产生"治理失灵"。

区域治理具有机制回弹效应(bounce-back effects)。区域治理必须是在协调利益基础上实现的主动对话与自愿合作。如果治理主体受到更多的外力牵制,治理主体将会产生内在张力反弹,传统模式下的区域治理效果不增反降。如果区域内部治理主体间的依存度不断加深,治理主体自主决定区域秩序的意识和能力不断增强,地区非传统安全诉求不断增加,那么传统的域外力量主导将会被治理主体间重构的区域秩序所取代。

区域治理与全球治理具有互补性。在不确定的现实情景中,全球治理主体的协调与动员成本受地缘政治、经济地理和现实主义思想的广泛影响,治理效果存在较大的不确定性。完善的全球治理机制是各国长期努力的结果。因此,在面对中、短期的重要公共议题时,更为弹性和有针对性地加强主体合作可避免全球"治理失灵"。尤其是在关税减让、投资、贸易、环境生态以及劳动力参与等议题上,区域治理比全球治理更能有效、快速地实现目标。

第二节　区域治理的目标

区域治理目标是区域重大关键议题的目标集。促进区域经济发展、配置区域公共产品、推动公共行政改革、获得区域政治权力和维持区域安全是区域治理的五个基本目标。

---

① 崔晶.中国城市化进程中的邻避抗争:公民在区域治理中的集体行动与社会学习[J].经济社会体制比较,2013(3):167-178.

一、促进区域经济发展

在人类社会发展中,改善资源的稀缺性,即在资源配置中如何实现公平和效率始终是本源问题:"增长"解决效率问题,"发展"解决公平问题。区域治理首先要有利于区域经济发展。不论区域治理方式和途径如何丰富,治理过程被描述得如何生动,如果不从根本上实现地区经济发展,那么这样的区域治理只能是无效或失败的治理。

为实现区域经济发展,区域治理应重在创造公平、安全和可持续的区域经济环境。尽管发展经济学家指出很难想象没有增长的发展;但反过来讲,经济增长并非一定带来经济发展。在我们生存的现实世界中,有增长、无发展的情况仍广泛存在。例如,公众福利水平和生态环境是否改善?贫困、失业、收入不平等、安全问题是否已得到解决?面对这样的问题,仅依靠经济增长的宏观政策与工具,就难以找到应对之策。

区域治理可以吸纳除政府之外更广泛的主体参与,因此也就为经济主体之间协调利益提供了可选的方案和途径,从而降低经济主体行为对区域经济增长的负外部性,并尽可能地改进区域整体福利水平。同时,区域治理不仅要实现本地区经济发展,还要避免造成对毗邻地区的"负外部性"。若产生"正外部性",那么区域治理将会带来超预期收获。因此,聚焦区域发展的区域治理目标同时应将视野投射到社会福利改进以及区域间协调发展上。如有研究表明:区域治理曾对德国农村地区发展自助计划产生重要影响。[①]

20世纪后半叶,随着以工业化大生产为特征的福特主义在全球范围内兴起,资本、劳动、技术等生产要素出现了空间上的流动和集聚。经济发展变得更加"地区化"了。20世纪60年代,美国学者威廉姆森(Williamson)提出了区域增长"倒U"曲线,将区域均衡增长理论推向了一个高峰。[②] 世界城市、全球城市、区域城

---

① GIESSEN L. Regional governance in rural development programmes-which role for forestry? [J]. Folia forestalia polonica,2009,51(1):54-60.

② WILLIAMSON J G. Regional inequality and the process of national development:a description of patterns [J]. Economic development and cultural change,1965,13(4):1-84.

市、国家中心城市、外围城市成为全球资源传输节点①②③④，也形成了强烈的空间依赖性。经济要素(如贸易和投资、生产和销售、金融以及科技)等与地方社会资本、制度与社区公民意识形成了互嵌式结构，加快了地方化网络的形成。⑤⑥

地方特色产业将地方独特的文化资产与通过产业集群效应聚集起来的经济和产业结构相结合，创造地方就业机会，刺激地方人口回流，促进地方经济发展，构建地方社会网络，巩固地方共识。如产业、政府、学术相关团体共同推动区域振兴，对地方特色产业进行对接发展，整合政府各部门资源，凝聚地方对区域振兴的共识，强化地方技能，深化与学术界的交流，提高技术支持，提升大学以及社会组织的责任意识。例如，企业基于家乡情感，采取区域振兴业务或提供资金协助区域振兴，振兴当地产业。或者由当地人组成相关的团体，带领居民促进当地的发展。关键群体的参与对区域振兴有着巨大的影响，也是凝聚当地居民社区意识的主要动力之一。

二、配置区域公共产品

从外部性视角看，地方政府无法解决区域发展中遇到的所有问题。⑦ 在区域发展中，地区间的资源竞争或"公地悲剧"一类现象非常普遍。"搭便车"、胜者全得、逆向选择等制度经济学中的"失灵"问题随处可见。公共产品(服务)的外部性为区域治理提供了理性动机。面对资源竞争或"公地悲剧"，构建具有重叠共识的区域治理模式，提供具有正外部性的区域公共产品或者降低公共产品的负外部性是区域治理的第二个目标。正外部性的公共产品如雨水利用和借地发展，负外部性的公共产品如暴雨洪水和土地使用竞争。

为解决区域公共产品外部性的问题，区域规划是一个重要策略。它可以内部化大部分成本，降低不确定性，并最大限度地减少地方机构之间的浪费性竞争。

① COHEN R B. The new international division of labor, multinational corporations and urban hierarchy[M]// DEAR M, SCOTT A. Urbanization and urban planning in capitalist society. London: Routledge, 1981.

② FRIEDMANN J. The world city hypothesis[J]. Development and change, 1986, 17(1): 69-83.

③ HALL P. The world cities[M]. New York: World University Library, 1966.

④ TAYLOR P J. World city network: a global urban analysis[M]. London: Routledge, 2003.

⑤ CASTELLS M. The rise of the network society[M]. Malden: Wiley-Blackwell, 2001.

⑥ DICKEN P. Global shift: reshaping the global economic map in the 21st century[M]. New York: Guiford Press, 2007.

⑦ BASOLO V U S. Regionalism and rationality[J]. Urban studies, 2003(40): 447-462.

许多关于区域公共产品相关计划,包括土地规划、运输基础设施规划和环境影响管理都是为解决外部性问题而做出的尝试。例如,在美国区域治理的历史经验上,土地利用的区域不协调问题并不少见。19世纪20年代,美国国内的土地规划模型和分区项目由美国商务部启动,由最高法院依据是否保护公民健康、福利和安全来裁定其合法性,之后进行分区实践。地方政府出于保护自身权力,出现了对邻近司法管辖区的不信任。后来,美国联邦政府针对这一问题推动了促进土地利用实体和专业人员参与地区决策协调的相关改革。

在区域治理框架内,地方政府和其他利益相关者采用参与性进程[①]的治理模式具有一定的可操作性。这也有助于为区域财政差距、社会疏离、经济预期等问题提供治理方案。我国建立的跨地区协同制度安排,如粤港澳大湾区、长三角一体化和京津冀协同发展是我国跨地区配置公共产品的典型实践案例。

三、推动公共行政改革

从20世纪80年代后期开始,西方国家的"科层制""政治—行政"二分制体系推动了传统西方公共行政理论的发展。例如,权力下放和分散化推动了政治与行政的重新分离,从而试图提升公共管理的效能。这种变革与"新管理主义"和"新权威主义"密切相关。新管理主义强调3Es原则(经济、效率和效能)[②];新权威主义强调政治任命制[③]。

在区域治理过程中,一些棘手问题(wicked problems)可能使区域发展停滞,甚至掉入发展"陷阱"或面临各种冲突。当前,关于陷阱和冲突的讨论颇多。"修昔底德陷阱""金德尔伯格陷阱""塔西佗陷阱""中等收入陷阱""海陆冲突论""挑战者与守成者冲突论""邻国冲突论"[④],这些提法在学术界也引起了广泛讨论。在高度不确定的环境中,为有效规避各类"陷阱"和"冲突",区域政府除了在自身系统内建立公共政策模式,还亟须建立与其他组织或其他区域政府间的动态适应的权力分配关系。

西方国家在区域治理中主要采用了如下行政逻辑。

---

① SAVITCH H V,RONALD K V. Paths to new regionalism[J]. State and government review,2000,32(3):158-168.

② POLLITT C. Managerialism and the public service[M]. 2nd ed. Oxford:Blackwell,1993.

③ PETERS B G. Public bureaucracy and public policy[M]//ASHFORD D E. History and context in comparative public policy. Pittsburgh:University of Pittsburgh Press,1992.

④ 张景全. 区域政治研究中的理论创新——兼论区域化与安全化悖论[J]. 东亚评论,2018(1):24-38.

一是"分包"(sub-contracting)①和网络化组织②。这项原则意在为分散原本公共部门承担的服务责任或者通过竞争提升公共服务质量,以招标方式将其转交给私人机构承担,也就是公共部门私人化管理。这项原则在西方国家区域治理的具体实践中也被广泛应用。例如,美国田纳西河流域管理局的设置就是基于上述原则的典型。

二是授权。"对谁负责"和"谁得到了什么"这两个问题,是区域治理过程中治理主体基于法治、问责和制度程序首先需要回答的。等级式的直接控制强调对下级部门的直接监督,授权体制强调对自己的决策负责。③ 对基层组织来讲,"谁得到了什么"这个问题强化了其在治理中的参与必要性。在区域发展中,如果治理主体之间采取传统的官僚体制进行制衡与约束,实际上仍沿用了旧区域主义逻辑。但是反过来讲,西方国家采用授权原则实际上也削弱了治理主体对上级负责的责任制。批评声音指出:这极有可能导致逃避责任。在 2019 年发生的全球新冠疫情应对措施中,西方国家的"去中心化"治理结构以及"自由主义"倾向暴露出制度缺陷。美国宪法中对联邦政府公共卫生服务权力并未提供明确规定,州和地方政府是卫生政策执行主体。在高度市场化的体制下,西方国家防疫物资供给曾出现地区间竞争局面。因此,授权的主体、范围、约束条件与适度监管和问责是确保区域治理目标实现的前提条件。

三是集中性。一种研究观点认为欧洲福利国家采取的中央官僚制的行政体系使这种等级式控制无法实现公平。④ 另一种观点则认为如果官僚体制运行有效,那么政府在制定和执行决策时发挥关键角色⑤,而且行政在治理中将具有核心地位。⑥ 在公共行政中进一步下放权力和分权措施将会在很大程度上撼动公平与效率的平衡关系,因为如果将决策权力过度分散配置到单一组织,效率原则将比公平原则更受到关注。但是,这种组织内效率将最终损失掉区域整体的运行效

---

① WRIGHT V. Privatization in Western Europe[M]. London:Printer,1994.

② RHODES R A W,MARSH D. New directions in the study of policy networks[J]. European journal of political research,1992(21):181-205.

③ KERNAGHAN K. Empowerment and public,administration:revolutionary advance of passing fancy? [J]. Canadian public administration,1992(35):194-214.

④ VELD R J,SCHAAP L,TERMEER C J A M,et al. Autopoiesis and Configuration Theory:new approaches to societal steering[M]. Dordrecht:Kluwer Academic Publishers,1991.

⑤ PRESSMAN J,WILDAVSKY A. Implementation[M]. Berkeley:University of California Press,1974.

⑥ LINDER S H,PETERS B G. Implementation as a guide for policy:a question of 'when' rather than 'whether'[J]. International review of administrative science,1989,55:631-652.

率,导致区域治理失灵。例如,欧盟作为一个超国家联盟组织,在新冠疫情防控中的区域治理责任履行不充分。欧盟的三个跨区域治理组织——欧洲理事会、欧洲议会、欧盟委员会没有在新冠疫情发生后及时有效发挥决策和政策执行功能,暴露出自身能力不足、行政边界摩擦、利益区间冲突、成员国凝聚力缺失等问题,因而也就无法及时有效地应对这种突发的跨境公共卫生危机。

四是技术工具理性。传统公共行政强调职业化、集体理念的公共职业独特性,应当建立标准化的工作程序和技术手段。公共行政变革的方向之一是将政治中立化,从而削弱了公共行政部门的政治责任。在区域治理实践中,政治中立化创造出一种有利于政府充分利用专家知识将行政效能最大化的条件集合。[①] 例如,在全球重大疾病等公共危机面前,基于科学规律和科学事实的科学家群体意见和集体行动逐渐受到更多国家(地区)和国际社会的普遍尊重。而对技术的尊重以及对科学规律的认知提升将在区域内和区域间的治理实践中帮助行政机构更精准决策和更优化执行政策。

四、获得区域政治权力

区域治理应加强区域政治权力的整体性,以平衡区域内和区域间的权力分配关系,获得区域政治权力。18 世纪以前,西方政治理论认为权力就是统治权(sovereignty),是通过压制力量的法令规定了什么是被允许的和被禁止的。以米歇尔·福柯(Michel Foucault)为代表人物的后现代主义将权力视为各种惩戒性规范(disciplinary norms),其存在于社会的各种组织中,并通过语言被塑造成为多面性的知识谱系。尽管后现代主义权力观被很多政治理论学者[②③④]质疑,如后现代主义权力观拒绝明确提出对"权力"的确定性内涵,但是,在现代社会中,权力及其应用仍是很多领域广泛讨论的核心概念。政治权力是权力在政治领域中的特殊表现,是选择以力量对比和力量制约方式作为实现与维护主体利益而形成的力量制约关系。政治权力是人类行为之间的因果关系,而非改变人类行为的

---

① DUNLEAVY P. Bureaucrats, budgets and the growth of the state[J]. British journal of political science, 1985,15(3): 299-328.

② TAYLOR C. Foucault on freedom and truth[J]. Political theory,1984,12(2): 152-183.

③ FRASER N. Untruly practices[M]. Minneapolis: University of Minnesota Press,1989.

④ HABERMAS J. The philosophical discourse of modernity[M]. Cambridge, Mass: MIT Press,1990.

无生命力量,如飓风的威力。① 它通常是在对手之间的直接冲突中获得和掌握的。② 区域政治权力是社会和地区的人之间通过正式制度或者非正式制度而建立相互信任与合作关系,使其能够拥有财富分配、政治参与和政治影响力的权力;同时,在公共安全、经济、教育、健康、幸福等层面都可以让本地区的居民受益。我们可以从态度与实践两个角度理解区域政治权力。

首先,从"区域意识"角度理解差异化的历史经验在具有不同经济基础和区域特征的地区产生区域政治权力。区域"自我意识"和"地区身份"跳出了"人口"特征上的区域。理性选择下的志愿型区域治理是一种政治契约过程。③ 从福柯视角看,地图已经不仅仅是空间现象的刻画,而是日益作为一种"话语"来施加政治力量影响,而且组织地理知识的方式也将会塑造地区内的集体理解。从政治动员角度讲,政府干预型区域治理应该具有有效性。④ 围绕区域身份的动员、国家宪政和政治环境以及欧洲化的区域政策相互作用,决定了区域治理的水平。⑤ 多斯桑托斯(Dos Santos)等研究提出了一种体现调和冲突的中间制度主义区域委员会机制。⑥ 社会和地区的人之间的信任和联系作为一种社会资本,通过相互信任和合作,生活在社会资本积累地区的人们可以降低对他人的警惕性,从而使公共安全、经济、教育、健康、幸福都受到积极影响,并且提高了社会系统的运行效率。

其次,从民族-语言结构或者国家利益角度理解地区间在财富、政治参与和政治影响力上的差异,而非地理因素。区域化进程中与区域主义和国内政治经济具有复杂关系。欧盟跨区域合作和组织的实现程度因地区而异,取决于各种促进有效跨境合作的因素,经济、政治领导、文化/身份和国家形成以及地理因素都与之有关。⑦

在环境和人口结构变化的过程中,留在当地的各种群体对当地的认同和共治

① WRIGHT J. International encyclopedia of the social & behavioral sciences[M]. 2nd ed. Amsterdam: Elsevier,2015.

② LEACH C W,BROWN L M,WORDEN R E. Ethnicity and identity politics[M]//KURTZ L. Encyclopedia of violence,peace,& conflict. Salt Lake City: Academic Press,2008.

③ FEIOCK R C. Rational choice and regional governance[J]. Journal of urban affairs,2007,29(1): 47-63.

④ PEARCE G,MAWSON J,AYRES S. Regional governance in England: a changing role for the government's regional offices? [J]. Public administration,2008,86(2): 443-463.

⑤ NEWMAN P. Changing patterns of regional governance in the EU[J]. Urban studies,2000,37(5-6): 895-908.

⑥ DOS SANTOS A M,GIOVANELLA L. Regional governance: strategies and disputes in health region management[J]. Revista de saúde pública,2014,48(4): 622-631.

⑦ SOUSA L D. Understanding European cross-border cooperation: a framework for analysis[J]. Journal of European integration,2013,35(6): 669-687.

的理念与实践,是通过组织将当地文化资本转化为社会发展和竞争力的关键因素。除了可持续性,当地的文化活动也必须与地区建立联系。这种联系从活动延伸到该地区毗邻的其他文化地区。而地方组织和发起人将成为连接要素。人与地方组织的结合是区域振兴的内在动力。通过文化活动增强人与土地的凝聚力。然而,让人们留在该地区的主要原因是工作。人因为产业的繁荣而定居下来,产业因为人的驻留而得以演化创新。通过设计区域的各种活动,进一步发展成为一个积极的"产城融合"良性循环。

此外,近来国际政治关注的问题焦点还包括政治权力在海洋和太空等空间上的表达强度,具体表现在管制、资源开发、领土控制和环境保护几个方面。近年来,全球主要大国对海洋和太空作为一个新市场的构成、空间秩序、分区和资源开发表现出极大的兴趣。越来越多的国家在区域政治中关注"海洋公地"和"太空公地",加剧了国际的海空军备竞赛。①②

五、维持区域安全

冷战结束后,区域安全这一问题变得日益棘手。如何识别区域安全的变数,如何吸纳新部门参与以及如何提升区域安全水平成为紧迫议题。区域间的关系首先由国家主权框定,同时也受到地区间的空间邻近性以及相互依赖程度的影响。虽然新的区域安全参与者在国际体系中扮演重要角色,但是国家仍是国际层面上的主要行动者,与主权和国家利益的概念保持一致(现实主义理论)。因此,区域安全的基础是国家安全。

安全是合法性的有力支撑,用来重构政治秩序,以便更新规则和控制社会。以巴里·布赞(Barry Buzan)和奥利·维夫(Ole Waever)等为代表的哥本哈根学派提出了区域安全复杂理论(RSCT),用以解释新型国际关系中"安全"的概念。安全是一种自我指向实践(self-referential practice),包含了真实发生的威胁和主观认知的威胁,而传统安全观主要关注威慑与军控,国家是唯一指向对象。在区域安全复杂理论中,研究视角投向了更多样性的类型地区,对象分为不同层次,视

---

① ANTONOPOULOS C. Maritime geographies[M]//KOBAYASHI A. International encyclopedia of human geography. 2nd ed. Amsterdam: Elsevier, 2019: 397-406.
② MOLTZ J C. The changing dynamics of twenty-first-century space power[J]. Journal of strategic security, 2019, 12(1): 15-43.

角包含政治、军事以及更广泛的经济、社会和环境领域。

区域安全涵盖经济安全、政治安全、领土安全等多方面内容。经济安全是指地区内经济环境稳定、经济系统运行平稳可靠，抵抗经济危机和外部风险的能力强的能力和状态。经济安全又包括金融安全、能源安全、粮食安全、产业安全、财政安全、信息安全和人才安全等诸多方面。[①] 政治安全是政治主体在政治意识、政治需要、政治内容、政治活动等方面免于内外各种因素侵害和威胁而没有危险的客观状态。[②] 领土安全是国家发展的核心要素。领土"是一种建立对人、事物和关系的不同程度的接触的战略"[③]；与政治权力、尊严和团结等概念密切相连。领土边界表明了合法的政治权威边界，定义和建立边界需要运用对社会世界的空间理解。[④] 由于地缘政治不确定性以及全球生态、环境、极端事件频发，包括军事安全、粮食安全、生态安全、健康安全等议题也逐渐成为区域治理的新目标指向。

尽管全球化的背景将最终影响国家间的相互关系，但是在安全问题上，影响国家选择和行为的最重要的参数来自其所在的区域安全。[⑤] 作为更广泛的国际秩序的一个子集，区域安全秩序是指权力的分配，规则、理念以及与受地理限制的国家间建立稳定和可预测的关系模式，也包括管理和遏制对其核心利益和秩序潜在价值的威胁与挑战的实践。区域安全秩序描述了国际体系中特定地理范围内的军事状况。它传达了如何在世界上一个有限的地区分配权力，以及安全关系的广泛管理方式。[⑥] 构建地区安全秩序有三种主要方式：第一种集中于权力的分配和竞争，如权力系统的平衡或权力的协调。第二种是通过区域共同安全体系或国际机制创造。第三种来自政治转型，如欧盟的政治整合。[⑦]

世界发展中的不确定性因素不断耦合激荡，增加了区域发展中的内外挑战。

① 陈凤英.国家经济安全[M].北京：时事出版社，2005.

② 杨大志.政治安全是国家安全的根本[N/OL].解放军报，2018-04-20（7）. http://www. 81. cn/jfjbmap/content/2018-04/20/content_204248. htm.

③ SACK R D. Human territoriality[M]. Cambridge：Cambridge University Press，1986.

④ LEWIS M W，WIGEN K E. The myth of continents：a critique of meta geography[M]. Berkeley：University of California Press，1997.

⑤ BUZAN B，WAEVER O. Regions and powers：the structure of international society[M]. Cambridge：Cambridge University Press，2003.

⑥ BULL H. The anarchical society：a study of order in world politics[M]. 2nd ed. New York：Columbia University Press，1995.

⑦ ALAGAPPA M. Constructing security order in Asia：conceptions and issues[M]// ALAGAPPA M. Asian security order：instrumental and normative features. Redwood City：Stanford University Press，2003.

区域治理应以保持区域内部发展环境稳定,建构自身韧性的经济系统来有效应对和化解经济风险,持续建立与其他地区合作共赢的开放模式。

第三节　区域治理理论的基础视角

区域发展的相关学科以及治理发展的相关学科基础是区域治理理论的基础。除政治学领域中的民主政治、国际关系理论、选举制度研究被广泛使用之外,制度经济学、区域经济学、发展经济学等相关学科也为区域治理研究提供了理论支撑。同时,公共选择理论、社会冲突论、社会动力学、集体行动理论、社会交换理论、知识社会学、政府间关系(inter-governmental relations,IGR)、公共政策网络也为区域治理研究提供了多领域交叉、融合的分析视角。

一、区域一体化理论

区域一体化一直是区域问题研究中的主流。区域一体化理论融合了地理学和经济学的主流观点。基于 20 世纪 50 年代欧洲出现的区域一体化浪潮,区域一体化的理论研究迅速发展。经济一体化可分为消极一体化和积极一体化,前者指通过消除歧视和管制制度推动经济贸易自由化的过程;后者指借助行政力量强力改变现状,建立新的自由化政策和制度。[①] 巴拉萨提出一体化既是一个过程也是一种状态。[②] 从过程的角度看,一体化就是动态地消除国家或地区之间的经济歧视和差别待遇;从状态的角度看,一体化就是国家或地区之间各种形式的经济歧视和差别待遇的消失。区域一体化理论的核心内容强调,相关国家或地区为了共同利益,将不同程度地向合作方让渡或转移自身权利;通过一系列条约和协议协调彼此的经济社会文化政策,从而实现区域间整体效益的最大化。

区域对共同目标的忠诚度,以及它们选择制度形式的方式,都是基于它们自己对如何创造替代地区权力形式的概念。在西方自由体制框架下,区域合作需要一种同质形式的区域一体化,即在每个国家的国内环境中应该有一套共同的组织原则,以及一套强有力的区域内经济关系。西方自由主义区域合作框架暴露出的问题是将把使用不干涉内政原则的国家视为缺乏治理能力的国家,因此它们无法

---

① TINBERGEN J. International economic integration[M]. Amsterdam:Elsevier,1954.

② BALASSA B. The theory of economic integration[M]. New York:Greenwood Press,1961.

处理跨越国界、进入该地区的冲突,也就无法构建地区间共同规则。

区域经济一体化是区域一体化中的最主要领域范畴。早在 1826 年,德国经济学家杜能就提出农业区位论。韦伯的工业区位论、克里斯塔勒的中心地理论、廖什的经济景观论、贝蒂·俄林(Bertil Ohlin)的一般区位理论以及埃德加·胡佛(Edgar Hoover)的节点区位理论在 20 世纪前半叶奠定了区域经济的理论基础。作为一门相对独立的科学,区域经济学形成于 20 世纪 50 年代。自 20 世纪 60 年代以来,区域经济学得到快速发展。20 世纪 50 年代开始,区域经济理论兴盛,平衡发展理论、输出基础理论、增长极理论、梯度理论、循环累积因果理论,以及中心-外围理论等也相继得到发展。

区域经济一体化理论旨在研究地区间逐步让渡部分或全部的经济权力,采取共同的经济政策并形成有明显的合作边界的区域合作机制和模式。组织形式按一体化程度由低到高排列,包括优惠贸易安排、自由贸易区、关税同盟、共同市场、经济联盟和完全的经济一体化。区域一体化旨在通过市场机制和政府手段实现区域内的资源共享、要素自由流动、公共服务均等和产业分工协作等,以便形成跨行政区的市场资源整合。区域经济一体化理论强调区域合作与政府作用。政府在制定和实施税收、健康和安全、环境法规等方面开展地区间合作,有利于降低交易费用和市场准入门槛并增强市场竞争力。此外,政策协调与合作有助于克服市场失灵,能够确保不会通过不正当途径再次增加贸易限制与成本。

区域空间分工理论的早期发展既包括传统区域分工中地区间产业分工的内涵,又强调了多区位企业的出现对地区间职能分工的影响。区域分工理论指出,经济发展过程伴随着经济活动空间变化,经济活动空间分布的差异也会对区域经济增长和经济差异产生影响。[1] 政府和市场共同塑造了空间生产形式。区域的空间结构势必也会相应地发生变化。例如制造业的空间往往逐步分散,而服务业的空间则会越来越集中。[2][3] 服务业为中心与制造业为外围的空间分布结构会引起地区增长和差距的变化。[2][3]

---

① DESMET K,HENDERSON J V. The geography of development within countries[R]. CEPR Discussion Papers,2014.

② DURANTON G,PUGA D. Micro-foundations of urban agglomeration economies[M]//HENDERSON V, THISSE J F. Handbook of regional and urban economics:Volume 4. Amsterdam:North-Holland,2003:2063-2117.

③ DESMET K,ROSSI-HANSBERG E. Spatial development[R]. NBER Working Paper,2010.

二、城市群理论

城市群理论涵盖世界城市、全球城市、区域城市、中心城市和外围城市等理论要点。关于城市空间聚集的研究始于19世纪20年代。"城市群"这一概念包括城市自组织的空间生态学视角，基于人口密度、空间版图、功能划分的定量视角等[①]，反映了城市群的特性。一是由核心城市及周边城市构成的空间上形态结构，二是在空间之上的信息、资本、人口的交流联结。未来世界级城市群的组织结构将会是由等级化交通和生态网络两种组织形态交叠而成的有机体系统。由此发展起来的城市群的治理理论是基于新古典经济学的假设[②]，提供了中心边缘城市理论。城市间的相互作用建构了城市间的经济地理结构。弗里德曼（Friedmann）将人口增长这一外生变量加入模型中，指出城市的产业决定了城市的等级。[③] 泰勒（Taylor）重新定义了城市功能、城市网络、城市体系等相关概念。[④] 依照世界城市群理论，每个城市都可以看作其自身网络中的节点，城市间的关系由城市的相对地位差异，尤其生产要素和密度，以及和其他城市的互动关系来决定，不能简单地将城市间的关系看作城市的层级关系。[⑤]

西方国家的城市群理论建立在对工业化生产中的资本、劳动、技术等要素在不同城市之间的更大空间中流动和更多要素集聚的问题研究之上。我国城市群发展的速度不断加快，对城市群研究的理论也在迅速发展，尤其是推动了国内学界对城市群治理的相关研究，如城市群治理的概念和发展模式[⑥]，城市群政府间合作的囚徒困境博弈与改善机制[⑦]，城市化发展规律和区域治理形态变迁的螺旋互动过程[⑧]等。

① FANG C,YU D. Urban agglomeration：an evolving concept of an emerging phenomenon[J]. Landscape and urban planning,2017,162：126-136.

② CHRISTALLER W. Die zentralen orte in süddeutschland-eineökonomischgeographische untersuchung über die Gesetzmäßigkeiten der verbreitung und entwicklung der siedlungen mit städtischer funktion[M]. Jena：Gusta,1933.

③ FRIEDMANN J. The world city hypothesis[J]. Development and change,1986,17(1)：69-83.

④ TAYLOR P J. World city network：a global urban analysis[M]. London：Routledge,2003.

⑤ ESPARZA A X,KRMENEC A J. Large city interaction in the US urban system[J]. Urban studies,2000,37(4)：691-709.

⑥ 汪阳红. 城市群治理与模式选择[J].中国城市经济,2009,113(2):50-55.

⑦ 金太军,汪波.中国城市群治理：摆脱"囚徒困境"的双重动力[J].上海行政学院学报,2014,15(2)：12-19.

⑧ 汪波.双S曲线视阈下中国城市群治理形态变迁：耦合与策略[J].上海行政学院学报,2015,16(6)：22-30.

城市群扩容是典型的细碎型"行政区经济"向整合型"城市群经济"的动态变化,扩容后的新进城市享受城市群内的交易成本降低、经济联系加强、要素资源共享等政策便利,而外围城市无法获得相应的政策红利,从而形成新进城市与外围城市之间的城市群边界效应。将城市群边界效应视为城市群扩容政策对不同城市经济活动的差异,也是从侧面体现城市群区域一体化的重要指标。多数文献选择以城市群扩容为代表的区域一体化的政策冲击作为准自然实验,衡量区域一体化政策对经济发展和环境污染的影响效应。国外学者以欧盟扩容为代表,研究发现欧盟扩容通过降低贸易成本和促进要素流动,显著提升成员国的工资水平与就业率[①];有利于加快成员国经济增长速度,进而缩小欧盟成员国的地区收入差距。[②]

三、多层治理

多层治理(MLG)是指参与治理行动的每个成员在不断的互动中,参与公共事务决策的过程。[③] 为了解释欧洲一体化的演变历程,多层治理理论成为欧盟特定情境实践下产生的理论。在欧盟治理实践中,多层治理理论指的是由多个国家或非国家主体,在政策决策过程中形成的网络关系及相互作用。里塞-凯本(Risse-Keppen)将其定义为私人主权国家、跨国家和超国家角色之间的不断互动和复杂交错关系。[④] 欧盟一体化过程也反映了权威和决策的多重分享,在欧盟的情境下,政府虽然是制定政策的主体,但控制的权力已经从其手中流向其他主体。[⑤] 国家丧失掉它们在以往拥有的权威性控制。以上关于多层治理的定义尽管大不相同,但都强调了多种行为主体之间的互动,以及这种互动产生的复杂网络关系。

在多层治理的框架下,政治活动在多个不同层次(如国家政府、国家之下的行

① ELSNER B. Does emigration benefit the stayers? Evidence from EU enlargement[J]. Journal of population economics,2013,26(2):531-553.

② RAPACKI R,PROCHNIAK M. EU membership and economic growth:empirical evidence for the CEE countries[J]. The European journal of comparative economics,2019,16(1):3-40.

③ SANDHOLTZ W,SWEET A S. European integration and supranational governance[M]. Oxford:Oxford University Press,1998.

④ RISSE-KEPPEN T. Exploring the nature of the beast:international relations theory and comparative policy analysis meet the European Union[J]. Journal of common market studies,1996,34(1):53-80.

⑤ MARKS G,HOOGHE L,BLANK K. European integration from the 1980s:state-centric v. multi-level governance[J]. Journal of common market studies,1996,34(3):341-378.

为主体、跨国家的行为机制)上开展。不同层次的影响力,因问题性质的不同而产生差异,不同层次上的个体行为和集体决策方式也有所不同。在多层治理的框架下,欧洲的治理由多个主体共同参与,包括欧盟委员会、欧洲法院、欧洲议会,也包括各成员国和各国政府组成的理事会,还包括地方政府、利益团体、NGO 等。在多种行为主体的共同参与下,决策权由不同层面的主体分享,而非由国家及政府垄断权力治理的过程,不再由国家来引导。

多层治理框架下的行为主体之间的关系并不遵循等级式的逻辑。决策权力也是由不同等级的行为主体共享,而并非由政府垄断。在这样一种集体决策模式下,民族国家的权威与过去相比削弱了。欧盟委员会、欧洲议会和欧洲法院对欧盟的集体决策结果是相对独立的,不能简单地将其视为政府的代表,而应当把它视为集体决策机制的一种体现。在这一过程中,各方治理主体基于自身诉求建立了共同目标,这一共同目标又为这些治理主体提供了彼此间行动协调的可能性。

四、功能主义治理

功能主义治理与多层治理源于欧盟治理模式的解构。二者既有差异又有交集,其目的都是促进欧盟的区域一体化实践进程。多层治理侧重从垂直视角分析治理,强调跨国家和超国家不同层级角色的复杂互动关系;功能主义治理侧重水平视角,基于参与者的职业功能对治理的利益团体进行划分。功能主义治理关注利益代表的划分是由人们所从事的职业而确定的,而非由他们所处的地理位置决定的。典型的功能主义案例是代表不同岗位工人的工会、代表不同业余爱好人士的兴趣协会,以及代表不同利益群体(但往往同时关注少数群体权益)的社会组织。群体的不同职业功能形塑了不同的代表性治理模式,如公共资助和私人资助的非政府组织;企业、专家在一起进行决策,其中包含诸多权力关系和资源配置上的组合,将影响功能主义治理的效果,以及决策结果的代表性。

五、多中心治理

多中心治理源于西方公共管理研究领域,强调除政府与市场两种机制以外的治理公共事务的新的可能性,并在政府、市场这两个中心之外引入第三个中心,认为"多中心"是自主治理的根本前提。多中心体制设计的关键因素是"自发性",自发性的属性可以看作多中心额外的定义性特质。一些国际学术研究观点认为,基于自主治理和自发性的第三部门有利于公民参与意愿的表达和参与途径的实现。第三部门组织的发展壮大与治理水平、治理能力之间存在着比较明显的正相关关系。因此,多中心治理是以自主治理为基础,允许多个权力中心或服务中心并存,通过竞争和协作形成自发秩序,力求减少"搭便车"行为、提高服务的效能水平,从而克服公共事物治理的困境。同时,由第三部门的自治机制来提供公共服务具有相对优势,出于对"政府失灵"和"市场失灵"的回应,第三部门的兴起和壮大能够实现公平与效率的良好契合。第三部门还具备相对的灵活性和适应能力。由于更贴近基层,第三部门更能切实有效地满足许多急迫的公共服务需求。

六、实验主义治理

近年来,实验主义治理成为国际学术界开展区域治理研究的另一分析视角。它与功能主义多层治理模式和网络治理模式密切相关[1],为解决地区发展中的"治理失灵"提供了一种新的思路。[2] 实验主义治理的逻辑是从应对外部不确定性的角度制定框架性的治理规则,并且在不同环境条件下采取结果递归评估的方法来动态调整规则制定方式与执行机制。

实验主义治理的核心观点包括协商性、动态问责、多样化学习机制。实验主义治理模式被认为是一种"直接协商的多主体政治"。实验主义治理对参与治理过程的相关利益群体、机构和区域不作出类型和规模的僵化设定。相反,它基于参与者的个人经验而采取"直接协商"方式。参与者必须彼此学习、相互监管,并且相互设立目标。实验主义治理规则从当下环境挑战出发,看待国家、地区长远利益,并且针对民族国家内部自身委托-代理型治理长期存在的正当性赤字(legitimacy deficits),提出可能的有效应对方案。

在国际实践中,出现了欧盟"水框架指令"(WFD)及其"共同实施战略"(CIS)、地区教育和儿童福利的公共服务改革、核能利用、食品加工和环境污染等公共卫生与安全风险规制案例。在解决上述治理问题时,治理主体采取了一种"直接协商的多主体政治"逻辑,强调了开放性地定义利益相关群体、机构、地区的

---

① KEOHANE R O, MACEDO S, MORAVCSIK A. Constitutional democracy and world politics: a response to Gartzke and Naoi[J]. International organization, 2011, 65(3): 599-604.

② SABEL C, ZEITLIN J. Experimentalist governance in the European Union: towards a new architecture[M]. Oxford: Oxford University Press, 2010.

利益边界,以及基于相互学习的目标设定。[①]

实验主义治理理论是在西方情境下提出来的。实验主义治理是当前西方提出的一种治理观和实践方法,是美欧国家应对全球治理危机与治理失灵、巩固国际话语权并维护其自身利益的理论依据。国内学者近年来对这一理论开展了一些探索工作。如章文光等以创新型城市为研究蓝本建立了动态交互式中国实验主义治理框架。[②] 王明国批判性地总结了目前实验主义治理的内涵、价值和挑战。[③] 贾开采用实验主义治理分析框架研究了我国互联网平台监管问题。[④] 在我国区域治理的具体情境中,需要我们基于我国发展的历史背景和制度特点,结合国家发展需要对该理论框架进行创新。

七、政府间关系理论

政府间关系(也称为府际关系)是指政治体系内政府相互作用的过程和机构。20 世纪 30 年代,美国学者施耐德(C. F. Snider)提出了"政府间关系"这一概念。[⑤] 政府间关系被用于分析美国联邦政府和州政府之间的矛盾冲突以及解决方法。从公共部门中行为个体的组织行为与人际互动视角看,政府间关系是各级、各类政府机构的相关重要活动和彼此间的相互作用。[⑥]

赖特(Wright)的《理解政府间关系》以及霍威特(Howitt)的《联邦主义:政府间关系研究》强调了政府作为治理主体彼此在解决问题、应对能力和沟通,提倡谦逊的、温和的和临界的政策措施中的角色。政府间合作也可以作为地方政府寻求规模经济、提高效率的途径。关税同盟[⑦]、自由贸易区理论[⑧]、协议性国际分工理

---

① SABEL C,ZEITLIN J. Learning from difference:the new architecture of experimentalist in the EU[M]// SABEL C, ZEITLIN J. Experimentalist governance in the European Union:towards a new architecture. Oxford:Oxford University Press,2010.

② 章文光,宋斌斌. 从国家型创新城市试点看中国实验治理[J]. 中国行政管理,2018(12):89-95.

③ 王明国. 全球实验主义治理:内涵、价值与挑战[J]. 国际论坛,2017(4):40-46.

④ 贾开."实验主义治理理论"视角下互联网平台公司的反垄断规制:困境与破局[J]. 财经法学,2015(5):117-125.

⑤ SNIDER C F. Country and township government in 1935—1936[J]. American political science review,1937,31(5):884-913.

⑥ HINDERAKER I,ANDERSON W,WEIDNER E W,et al. Intergovernmental relations in the United States as observed in the State of Minnesota[J]. The western political quarterly,1951(4):679.

⑦ VINER J. The customs union issue[M]. Oxford:Oxford University Press,2014.

⑧ ROBSON P. The economics of international integration[M]. London:Routledge,1998.

论①与核心外围结构理论②,是西方学者研究区域治理主体间关系的主要理论工具。近些年来,我国学者在研究央地关系和地方政府间合作关系等问题上也取得了很多成果。上述研究工作的开展为研究中国场景下的区域治理问题提供了理论工具借鉴。

另一理论分支是政府间竞争理论。它缘于诺思的《制度、制度变迁与经济绩效》,主要观点是政府间竞争归根结底是制度间的竞争。③ 哈耶克(Hayek)指出了地方政府的企业性④;蒂博特(Tiebout)明确提出竞争性政府(公共产品与用脚投票)的概念⑤。地方政府存在管辖权重叠,通过相互竞争可以产生更高的效率,或更好地满足公民的需求,因为这将产生规模经济。艾伯特(Albert)在《竞争性政府:政治和公共财政的一种经济理论》一书中提出联邦制国家建立在公共产品成本效率分析(作者称之为"威克塞利连接")基础上的政府间竞争模型,并且吸收了分权、制衡和职能重叠等因素。在他构建的政府间竞争模型中,官僚制的存在并不一定会妨碍有效的解决方案。⑥ 政府间竞争理论是在西方治理叙事下产生的理论。在今天看来,这种理论有助于理解在不同的国家政治体制下地区间公共产品合作生产中如何实现政府间合作和最优产品规模存在解释力不足的问题。

本章小结

本章介绍了治理的核心思想、区域治理的基本概念和区域治理的五个主要目标;梳理了区域治理研究的相关理论视角、工具和方法。本章将帮助学生构建对区域治理基本概念的知识逻辑与理解框架。同时,我们需要从批判性视角来对上述理论方法的应用条件、时空差异性、要素构成、有效性评价等作出创新性的拓展和尝试,而非单纯使用某一种理论来套用现实问题。这一点是需要在学习中加以注意的。

---

① 小岛清. 对外贸易论[M]. 周宝廉,译. 天津:南开大学出版社,1987.

② FRIEDMANN J. Regional development policy[M]. Cambridge:MIT Press,1966.

③ NORTH D C. Institutions, institutional change, and economic performance[M]. Cambridge:Cambridge University Press,1990.

④ HAYEK F A. The road to serfdom[M]. Chicago:University of Chicago Press,1994.

⑤ TIEBOUT C M. A pure theory of local expenditures[J]. Journal of political economy,1956,64(5):416-424.

⑥ BRETON A. Competitive governments:an economic theory of politics and public finance[M]. Cambridge:Cambridge University Press,1996.

关键术语

区域治理　区域身份　区域安全　公共产品　政府间关系

复习思考题

1. 区域治理的核心思想是什么？

2. 举例说明区域治理议题的公共产品特征。

3. 如何理解区域治理的机制回弹效应？

4. 能否在区域治理的五个基本目标中找到兼顾策略？为什么？

5. 举例说明哪些区域治理的具体问题可以借鉴实验主义治理，该理论有哪些局限性。

6. 西方治理情境下产生的政府间关系理论对理解我国区域治理问题存在哪些不足？举例说明。

第四章

区域治理主体

 **学习目标**

[1]　掌握区域治理主体的类型和特征。

[2]　理解区域治理主体间的主要关系。

[3]　掌握区域治理组织的三种基本类型。

 **能力目标**

[1]　区分不同类型区域治理组织的适用条件。

[2]　理解开放、合作、包容的视角对当代区域治理实践和理论研究的重要意义。

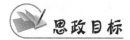 **思政目标**

深刻理解中国作为重要参与者在国际区域治理中发挥的重要作用。

区域治理有两条逻辑进路：一是面向当前的区域治理议题提出解决方案；二是面向未来区域治理方向提出预期方案。两者都与区域治理主体的政治意愿、价值准则、行动偏好和自身能力相关。尽管在区域发展中存在行为者之间的相关性、组织多样性、治理情境复杂性等约束条件，区域治理主体之间建立合作关系，采取一致行动，仍对实现区域治理目标意义重大。本章将介绍区域治理主体的类型、组成、相互关系以及区域治理组织的相关内容。

第一节　区域治理主体构成

由于区域治理是在当前政府机制下寻求解决方案的一种集体行动，因此区域治理应该涵盖政府、非政府组织、私营部门、技术专家和公民个体等类型多样的主体。

从新区域主义视角看,治理主体应包含与区域治理相关的所有利益相关者。西方理论将具有特定共识利益的相关者结构称为利益团体(interest group)。利益团体既体现治理结构,也会影响治理结构的形成。在资源丰富的地区,跨层次和跨时间的利益团体之间复杂制度关系称为密度(intensity)。例如,组织规模小的地方决策者更倾向于从集体利益(collective benefits)来考虑是否能够通过区域治理而获得规模经济优势,以便提高公共产品的生产效率。组织规模大的决策者主要看是否有其政治意愿,如加入区域治理是否有利于地方决策者获得更广泛的政治支持。同时,经济地理学认为区域外的组织对该区域发展也产生重要影响。

一、政府

对"政府在经济社会生活的角色"的审思存续于人类社会运转的始终。"政府"一词在中国古籍中较早出现在《资治通鉴》。在中国历史上,"朝廷""官府"分别对应于中央政府和地方政府。《论语·为政篇》记载道,子曰:"为政以德,譬如北辰,居其所而众星共之。"古希腊哲学家苏格拉底在他的思想体系中认为"治国"应该由拥有良善的专业知识的人去担任。柏拉图在《理想国》中从"正义的国家"角度指出:为实现全体公民利益而进行的统治,才体现了国家正义。亚里士多德提出的"政体"大体上有"治理"的观念雏形,他认为城邦是若干家庭和种族结合成的保障优良生活的共同体,以完美的、自足的生活为目标。城邦正是由于执政主体不同才有差异。在一个良善的政体中,公民是那些为高尚的生活而自愿接受统治和施行统治的人。[①]

在西方新古典主义经济学兴盛时期,西方学者威廉·配第(William Petty)、约翰·洛克(John Locke)、大卫·休谟(David Hume)、斯密、大卫·李嘉图(David Ricardo)都关注宏观经济增长中的政府角色。斯密认为,市场虽然在决定资源分配和经济收益时是一只"看不见的手",但是在社会领域,政府需要维持和平,建立一个维持严密的执法体系,提供教育和其他最低限度的公共事业;政府是为了保护人民的私有财产而存在的人民的代理人。[②] 因此,传统政府应承担资源配置和监管两项职能。在新公共管理运动中,赋能者的角色(enabler)逐步成为政府的第

---

① 亚里士多德.政治学[M].颜一,秦典华,译.北京:中国人民大学出版社,2003.
② 洛克.政府论[M].上海:商务印书馆,1964.

三身份,主要体现在协调利益、弥补市场失灵以及建构制度环境。

当今世界快速进入更为不确定的发展阶段,新挑战和新变化出现时对政府在区域治理中的角色要求更为凸显。政府作为区域治理的主体之一,既可以是政府的某一功能部门,也可以是多个部门组成的"联合体"。政府角色具有制度嵌入性,这主要依赖于国家的制度文化和政治生态。此外,政府具有层级能量。一个国家的中央政府以及国内地方政府在政策目标和运行功能上存在明显差异。中央政府负责配置国家公共资源、协调府际关系、监管国家经济社会运行。地方政府负责执行中央政府政策、配置区域公共资源、监管区域内的经济社会运行。同时,地方政府应该基于经济、社会或环境目标来解决财政差距、社会隔离、环境、经济预期的问题。政策执行取决于来自地方市政部门的不同参与者的支持,地方政府和其他利益相关者采用参与进程影响区域治理是否成功。即使没有一个地方政府,区域治理也可能发生。

在区域演化进程中,政府角色和作用机制对该区域内部的生产方式、社会组织形态乃至生态系统进化的影响都可能是至关重要的,甚至会决定地区的"生死存亡"。贾里德·戴蒙德(2005)的《崩溃:社会如何选择衰落或成功》一书总结了复活节岛崩溃的原因。这个岛屿孤立在智利西部的太平洋上,面积为 64 平方英里(1 平方英里≈2.59 平方千米)。根据考古学、花粉分析和古生物学的证据,这个岛最初被茂密的棕榈树森林覆盖,有许多居民和丰富的食物由森林滋养。在1200 年到 1500 年间,生态系统发生了剧烈的变化。在短短几百年里,所有的森林都消失了,所有的大树都被砍倒了,最终导致岛上的居民灭绝。当环境退化达到一个临界点时,这种动态就变得不可逆转,导致生态系统不可避免地崩溃。该岛环境崩溃的主要原因是建造、运输和竖立数百个巨大的石像,每个石像高达30 英尺(1 英尺=0.304 8 米),重达 80 吨。这些雕像通常需要运输长达 6 英里(1 英里≈1.609 千米),从施工地点到安装地点。在没有现代化设施的情况下,运输方式尤其涉及木制雪橇、轨道或滚轮和杠杆,所有这些都需要大量的森林砍伐,导致了森林的消失。当整片森林都消失了,居民也不能制造大型渔船。他们不能冒险到离岸很远的地方捕鱼,只能沿着岛屿的海岸捕到较小的鱼。生活水平因此下降了。当早期的复活节岛居民过度砍伐树木时,"当前决策损害后代能力"的制度惯性因此而出现。在这个例子中,第一种惯性是利益相关者对砍伐树木的极度偏好;第二种惯性是岛上统治阶级的荣耀感,对竖立更大雕像的竞争;第三种惯性是统治阶级享受分配资源权力。可见,具有能动性的个体和组织在最终采用何种生产方式以及生活模式上需要与决策者的思路相互适配,并且要向区域可持续发展方向共同努力。

二、非政府组织

在社会结构从"总体性社会"向"资源分散的社会"转变的过程中,私人领域赢得了部分自主空间。权力场域、市场机制与公共组织应当保持适度距离,才能够发挥自身作用。公共领域既是政府权力发挥积极建设性作用的场域,更是公众表达自己意志和愿望的场所。美国学者彼得斯提出了市场式政府、参与式政府、解制式政府和弹性化政府的公共治理技术模式。[①] 在我国,"行政吸纳社会"[②]用以分析国内政府-社会关系。20世纪70年代以来,西方国家普遍面临公共政策失灵、公共产品供给低效、政府机构膨胀以及腐败问题,非政府组织的研究和实践获得了发展空间。

新区域主义视角下的区域治理促进了"非政府参与"。[③] 非政府组织在区域治理中可以扮演治理诉求供给、冲突缓解、张力维持和社会网络关系的角色。[④] 它一方面要监督与约束政府权力,另一方面也可以作为社会利益群体或个体公民的代理人而参与治理过程。世界银行(1996)将非政府组织划分为非营利组织(nonprofit organization,NPO)和社区组织(community-based organization,CBO),它们完全或者很大程度上要独立于政府,不以营利为目的,服务于整个社会或者每个成员在人道主义层面或者社会层面和文化层面的利益。非政府组织成为介于政府和公众之间的一种组织形态,是双方连接的媒介和渠道。非营利组织参与治理的条件之一是这些组织有具有社会企业家精神的领导人、健全的理事会治理机制、财务管理制度和信息披露制度以及组织人员的合理待遇。社区是在有边界的地理空间内人们组成的生活共同体。社区组织是区域治理的基层单位,是政府机制和非政府机制联结的微观环节,也是生活共同体,实现区域治理组织多样化和基层

---

① 彼得斯.政府未来的治理模式[M].吴爱明,等译.北京:中国人民大学出版社,2001.

② KANG X G,HAN H. Administrative absorption of society:a further probe into the state-society relationship in Chinese mainland[J]. Social sciences in China,2007(2):116-128.

③ KUBLER D,SCHWAB B. New regionalism in five Swiss metropolitan areas:an assessment of inclusiveness, deliberation and democratic accountability[J]. European journal of political research,2007(4):473-502.

④ 唐兴霖.政府转型、公民社会与中介组织功能定位[J].上海行政学院学报,2008(11):24-37.

职能重构的载体。

三、私营部门

新区域主义提倡以灵活的水平治理网络代替单一、僵化的垂直管理模式。私营部门将在其中表现出独特性。私人部门涵盖广泛,既包括企业等营利部门,也包括行业协会、商业团体等社团组织。西方政治理论中的"法团主义"(corporatism)指出:社团是某一个部门利益的唯一代表,社团可以代表政府利益来执行政府决策。私营部门作为治理主体参与区域治理过程,基于两种前置条件:一是为实现公共价值与个体利益在利益相关者之间进行平衡;二是在某些功能专业化领域能够提出专业化的理性观点。

在西方国家区域治理实践中,如土地情境规划,私营部门的角色非常突出。土地开发公司通常承担土地市场前景评估主体的责任,为土地规划部门的综合决策提供技术支持。美国行业协会在会员企业与其他组织谈判中维护会员利益,为美国国际贸易判断提供准确的行业数据信息。法国里尔委员会作为区域治理主体,其中40%成员是政府官员,60%是企业和公民代表。欧盟体系内,欧洲投资银行(EIB)作为区域治理主体之一,主要责任是捐款以及向欧盟各国投资项目贷款,扮演了缩小欧盟各国经济差距的调节阀角色。

四、技术专家

在社会分工高度精深的当代,专家不仅作为一种职业名称而存在,也已经成为独立于公共部门和私营部门以外的代表专业主体价值的群体——知识精英。从符号社会学角度看,现代知识分子是在19世纪末20世纪初出现的符号生产者,他们具有两种特殊性:①在知识场域中具有自主性并遵守知识场域的特定规则;②将专业活动与知识权威用于非专业领域的政治活动。① 这有别于萨特的总体性知识分子形象在当代公共事务中坚持的"中立"立场并批判性地谈论所有的当代事务,也区别于福柯的"特殊"知识分子定位将其政治活动限于特定的专业领域。皮埃尔·布尔迪厄(Pierre Bourdieu)强调社会应创造出知识分子集体介入一

---

① BOURDIEU P. The corporatism of the universal: the role of intellectuals in the modern world[J]. Telos, 1989(81): 99-110.

系列问题的环境条件。[①]

知识分子作为专业化的文化生产者与传播者,在建构我们对现实的理解、筑牢人类交往的基础、调节社会实践关系中发挥核心作用。因此,当我们面对区域治理中的专业化难题时,知识供给成为政府的棘手问题。区域治理主体的缺失可能会创造一种更为宽松的制度环境[②],将触动"谁没有参与"的问题开关,为知识分子参与区域治理并在其中发挥作用提供了条件。

制度经济强调"交易成本"在经济社会中的作用。有限理性、投机主义、资产专用性、不确定性、信息不对称和气氛都将产生交易成本。那些地理位置邻近、经济上依存度较高的地区在处理相互关系时产生交易成本的可能性将比单一地区内部治理时大很多。技术专家可以通过提供先验知识和技术路线,将治理成本内部化,从而避免或降低在治理过程中产生交易成本。在专业化知识面前,政府应尊重科学家的意见,并从客观、公正立场建立治理规则。在新冠疫情期间,一些国家抗疫失利的主要原因之一就是政府与科学家之间产生了"共识脆弱"。政府只有重视科学家的集体意见,并为科学家进入公众表达空间创造必要条件,才能够促使社会群体在重要的国家动员行动中形成对政策的高接受度,也能够激发技术专家群体在社会治理中的责任、信念与参与度。

五、公民个体

公民是区域治理中利益表达的最微观的社会细胞。正是因为具有多样性,公民个体才成为区域治理主体且其诉求被纳入治理过程。如此就与区域治理的内在要求——协商与公平吻合了。区域治理中的公共利益是公民经过不断对话、价值分享而形成的互动过程,而不是个人利益的总和;这种互动过程是个人理性、经验、直觉和情感的复合体。[③] 因此,关注公民个人参与治理的数量和类型至关重要,因为这会显著影响治理进程和治理效果。公民个人观念过度分散,可能会导致治理中的协调成本增加。

在哈贝马斯(Habermas)看来,工具性的行动包含行动者对可观察到的状态

---

① 斯沃茨.文化与权力:布尔迪厄的社会学[M].陶东风,译.上海:上海译文出版社,2006.

② ANDERSEN O J,PIERRE J. Exploring the strategic region:rationality,context,and institutional collective action[J]. Urban affairs review,2010,46(2):218-240.

③ 陈瑞莲,刘亚平.区域治理研究:国际比较的视角[M].北京:中央编译出版社,2013.

和事件这一"客观世界"的有目的的干预；交往性的行动是主体作为共同的"观念世界"成员而互相面对。① 公民参与区域治理，是以"解决问题"还是以"共同观念"为原则？这应由区域治理目标给出答案，因为区域治理是过程与结果的综合体，也是短期与中长期的时间复合体。公民参与区域治理是一个社会化的学习进程：环境复杂性和动态变化对公民个体价值将产生重塑性，这部分也应纳入区域治理框架。

功能主义治理主张职业取代地理因素或权力位置来决定治理主体的角色和选择依据。例如在区域治理的某项议题中，工会、代表不同业余爱好人士的兴趣协会和代表不同利益群体（但往往同时关注少数群体权益）的社会组织，公共资助和私人资助的非政府组织，以及企业和技术专家都应被纳入区域治理主体中。治理主体的选择影响治理效果和代表性。如在欧盟基金管理模式中，科技界、工业界、社会领域的代表要进行协商。这种基于职业功能而形成的治理主体结构，区别于基于行政区划和领地划分的代表模式。来自不同职业的治理主体掌握本领域资源和知识，易建构出"异质性"的优势互补结构，加强彼此的沟通与协调。

第二节　区域治理主体间的关系

一、关系治理

关系治理（relational governance）提供了理解行动者建立和/或调整与其集体行动相关的规则和规范的过程的视角。② 它是定义角色和生产模式、协调努力和减少网络冲突的一种机制建构的过程。③ 从自组织视角看，在规则、角色、功能和网络结构演化中，当一个参与者参与到集体行动中来，他同时也在这个群体的角色、功能和决策网络结构的形成、演化以及参与者之间冲突解决中发挥了突出作用。

① 哈贝马斯.后形而上学思想[M].曹卫东,付德根,译.南京：译林出版社,2012.
② PASWAN A K,HIRUNYAWIPADA T,IYER P. Opportunism,governance structure and relational norms：an interactive perspective[J]. Journal of business research,2017,77：131-139.
③ WESTABY J D,WOODS N,PFAFF D L. Extending dynamic network theory to group and social interaction analysis：uncovering key behavioral elements,cycles,and emergent states[J]. Organizational psychology review,2016,6(1)：34-62.

区域治理不是先验式的理论假设，而是在区域发展实践中积累起来的一种集体智慧。区域治理主体间的关系构造应与区域特定的历史、制度、社会、文化一脉相承。主体间是形成单一中心、多中心还是网络式的关系结构，也不能采取僵化、刻板的唯一方式。人类社会发展至今，太多的经验事实表明，在越来越不确定的现实世界中，建立治理"中心"才能实现高效协调，否则极易产生"囚徒困境"①，甚至是"双输策略"。区域治理主体间的关系治理可以从竞争、协调与合作三个维度来理解。竞争源自资源的稀缺和主体间利益的不一致；协调是各类治理主体通过沟通互动来重塑彼此间关系，目的是减少冲突和摩擦，避免治理重叠、断裂以及空白②；合作源自多个治理主体有共同的利益诉求和目标，表现为采取了集体行动。

（一）区域治理主体间的竞争关系

竞争源于资源稀缺与利益冲突。寻求区域治理中的主动性是区域治理主体的内在价值取向。20 世纪 80 年代，"去中心化"（decentralization）一度成为呼声很高的区域治理逻辑③，因为当技术创新、环保意识、生活质量以及区域劳动力市场建设这些主题日益被关注时，仅依靠权力顶层的意愿是无法推动上述发展目标的，需要广泛动员区域内的各种资源和内部力量与多类型的主体参与，同时要在不同利益群体间建立一种平衡机制。在这一过程中，要整合碎片化或者分散化的政策信息，从而强化区域的"自我负责"（self-responsibility）。

制定社会整体的基本行动准则即使对每个人未必是最优解，但可以提升和增加社会效率与财富。④ 当前，西方国家在面对重大突发公共危机时，个人自由主义的区域治理逻辑无法形成有效率的集体行动。区域多边性组织合作变成了选择性的"小圈子"，成员国意见不一，无法形成有效合作治理的机制，甚至彼此间存在越来越多的利益竞争关系，产生了很强的负外部性。因此，在愈加不确定和复杂

---

① STEIN A A. Coordination and collaboration：regimes in an anarchic world[J]. International organization，1982，36(2)：299-324.

② PETERS B G. Managing horizontal government：the politics of co-ordination[J]. Public administration，1998，76(2)：295-311.

③ HOOGHE L，MARKS G，SCHAKEL A H. The rise of regional authority：a comparative study of 42 democracies(1950-2006)[M]. London：Rouledge，2020.

④ BUCHANAN J M. The limits of liberty：between anarchy and Leviathan[M]. Chicago：University of Chicago Press，1975.

的环境中,个体理性超过集体理性而占据上风,这种"去中心化"的区域治理的有效性大幅缩水。

区域治理主体间的竞争关系最突出的表现是政府间竞争关系。"政府竞争是一个国家内部不同行政区域地方政府为提供公共物品,吸引资本、技术等生产要素而在投资环境、法律制度、政府效率等方面开展的跨区域政府之间的竞争"。[①]公共选择理论提供了改变个体竞争状态、实现公共利益的社会契约逻辑。在改善政府间竞争关系的过程中,制定政府间的协议是区域治理实现规模经济的一种可行方式。

(二)区域治理主体间的协调关系

"社会交往"提供了理解区域间、组织间、个体间协调关系的棱镜。"社会交往"理论的视角多元、含义丰富。如帕森斯(Parsons)和米德(Mead)的"寻求阐释的意义",狄尔泰(Dilthey)的"生活关联体"等。[②] 马克思视角下的"社会交往"强调全部社会生活在本质上是"实践性"的,"关系性"和"活动性"的范畴界定了社会交往的两层内容。[③] 怀尔德(Wild)认为社会交往分为物质、精神和哲学三个层次:物质层面的社会交往是指人们通过身体姿势、语言声调和面部表情这些自然符号所传递出来的相互关注和反应;精神层面的社会交往是在交往手段和理解一致的基础上进行的;哲学层面的社会交往是"生命综合体"的概念,即社会交往首先必须嵌入共同生活。[④] 哈贝马斯认为"公共领域"社会交往的目的性、行为的互动性和语言的媒介性是"交往理性"的重要体现。[⑤] 在哈贝马斯看来,只有以"相互沟通来获得协调",才能被称为交往行为,否则就可能是以目的为取向的工具行为(作为个体的)或者社会行为(作为社会群体的)。

协商、信服、共识作为三个交往层次,为主体间建立最终稳定的合作关系提供了可行阶段。利益协调源于解决争议的目标。区域利益协调可从功能主义和福利主义两种理论假设来看。功能主义注重利益协调目标和过程;福利主义强调

① 刘汉屏,刘锡田.地方政府竞争:分权、公共物品与制度创新[J].改革,2003(6):23-28.

② 狄尔泰.精神科学引论[M].艾彦,译.南京:译林出版社,2012.

③ 马克思,恩格斯.马克思恩格斯文集:第一卷[M].北京:人民出版社,2009.

④ EDIE J M. John Wild and phenomenology[M]//KAELIN E F,SCHRAG C O. American phenomenology. Analecta Husserliana:vol 26. Dordrecht:Springer,1989.

⑤ 哈贝马斯.交往行为理论:第1卷[M].曹卫东,译.上海:上海人民出版社,2018.

利益协调结果。协调利益的方式包括利益相关者主动自愿协调（如协商对话）和利益相关者被动式协调（如压力型机制下的政策执行）。区域治理主体间的协调关系主要发生在治理过程中主体间利益冲突和矛盾的化解以及为推进主体间合作而采取的行动中。解决争议是区域治理中最主要的机制之一。在现实情境中，区域间或者区域内部主体间的目标差异、偏好差异、行动方式差异是客观存在的。对争议问题的处理方式和手段体现了治理主体的能力和意愿。一个设计精良的争议解决机制，有助于更好地形成集体行动，促进合作成员间充分地进行信息沟通、达成共识。"三个和尚没水吃"背后的责任分散效应映射出这样一个机制设计结果：当缺乏有效的责任权属和边界时，"吃瓜群众"[①]会增加，"搭便车"、寻租现象会增加，"公地悲剧"效应也会增加。因此，为治理主体间形成合作关系或者达成治理目标而采取的协调措施，应该贯穿于区域治理的整体过程。

（三）区域治理主体间的合作关系

人类关系的结构主要是由共同观点（shared ideas）决定的，有目的的行为体的身份和利益是上述观念建构而成的。[②] 区域治理主体之间建立短期或长期合作关系，最终建立起来的是共同观点或者共同利益诉求。区域治理主体间合作的形式可以紧凑，也可以松散。紧凑型的合作结构是指以正式制度、规则和组织形态建立起来的主体间的合作结构。这些主体拥有强烈的共同利益诉求。松散型的合作结构是指以"非竞争"为前提，以非正式制度、规则和组织连接而成的结构。治理主体间合作包括分权式、垂直式和网络结构三种类型。

团队合作理论可为区域治理主体间合作提供经济理性阐释。一是引入监督者，即让委托人成为剩余索取人并监督成员是否合作。[③] 二是引入激励机制，委托人的作用不在于监督治理主体本身，而是为了打破预算平衡，使激励机制发挥作用。[④] 团队成员获得的收益平均化可以有效抑制团队成员间的"不合作"，只不过

---

① 社会心理学家拉塔尼和达利（1970）发现当有其他旁观者在场时，会显著降低人们介入紧急情况的可能性，这也被称为"旁观者效应"。

② ONUF N. World of our making：rules and rule in social theory and international relationships[M]. Columbia：University of South Carolina Press，1989.

③ ALCHIAN A A，DEMSETZ H. Production，information costs，and economic organization[J]. American economic review，1972，3(2)：21-41.

④ HOLMSTROM B. Moral hazard in team[J]. Bell journal of economic，1982，13(2)：324-340.

这个结论是以成员的风险中性为前提。① 低激励程度的措施虽可能具有治理主体内部资源配置的劣势，但却是一个激励合作与促进协调的重要工具。②

出于政府资源、能力限制以及价值多元化考虑，公共选择理论提供了除政府间关系之外的治理方案，即政府与私营部门和社会建立合作机制的可能途径，这与关注政府内部事务和改革的视角不同。有学术观点认为，12世纪到13世纪的欧洲地区的商业城镇在获得农场税收和执法的自治权力后加强了欧洲国家机构的塑造。③ 在区域治理中多采用多中心治理结构，意在确立相互独立的多个治理决策中心，包括正式的行政单元（如省、区、市）以及功能重叠区（如学区）。

二、区域治理中的政府间关系

（一）政府间关系的基本类型

所有国家都存在特定形式的政府间关系。虽然对政府间关系的传统分析侧重于正式结构和机制，如财税体制，但也包括广泛的非正式交流和互动过程。在西方治理理论中，政府间关系更像是外交关系，而非法律关系或者合同关系。政府间关系通过正式和非正式的机制发生。正式机制可以是宪法的、法定的或非法定的机构、协定和程序。非正式机制更难以观察，但通常与正式机制一样重要。非正式的交互通常会将系统内的物质要素与非物质要素都关联、聚合在一起。此外，可能还有一些潜规则、惯例或原则对政府间的执行和有效性发挥影响。政府间关系受到参与治理的政府机构的影响。政策部门之间互动的范围、频率和强度可能不同，合作或冲突的程度也可能不同。

政府间关系包括纵向（垂直）、横向（水平）和网络三种类型。

纵向关系是指中央政府和地方政府间，以及上级政府与所属下级政府之间形成的权力、责任和利益分配关系。单一制国家的地方政府主要包括省、市、县、乡、村五级。中央政府与地方政府之间的关系有资源、法治、行政权力调整以及合理

---

① LAZEAR E P. Pay equality and industrial polities[J]. Journal of political economy，1989，87(6)：1261-1284.

② HOLMSTROM B，MILGROM P. The firm as an incentive system[J]. American economic review，1994，84(4)：972-991.

③ ANGELUCCI C，MERAGLIA S，VOIGTLANDER N. How merchant towns shaped parliaments：from the Norman conquest of England to the great reform act[J]. American economic review，2022，112(10)：3441-3487.

分权四种主要形式。① 财权与事权的统一性以及分权机制是我国央地纵向政府间关系的核心。

横向关系是指同级政府间形成的权力、责任和利益分配关系。一般来讲，政府间建立横向关系是为区域特定议题，如流域、基础设施、税收和公共服务寻求解决方案。但是，地方政府或许是为增强行政自治权而加入横向政府间关系中，而不是为改善实质性的政策成果。为了避免地方政府的机会主义，或者反复无常的行为以及利益绑架②，需要建立地方政府间的动态平衡机制，同时也需要尊重、相互信任关系、多样性的容忍、接触和合作的意愿，以及承认对方立场的合法性这些软性关系的建立。一些国家采取建立明确指导行为的原则来约束政府间关系，如德国的"礼让"原则，以及欧盟的"辅助性"原则。我国地方政府间的合作关系是指"没有隶属关系下于共同利益中通过某种契约或合作机制联合起来，共同治理跨辖区的经济、政治和社会问题，提供一体化的公共产品"。③

网络关系包括不同级别政府间形成的纵横交错的网络关系。网络型政府间关系更为复杂，其管理上仍面临诸多挑战。建立交织紧密的地方政府间关系对发挥正向溢出效应、抵消负向溢出效应具有显著作用。例如，我国地区间通过联席会议、项目合作、行政协商、公共服务外包等方式开展合作，有效地解决了若干跨地区协调中的失灵问题，减少地区间制度成本和交易成本，构建激励相容的利益空间，从而提升地区间资源配置效率和效果。

（二）区域治理的政府间关系特点

区域政策即使来源于更高级别的政府决策，最终效果也要取决于地方执行。④随着环境条件的变化，在交通、水、环境和大气污染等公共问题领域，政府的角色出现重叠或交叉，出现了外部效应，有些区域政策可能升级至国家整体行为。因此，程序化的区域协调性的法律和政策条文无法适应出现的新问题。在这种

① 杨小云.试论协调中央与地方关系的路径选择[J].中国行政管理,2002(3)：63-64.

② POIRIER J, SAUNDERS C. Cooperative mechanisms and intergovernmental relations in federal regimes [M]//CHATTOPADHYAY R, NERENBERG K. Dialogues on intergovernmental relations in federal systems. Montreal Quebec：McGill-Queen's University Press,2010.

③ 汪伟全.地方政府合作[M].北京：中央编译出版社,2013.

④ DE OLIVEIRA J A P. Implementing environmental policies in developing countries through decentralization： the case of protected areas in Bahia,Brazil[J]. World development,2002,30(10)：1713-1736.

情况下,政府间关系的重塑就需要明确政策出发点、权责边界并制定政府间协议。

在制定和执行治理政策,从而为公众提供更加多样性的、充分的和高质量的治理产品与服务的过程中,良好的政府间关系变得越来越重要。塑造政府间关系可以解决权力冲突,处理重叠性和外部性以及跨地区、跨部门政策协调,并应对新的政策挑战。[①] 垂直层级的政府间政治意愿的实质一致性以及上一级政府的行政支持和财政支持对区域治理达成既定目标产生重要影响。例如,中央政府将职能履行的责任委托给地方各级,但也保留最终控制权。政府间关系处理不好,也可能成为额外的行政负担的来源。[②] 区域人口资源数量、地方财政状况可能都会影响到区域决策者在短期目标和长期目标中更倾向于前者。政府间关系机制的参与者数量和范围的增加与扩大提升了治理的复杂性,可能会导致效率低下。同时,不对称关系、双边主义、竞争、合作、实验和机会主义,均会产生显著影响。中央政府保持其对地方政府的关键政策和行政决策的控制是关键的。政府之间的信任和尊重,以及对提升政府间关系的能力投资对于改善各级政府和整个系统的效果也至关重要。有一种形式是区域联合会,它在国际上诞生于近代,如德国通过建立区域治理结构和治理机制促进政府间的交流并确保结果有效性。在一个相互依存的全球化时代,在建构新型政府间关系时,在尊重历史事实、把握历史规律、理解时代脉动中去塑造韧性、安全的治理机制具有更大的现实价值。

(三)联邦制国家区域治理主体关系

联邦制国家的地方政府通常包括州、县、市三级。州政府和联邦政府之间的关系受联邦国家宪法保护;地方政府是根据州政府立法建立的,被视为州政府的产物。联邦制国家在政府间关系机制构建上,是将相当大的政策和政治权力移交给地方政府,地方政府的自主决策权和财政独立性得到加强。在联邦制国家中,如美国、加拿大和澳大利亚,州和地方的关系虽然有宪法作为基本立场支撑,但宪

---

① KEATING M. Intergovernmental relations and innovation: from co-operative to competitive welfare federalism in the UK[J]. British journal of politics & international relations, 2012, 14(2): 214-230.

② MENZIES J. Blowing hot and cold-intergovernmental relations capacity in the commonwealth government[J]. Australian journal of public administration, 2012, 70(4): 408-420.

法体系未对其角色分工作出非常具体的规定。①

在联邦制国家,政府间关系有合作联邦制、协调联邦制和行政联邦制三类。

合作联邦制是一种管理必要的政府间关系机制,意味着政府之间至少要有最低限度的对话、合作和协调,以及解决冲突的机制和适应不断变化的情况的意愿,但也可能产生以牺牲问责制为代价的问题。② 政府间关系的非正式形式意味着在各级政府之间建构相互关联性时,政治、权力和偶然性将凌驾于法律、制度和一致性之上,从而产生政府间的博弈。各级政府都是博弈主体,政府的人员和机构决定了博弈动机和资源;政府间关系的专门机构、政策互动和法律制定就是博弈规则。这在联邦制国家的政府间财政预算关系中体现得尤为明显。③

协调联邦制是指区域政策来自利益相关者之间的协作,政府内部部门间和各级政府之间的协调行动,以及行政官僚与政治之间的互动。④这些关系受到各种正式和非正式制度的影响,如政治关系。⑤ 一些国家有正式的机构,如马来西亚宪法规定:在调节政府间关系和协调公共政策上,最高和最低级别的政府(以及政府内部的部门)通常都拥有协调行动的决定权,尤其是在资源、信息和专业知识的共享上。

行政联邦制是联邦制国家的议会体系中一些常设和特设理事会与委员会的运行机制。但是,这些委员会在其正式程度、公开程度和有效性方面受到质疑,因为将破坏公共问责制和政府的民主控制。② 行政联邦制要求不同级别的政府间建立合作网络,但是也可能出现重复、重叠、复杂性、政治机会主义、胁迫和博弈。政治可以在这种自由裁量权中发挥重要作用,并可以在公共政策过程或环境管理任务中塑造政府间的协调。许多联邦制国家都建立一个政府首脑定期开会的机制,讨论共同问题并提出联合行动。例如在澳大利亚,政府间关系的最高治理机构是澳大利亚政府理事会(COAG),由所有第一行政领导(总理、所有六个州的总理、

① FENNA A. Federalism：a normative theory and its practical relevance[J]. Australian journal of political science,2012,47(4)：745.

② POIRIER J, SAUNDERS C. Cooperative mechanisms and intergovernmental relations in federal regimes [M]//CHATTOPADHYAY R, NERENBERG K. Dialogues on intergovernmental relations in federal systems. Montreal Quebec：McGill-Queen's University Press,2010.

③ HARWOOD J, PHILLIMORE J, FENNA A. Federal implications of Northern Territory Statehood[J]. Australian journal of public administration,2010,69(1)：34-46.

④ DASANDI N, ESTEVE M. The politics-bureaucracy interface in developing countries [J]. Public administration and development,2017,37(4)：231-245.

⑤ NICE D C. Federalism：the politics of intergovernmental relations[M]. New York：St. Martin's Press,1987.

两个领土的首席部长)和全国地方政府协会的负责人组成。但是 COAG 在宪法、立法甚至正式的政府间协议中都没有正式地位。

在传统的联邦制国家中,政府间关系机制是建立一个联合或独立的机构来处理特定的公共政策问题。在美国、加拿大、澳大利亚,宪法通常很少提及政府间关系,也几乎没有建立任何机构来处理其组成单位与联邦政府之间的关系。这些国家中的政府间关系发挥影响的主要形式为分散沟通。① 在美国联邦体制内,州政府干预地方政府,并被指责将其自身成本转嫁给地方政府。一些州合并了地方政府,或在没有经过协商的情况下解散地区的委员会。联邦制国家在政府间关系中,虽然采取权力下放,但是中央集权的趋势日趋明显。地方政府扮演了代理人角色。在联邦制国家中,效率与问责制、灵活性与法治、有效性与质询之间始终存在紧张关系。如过分强调与地方政府协商以获得它们的同意可能会放慢改革的步伐,导致制定最低共识区间的政策。美国的"尖桩篱笆联邦制"是每个政策部门倾向于拥有自己的政府间关系网络和人员的方式的一个案例。② 在澳大利亚,这是通过建立由联邦和州部长及其官员组成的部长级委员会来实现的,这在很大程度上取决于各州在每个政策领域的财政依赖程度、宪法权力、在该领域的行政经验、技术知识和能力,该问题的政治重要性,以及在有关的特定政策领域和社区内对各级政府的信任程度。

权力是政府间关系的核心要素,且都与各级政府的财政能力密切相关。为确保权力的有效运行和财政资源的优化分配,各级政府应通过立法来协调,并签署区域协议。区域协议通常将角色和责任分配给签署国政府;详细说明任何财务条款;建立报告要求。许多是由于联邦基金分配给各州提供服务而产生的。这类协议可以或多或少详细规定签署国的义务。它们的法律地位各不相同,争议解决机制通常不太详细。澳大利亚目前有超过 100 个区域协议,虽然大多数是在英联邦与州和领地之间达成的,但也有一些是州与州之间的"横向"协议。主要的国家协议通常是多边的,但也有一些包括双边协议,以便英联邦和个别州政府整理细节或处理与特定管辖权有关的问题。这样的政府间关系机构有时完全由英联

---

① PHILLIMORE J. Understanding intergovernmental relations: key features and trends[J]. Australian journal of public administration,2013,72(3):228-238.

② RADIN B A. Varieties of federal governance: major contemporary models, edited by Rekha Saxena[J]. Publius: the journal of federalism,2012,42(4):e6.

邦建立和资助,国家在任命或批准其成员方面发挥作用。澳大利亚有很多类似机构①处理一系列问题,包括财政联邦主义(联邦拨款委员会)、绩效评估(COAG改革委员会)、政策建议(澳大利亚和新西兰食品标准局,国家运输委员会)以及监管(基因技术监管办公室,澳大利亚竞争和消费者委员会,澳大利亚能源监管机构)。设立这些执行机构的一个共同效果是,在进行初步谈判和讨论并达成解决方案后,使问题非政治化。地方政府的行政职责保护虽然必要,但是在联邦制国家中却是缺失的。

第三节　区域治理组织

一、区域治理组织的定义和特征

越来越多的理论工作与实践案例表明:区域治理不再是一种边界清晰的单一制度安排。它随时间和规模的变化而变化,主要特征是网络化的决策和执行安排、多样化的机构行动者和政策工具以及行动者的自组织和中央指导。区域组织和区域治理在本质上是紧密联系、相互关联和复杂的。② 如何理解区域治理中的区域主体? 哪些因素影响它们参与区域治理的能力和效果? 国家和其他行动者如何干预? 对上述问题的回应也是寻求建立区域治理组织的过程。

区域治理组织是区域治理主体通过协调、合作,以制度化和组织化形态确立下来的利益共同体与政治共同体,在区域治理过程中发挥决策和执行功能,同时也是治理的受益者。区域治理组织的设立应基于法律、政治或政策议题。区域治理组织设置的前提和有效性识别应从不同权力级别的政府之间关系着手,如议价协商能力。③一个依赖于交易成本和自愿合作框架的区域治理组织可能是不完整的,除非它包含了权力关系的元素。通过以区域为重点的国家监管行为,可以建

---

① PHILLIMORE J. Intergovernmental relations in Australia: increasing engagement [M]// CHATTOPADHYAY R, NERENBERG K. Dialogues on intergovernmental relations in federal systems. Montreal Quebec: McGill-Queen's University Press, 2010.

② RODRÍGUEZ-POSE A. Do institutions matter for regional development? [J]. Regional studies, 2013, 47(7): 1034-1047.

③ JONES B D. Conflict, power and irreconcilable preferences: some limits to self-organizing mechanisms[M]// FEIOCK R C, SCHOLZ J T. Self-organizing federalism: collaborative mechanisms to mitigate institutional collective action dilemmas. New York: Cambridge University Press, 2010.

立区域治理网络,也可以促进区域治理参与者(如社区或社会团体)发挥"超级协调人"的作用。在一些国际研究案例中,有些非正式的区域组织并不是自组织系统,但仍有可能遭受本国政府的疏远。[①]

区域组织成为区域范围内社会运作的持久而适应性强的规则、规范和组织,并不仅仅表现为正式的政府安排,它们可以被更广泛地定义为公共、私人和志愿领域中社会互动、谈判和争论的正式和非正式机构。当代制度理论("新制度主义")将制度视为具有混合的意义,即正式的和组织的(如法律所规定的),以及一套非正式的规则/规范/价值观(如社区规则或"街头官僚"制定的规则)。[②]

奥尔森(Olson)区分了一阶和二阶的集体行动问题(collective action problem,CAP)[③],提供了区域组织参与合作治理的行动逻辑。一阶 CAP 是如何形成一个利益族群;二阶 CAP 是如何保证一个已经形成的族群达到它所期望的群体目标,重点是与授予执行者等官方职位(称为选择性激励)、实现一阶 CAP 条件相互适配的契约激励。奥尔森的集体行动理论的一个特征案例是在地区间合作过程中如何选择自己的组织代表,并组织参与协商谈判。由哪些地区建立一个合作族群(如区域工会、贸易协会或其他协会),以及讨论如何设计共同规则以实现共同目标,都与有选择的激励方式密切相关。从世界各国普遍的区域治理实践看,国家内部的区域治理组织类型主要包括区域治理委员会、区域治理局以及区域公共政策联盟三种。国际性的区域治理组织则是国家行为体之间以协议安排建立的常态化、制度化的各类区域治理组织。

二、区域治理组织类型

(一)国家内部的区域治理组织

1. 区域治理委员会

区域治理委员会是地方政府自发形成的自愿性区域公共治理组织,主要由

---

① BELL S,HINDMOOR A. Governance without government? The case of the Forest Stewardship Council[J]. Public administration,2012,90(1):144-159.

② PETERS B G. Institutional theory in political science[M]. London:Continuum,2012.

③ OLSON M. The logic of collective action:public goods and the theory of groups[M]. Cambridge:Harvard University Press,1965.

市、县、自治体和专区等地方政府构成,在某些情况下也会吸纳私人居民和市民团体参与,亦被称为政府联合会或发展特区。[①] 区域治理委员会可以将高风险合作的交易成本降至最低[②],这种作用在非常多的参与者共同进行长期投资时更为显著。[③] 区域治理委员会主要承担制订区域整体规划、研究区域性公共问题、为成员政府提供政策论坛和直接提供部分区域性特征的服务等职能,例如大都市区的治理委员会模式。[④] 区域治理委员会的经费主要来源于成员缴纳费用、不同层级政府的拨款以及服务收费,但是没有征税权。

我国区域治理委员会的主要类型是以"流域"作为区域载体、在国家相关部门下设的治理委员会。例如水利部长江水利委员会(以下简称"长委会")和水利部黄河水利委员会(以下简称"黄委会")。两个机构都是我国水利部派出的流域治理机构,水利部授权行使水行政管理职责。两个机构在中华人民共和国成立初期就已经成立,历史渊源久远,发挥作用巨大。随着我国水利事业的不断发展,长委会和黄委会在推动我国两个流域的水资源管理、水资源保护开发、水土保持、河湖管理、流域水旱灾害防治等治理议题上不断完善治理的技术手段和制度平台支撑;同时,治理功能的多样性重构、治理权限的空间范围调整、内部治理机构的设置优化也成为近些年来长委会和黄委会的重要治理特征。

西方国家在区域治理实践中采用区域治理委员会的情况比较普遍,如美国的多中心治理模式。大都市规划组织(metropolitan planning organization,MPO)是一类典型的区域治理组织,如区域交通规划委员会。鉴于交通政策带有地方政府独立行动所不具备的管辖权外部性[⑤],MPO被看作一个专业化的权威机构,可以制定跨地区合作、基于数据的融资决策,以避免某个地区司法管辖区的局部利益凌驾于其他管辖区之上。美国国内法规要求人口超过5万的城市化地区就可以设立MPO。截至2019年,美国国内420家MPO分配每年高达数千亿美元的联邦资金。[⑥] 这些

① MILLER D Y. The regional governing of Metropolitan America[M]. Boulder:Westview Press,2002.

② KWON S W,FEIOCK R C,BAE J. The roles of regional organizations for interlocal resource exchange:complement or substitute? [J]. American review of public administration,2014,44(3):339-357.

③ OLSON M. The logic of collective action:public goods and the theory of groups[M]. Cambridge:Harvard University Press,1971.

④ 洪世健.大都区域治理——理论演进与运作模式[M].南京:东南大学出版社,2009.

⑤ HOWELL-MORONEY M. The Tiebout Hypothesis 50 years later:lessons and lingering challenges for metropolitan governance in the 21st century[J]. Public administration review,2008,68(1):97-109.

⑥ AN B Y,BOSTIC R W. What determines where public investment goes? Regional governance and the role of institutional rules and power[J]. Public administration review,2021,81(1):64-80.

MPO 决定着如何分配美国联邦、州和地方的交通投资资金。

欧盟区域委员会(Committee of the Regions,CoR)由欧盟国家的区域代表组成,是代表欧盟地方政府利益的机构。欧盟区域委员会建立于 1995 年,用以提升区域和地方政府在欧盟体系中的地位。[①] CoR 由八个委员会和五个子委员会构成,主要负责向欧盟委员会和欧盟理事会提供咨询意见。2004—2007 年,欧盟对 CoR 的内部工作方式及其与其他欧盟机构的相互关系进行了改革。虽然只是"咨询",但 CoR 仍然是一个"具有一定重要性"的机构,因为它是区域和地方当局在欧盟决策中表达自己意见的主要渠道,同时也是社会化的一个重要媒介。按照党派路线投票,这些组织关心的主要是产生可行性治理方案的多数人意见,这与欧盟下设的欧洲经济和社会委员会(EESC)基于广泛共识的路线有所不同。在从以行动者为中心的新制度主义看来,区域治理委员会是在特定的体制环境下以行动者及其动机和偏好、资源和能力作为要素。治理委员会需要明确其偏好,并且致力于将这些偏好积极地引入正式的治理过程中。同时,治理委员会需要有足够的行政和财政资源与能力,并可以及时提出高质量的意见。欧盟区域委员会在欧盟决策体系中的角色("一读"与共同决策)如图 4-1 所示。[②]

2. 区域治理局

区域治理局是拥有区域自主决策权限的政府行政机构,承担区域治理的各项职能。设置区域治理局的基本前提是在区域内或者跨地区建立"强政府",实施资源统筹配置、协调与监管。

粤港澳大湾区是我国一项重大的跨区域治理制度安排,呈现出在"一国两制"制度架构下粤港澳三地的高质量融合发展格局。粤港澳大湾区的治理结构是一个在纵向、横向和斜向三个维度上的多重治理逻辑。如图 4-2 所示,纵向上,粤港澳大湾区的建设发展受"粤港澳大湾区建设领导小组"(以下简称"国家湾区领导小组")监督指导。在国家发展和改革委员会设立"粤港澳大湾区建设领导小组办公室"(以下简称"国家湾区办"),负责推进大湾区各类建设。国家湾区办与国

① BORAS-ALOMAR S. Towards a "Europe of the Regions"? Visions and reality from a critical perspective[J]. Regional politics and policy,1994,4(2): 1-27.

② HÖNNIGE C,PANKE D. The Committee of the Regions and the European Economic and Social Committee: how influential are Consultative Committees in the European Union? [J]. Journal of common markets studies,2013, 51(3): 452-471.

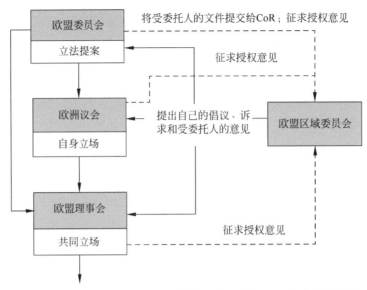

图 4-1 欧盟区域委员会在欧盟决策体系中的角色("一读"与共同决策)

务院港澳办协调,具体处理粤港澳大湾区建设的相关事宜。广东省成立"推进粤港澳大湾区建设领导小组"(以下简称"广东省湾区领导小组"),在广东省发展和改革委员会设立推进粤港澳大湾区建设领导小组办公室(以下简称"广东省湾区办")。在珠三角九个城市也成立了地市一级的大湾区建设领导小组和相应的湾区办公室。香港和澳门分别成立香港特别行政区粤港澳大湾区建设督导委员会(以下简称"香港督导委员会")和澳门特别行政区建设粤港澳大湾区工作委员会(以下简称"澳门工作委员会"),与国家湾区办和广东省湾区办协调工作。

美国田纳西河流域管理局(Tennessee Valley Authority,TVA)也是采用区域治理局的一个典型案例。TVA 是经美国国会批准授权并通过田纳西河流域管理局法最终得以确立的区域治理组织。TVA 对田纳西河流域进行统一开发与管理。1933 年通过的《田纳西河流域管理局法》(以下简称"TVA 法")对该机构的权力、任务等做了明确的规定,该机构具有独立的自主权,直接向总统和国会负责。田纳西河流域管理是一种地区性综合治理和全面发展规划,是美国历史上第一次巧妙地安排整个流域及其居民命运的有组织尝试,体现了流域内地区公众普遍参与流域管理的特点。根据 TVA 法和联邦咨询委员会法,TVA 建立地区资源管理理事会,理事会对 TVA 的流域自然资源管理提供咨询意见。理事会有 20 名成员,包括:流域内 7 个州州长的代表,TVA 电力系统配电商的代表,防洪、航运、旅游和环境等受益方的代表,TVA 的代表。理事会每年至少举行 2 次会议。

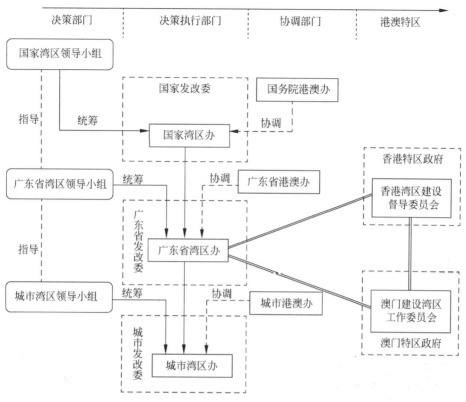

图 4-2　粤港澳大湾区网络型政府间关系示意图

理事会通过投票对获多数票的 TVA 建议予以确认；同时，获少数票的意见也被转达给 TVA。每次会议的议程提前公告，公众可以列席会议。地区资源管理理事会的成员构成和活动机制，为 TVA 与流域地区各方提供了有效的交流渠道，促进了公众积极参与流域管理。[①]

3. 区域公共政策联盟

区域公共政策联盟是基于区域发展问题而采取的具有独立公共事务权力的组织形态。在一些区域性组织中，区域政策共同体也是一种治理组织。公共政策联盟针对特定问题达成共识，并采取联合行动。政策联盟一般应是具有专业支撑的合作组织。理想的区域公共政策联盟应该是一个治理主体类型多样，合作关系对等，权力、责任与利益相互平衡的组织，虽然权力约束性不一定非常强，但是在问题广泛性共识上可以提供全新的综合视角。一般来讲，区域公共政策联盟的运

---

①　刘绪贻. 田纳西河流域管理局的性质、成就及其意义[J]. 美国研究，1991(4)：36-43.

作形式是签署合作协议、签订备忘录、发布宣言和政策报告等。

在功能型的政策联盟上,比较有代表性的国际实践是 M8 联盟(被称为医学领域的 G8)。它是连接世界领先的医科大学和国家科学院建立的一个积极寻求与政府代表、政策制定者、非政府组织、民间社会和与卫生有关的行业就具体的全球卫生挑战进行讨论的组织。[①] M8 联盟已于 2011 年开始举行区域会议,这些会议在特定年份的联合主办国举办(如 2011 年澳大利亚墨尔本、2012 年美国巴尔的摩和 2013 年新加坡),关注的主题与主办地区密切相关。M8 联盟继续致力于为基于证据的政策提供科学来源。其四个主要目标包括:大城市和特大城市的心理健康,减少非传染性疾病的风险因素,气候变化对健康的影响,低收入和中等收入国家的研究与劳动力能力建设。

在地区型的综合政策联盟上,欧盟"地平线"计划是欧洲国家采取的典型模式。它是欧洲议会和欧盟理事会推动欧盟国家间创新合作的一项区域治理安排。该计划于 2020 年 12 月 11 日颁布,执行期限为 2021—2027 年。20 世纪 70 年代,欧盟签署《单一欧洲法令》(*Single European Act*, SEA),将欧盟科技政策目标确立为"加强欧洲工业的科学技术基础,以及促使欧洲工业更具有国际水平的竞争力"。"地平线"计划的主要目标是通过技术研发和创新帮助欧盟成员国应对气候变化(其中包括 35% 预算目标),其分为五大任务区,分别是促进欧洲经济社会的转型并更好地应对气候变化、更好地治疗癌症、建立气候友好的智慧城市、打造健康的海洋和内陆水域、实现土壤和食物的健康。"地平线"计划通过欧洲研究理事会(ERC)推动科学卓越发展,使欧洲最优秀的研究人员能够聚集起来并获得充分的资源将创意转化为研究成果。

(二)国际性的区域治理组织

1. 东盟

东南亚国家联盟简称东盟,宗旨和目标是本着平等与合作精神,共同促进本地区的经济增长、社会进步和文化发展,为建立一个繁荣、和平的东南亚国家共同体奠定基础,以促进本地区的和平与稳定。东盟组织成立初期是一个非正式、松

[①] ADLI M, KLEINERT S, BONK M, et al. Science to policy: M8 Alliance invites policy makers to step in[J]. Lancet, 2011, 378(9801): 1447-1449.

散的组织,由于冷战时期的意识形态问题,抵制共产主义在东南亚等国不断扩张,其组织议题主要围绕政治和安全问题,经济合作则处于低水平阶段。根据新的地区安全形势,1976 年东盟五国领导人签署了第一个正式协议《东南亚友好合作条约》,承诺东盟各国在处理相互关系时,秉持相互尊重国家主权和领土完整、不干涉他国内政、和平解决分歧、反对以武力相威胁的原则。

20 世纪 90 年代后冷战结束,两极格局瓦解,亚太地区权力结构与战略环境不断发生变化,东盟也开始了自身转型与发展的进程。此时的东盟从外交、政治、经济等方面不断发力,建立东盟地区论坛(ARF),希望通过多边机制保障地区安全;同时,冲破社会制度与意识形态束缚进行了扩大,先后吸纳越南(1995 年)、老挝和缅甸(1997 年)、柬埔寨(1999 年)。扩大后的东盟实力与日俱增,成为一个囊括 10 国、总面积 450 平方千米的区域组织,经济方面则积极推动建立东盟自贸区,促进东南亚地区经济、政治融合及区域一体化。2015 年 12 月 31 日,东盟宣布形成以政治安全、经济和社会文化共同体为三大支柱的东盟共同体。作为一个整体,东盟在对外交往中的国际地位不断提升,与澳大利亚、加拿大、中国、欧盟、印度、日本、新西兰、俄罗斯、韩国和美国 10 个国家与地区建立对话伙伴关系,形成以东盟为中心的一系列区域合作机制。1989 年成立的亚太经济合作组织推动了亚太地区经济、技术合作,推动了区域贸易自由化,勾勒出蓝图。同时,20 世纪 60 年代成立的东南亚联盟积极地促进了东南亚地区的稳定与繁荣。1997 年爆发亚洲金融危机后,东亚国家开始从多边合作转向双边自由贸易协定,FTAs、RTAs、东盟"10+1"机制以及"10+3 机制"相继签署,促进东亚经济一体化进入加速阶段。

2. 二十国集团

二十国集团由 8 个国家(美国、日本、德国、法国、英国、意大利、加拿大、俄罗斯)和 11 个重要新兴工业国家(中国、阿根廷、澳大利亚、巴西、印度、印度尼西亚、墨西哥、沙特阿拉伯、南非、韩国和土耳其)以及一个实体(欧盟)组成。同时,国际货币基金组织总裁、世界银行行长以及国际货币金融委员会和发展委员会主席作为特邀代表也参与论坛活动。二十国集团以非正式的部长级会议形式运行,不设常设秘书处,主席采取轮换制。该集团的财长和央行行长会议每年举行一次。每年的部长级例会一般与七国集团(G7)财长会议相衔接,通常在每年的年末举行。

会议由主席国及一些国际机构和外部专家提供秘书服务和支持，并可根据需要成立工作小组，就一些重大问题进行评审和提出对策建议。就其形式而言，它是一种国际会议制度，是发展中国家和发达国家进行平等对话和协调的新机制。

1999年6月G8（八国集团）德国科隆峰会计划"召开具有系统重要性国家参加的世界经济金融会议，以推动发达国家和新兴市场国家就国际经济、货币政策举行非正式对话，寻求合作，防止类似的亚洲金融风暴重演，促进国际金融稳定和世界经济的可持续发展"，并决定于当年12月在柏林召开第一次会议。1999年12月，在柏林召开首次二十国集团的财长和央行行长会议，标志二十国集团正式建立。

从现实的国际经济情况来看，G20是经济危机下力促各国相互协调、共同应对国际金融危机的结果。G7(G8)曾经主导国际经济的发展。随着经济全球化的深入推进，尤其是冷战后发展中国家的经济获得了长足的进步，一些新兴的工业化国家逐步成为全球经济治理中一支重要的参与力量。全球金融危机的爆发使国际货币基金组织在提供全球金融稳定的支柱方面已经非常吃力。调整全球经济治理机制，以共同应对、解决国际金融问题，维护世界经济、金融形势稳定迫在眉睫。G20成立的最初目的有三个：一是在其成员国之间达成政策协调以保持国际经济的稳定和可持续增长；二是产生可减小风险和防止再次发生经济危机的金融条例；三是建立现代化的国际金融架构。2008年美国次贷危机发生后，二十国集团由原来的财长级别会议升级为领导人峰会，于2009年的匹兹堡峰会上把首脑会议制度化，并确定为治理国际金融体系最主要的制度平台，旨在针对与全球经济稳定有关的重要议程促进发达国家与发展中国家之间公开及有建设性的讨论。2009年的匹兹堡峰会上把首脑会议制度化，并且确定为治理国际金融体系最主要的制度平台，标志着发展中国家的角色以及合作共赢的世界经济协调新机制被国际社会普遍接受。这期间主要议题包括：推动世界经济复苏和国际金融体系改革，加强国际经济合作；同时G20峰会的议程和议题设置一直呈现扩大趋势，如今已经涵盖金融、贸易、投资、发展、难民、气候变化、反腐败等几乎所有的全球经济治理议题。G20治理机制本身也从以危机应对为主的机制，转型成为长效经济治理和短期危机应对的平衡机制。

3. 上海合作组织

上海合作组织（以下简称"上合组织"）是哈萨克斯坦共和国、中华人民共和国、吉尔吉斯斯坦、俄罗斯联邦、塔吉克斯坦共和国、乌兹别克斯坦共和国在中国上海宣布成立的永久性政府间国际组织。上合组织是迄今唯一在中国境内成立、以中国城市命名、总部设在中国境内的区域性国际组织。[①]

上合组织的前身是由中国、俄罗斯、哈萨克斯坦、吉尔吉斯斯坦和塔吉克斯坦组成的"上海五国"会晤机制。1996年，上海五国会晤机制成立，签署了《关于在边境地区加强军事领域信任的协定》。2001年6月15日，成员国元首签署了《上海合作组织成立宣言》。2002年，在上合组织圣彼得堡峰会上签订了《上海合作组织宪章》。2010年6月11日批准《上海合作组织接收新成员条例》和《上海合作组织程序规则》。截至2023年7月，上合组织国家结构如下：9个成员国包括印度共和国、哈萨克斯坦共和国、中华人民共和国、吉尔吉斯共和国、巴基斯坦伊斯兰共和国、俄罗斯联邦、塔吉克斯坦共和国、乌兹别克斯坦共和国、伊朗伊斯兰共和国。3个观察员国包括阿富汗伊斯兰共和国、白俄罗斯共和国、蒙古国。14个对话伙伴包括阿塞拜疆共和国、亚美尼亚共和国、柬埔寨王国、尼泊尔、土耳其共和国、斯里兰卡民主社会主义共和国、阿拉伯埃及共和国、卡塔尔、沙特阿拉伯王国、巴林王国、马尔代夫共和国、阿拉伯联合酋长国、科威特和缅甸联邦共和国。2022年9月15日上合组织领导人峰会在撒马尔罕举行，各国领导人在这次会议上签署伊朗加入该组织的备忘录。白俄罗斯也已经提出加入上合组织的申请。

上合组织运行机制包括国家元首会议、政府首脑（总理）会议和外交部长会议。国家元首会议是上合组织最高机构。该会议确定本组织活动的优先领域和基本方向，决定其内部结构和运作、与其他国家及国际组织协作的原则问题，同时也研究最迫切的国际问题。国家元首会议每年举行一次。政府首脑（总理）会议通过组织预算，研究并决定组织框架内发展各具体领域，特别是经济领域协作的主要问题。政府首脑（总理）会议例会每年举行一次。例会主办国政府首脑（总理）担任会议主席。例会举办地由成员国政府首脑（总理）预先商定。外交部长会议讨论组织当前活动问题，筹备国家元首会议和在组织框架内就国际问题进行磋商。必要时，外交部长会议可以本组织名义发表声明。外交部长会议按惯例在每次国家元首会议前一个月举行。召开外交部长非例行会议需有至少两个成员国提出建议，并经其他所有成员国外交部长同意。例会和非例会地点通过协商确定。

---

① 详见上合组织官网，The Shanghai Cooperation Organisation(sectsco.org)和《撒马尔罕宣言》。

上合组织现已建立元首、总理、高检、高法、安全会议秘书、外交、国防、经贸、文化、卫生、教育、交通、紧急救灾、科技、农业、司法、国家协调员等会议机制。上合组织的协调工作由成员国国家协调员理事会负责。其工作语言为汉语和俄语。上合组织有两个常设机构,分别是设在北京的秘书处和设在乌兹别克斯坦首都塔什干的地区反恐怖机构执行委员会。秘书长和地区反恐怖机构执行委员会主任均由元首理事会任命,任期 3 年。

安全合作是上合组织重点合作领域。上合组织在 2001 年成立时签署了《打击恐怖主义、分裂主义和极端主义上海公约》,迈出成员国在该领域合作的第一步。近几年来,上合组织在推进彼此经济合作、人文合作领域进展良好。例如,作为区域型教育联盟的上海合作组织大学成立,致力于加强上合组织成员国间的互信和睦邻友好关系;推动在教育、科研和技术领域的一体化进程,为拓展教育、科研、文化合作增添新的动力;促进上合组织成员国间在政治、经济贸易、科学技术和文化领域的合作,使其更加富有成效。[①] 2014 年,上合组织成员国国内生产总值总和约 12.7 万亿美元。[②] 上合组织成员国贸易总值 20 年间增长近 100 倍,贸易总额从 2001 年的 6 670.9 亿美元增长至 2020 年的 6.06 万亿美元,占全球贸易总值的比重从 2001 年的 5.4％增长至 2020 年的 17.5％,上合组织成员国全球贸易影响力持续增强。[③] 2023 年 9 月 5 日,上合组织成员国司法部长会议在我国举行,会议签署《第十次上海合作组织成员国司法部长会议联合声明》,强化成员国在法律和司法领域的合作,促进成员国法治发展。

4. 金砖国家合作机制

金砖国家由巴西、俄罗斯、印度、中国和南非组成。金砖国家的国土面积占世界领土总面积 26.46％,人口占世界总人口 41.93％,参见表 4-1。资料显示,2021 年五国经济总量约占世界的 25.24％,贸易总额占世界的 17.9％。2022 年,五国在世界银行的投票权为 14.06％,在国际货币基金组织的份额总量为 14.15％。[④] 金砖

---

① 详细资料参见上海合作组织大学(中国)官网(usco. edu. cn)。
② 上海合作组织(Shanghai Cooperation Organization)-中国一带一路网(yidaiyilu. gov. cn)。
③ 海关总署全球贸易监测分析中心,青岛海关,中国海洋大学.上海合作组织成立 20 年贸易发展报告[M].青岛:中国海洋大学出版社,2022.
④ 中华人民共和国外交部.金砖国家(BRICS)[EB/OL].(2022-12-28). https://baike. baidu. com/reference/1111920/f1639blIDkz41IizUgT33oBrdDFHqcP0rgyjktmG6hgAO_-MqgTViGB-TYEvfVBpHEhlJk_LAx5E9Oa2_H3m-tiGu5CTqI9R87E2La3Yuw0bfKw_6fFd5MEcZ3Qg-v1bGvNF71J83zJv_In4AU.

国家机制发端于 2006 年巴西、俄罗斯、印度和中国四国外长的首次会晤。2009 年 6 月,金砖国家领导人在俄罗斯的首次会晤推动了金砖合作层级的提升。2011 年,南非正式加入金砖国家,金砖国家英文名称定为 BRICS。2009 年至 2022 年 6 月,金砖国家领导人共举行 14 次会晤、9 次非正式会晤。

表 4-1　金砖国家概况(截至 2021 年)

国　家	国土面积/万平方千米	首　都	年中人口/万	人口密度/(人/平方千米)	国内生产总值现值/亿美元	货币名称
巴西	851	巴西利亚	21 330	25.0	16 090	雷亚尔(R$)
俄罗斯	1 713	莫斯科	14 590	8.5	17 790	卢布(Rub)
印度	329	新德里	136 717	431.7	31 760	卢比(Rs)
中国	960	北京	141 236	147.0	177 272	人民币(RMB)
南非	122	比勒陀利亚,布隆方丹,开普敦	6 010	49.2	4 199	兰特(ZAR)

资料来源:中国国家统计局,等.金砖国家联合统计手册 2022[M].北京:中国统计出版社,2022.

金砖国家机制以领导人会晤为引领,以外长会晤、安全事务高级代表会议等为支撑,在经贸、财金、科技、工业、农业、文化、教育、卫生、智库、友城等数十个领域开展务实合作。金砖国家机制不断得到完善,在共识基础上确保各领域合作重点更加突出、金砖战略伙伴关系更加高效,而且成果也更加务实(表 4-2)。

表 4-2　金砖国家机制化进程

召开时间	召开地点	金砖议题	会议成果
2009 年 6 月	俄罗斯	国际形势、全球金融问题、二十国集团事务、金砖国家合作、粮食安全、能源安全、气候变化、发展援助	金砖四国呼吁提高新兴市场国家和发展中国家在国际金融机构中发言权和代表性,核准了金砖国家关于全球粮食安全的联合声明
2010 年 4 月	巴西	国际形势、国际和地区热点问题、国际金融危机、金砖国家合作、二十国集团事务、气候变化、联合国改革	金砖四国推动金砖四国合作与协调的具体措施,标志着金砖国家合作机制初步形成。举行四国企业家论坛、银行联合体、合作社论坛、智库会议等活动
2011 年 4 月	中国	国际形势、国际经济金融、发展问题、金砖国家合作	南非首次参会,金砖五国形成,发表三亚宣言,举行金砖国家智库会议、金砖国家银行合作机制年会暨金融论坛、金砖国家工商论坛、金砖国家经贸部长会议

续表

召开时间	召开地点	金砖议题	会议成果
2012年3月	印度	主题是"金砖国家致力于全球稳定、安全、繁荣的伙伴关系",议题包括全球治理、可持续发展	金砖五国发表《德里宣言》,批评西方国家央行的货币宽松政策伤害了新兴国家利益;明确表达要在国际事务中争取更大的发言权
2013年3月	南非	主题是"金砖国家与非洲:致力于发展一体化和工业化的伙伴关系"	金砖五国发表德班宣言和行动计划,决定设立金砖国家新开发银行、应急储备安排,宣布成立金砖国家工商理事会和智库理事会
2014年7月	巴西	主题是"实现包容性增长的可持续解决方案",议题包括政治协调、可持续发展、包容性增长	金砖五国共同发表福塔莱萨宣言,见证签署关于成立新开发银行协议和关于成立应急储备安排条约
2015年7月	俄罗斯	主题是"金砖国家伙伴关系——全球发展的强有力因素",议题包括国际政治经济问题、金砖国家合作	金砖国家和欧亚经济联盟、上合组织成员国、观察员国及受邀国领导人发表乌法宣言和行动计划,签署《金砖国家政府间文化合作协定》《银行合作机制与新开发银行合作的谅解备忘录》和《建立金砖国家联合网站的谅解备忘录》
2016年10月	印度	主题是"打造有效、包容、共同的解决方案",议题包括国际政治经济形势、全球治理、金砖国家合作	金砖国家和环孟加拉湾多领域经济技术合作倡议成员国领导人发表果阿宣言和行动计划,签署《建立金砖国家农业研究平台的谅解备忘录》和《金砖国家外交学院合作谅解备忘录》
2017年9月	中国	主题是"深化金砖伙伴关系,开辟更加光明未来",议题包括国际政治经济形势、全球治理、可持续发展、金砖国家合作	新兴市场国家与发展中国家对话,提出"金砖+"合作理念,发表厦门宣言和行动计划
2018年7月	南非	主题是"金砖国家在非洲:在第四次工业革命中共谋包容增长和共同繁荣"。议题包括金砖国家战略合作、应对第四次工业革命的机遇和挑战	举行纪念金砖国家领导人会晤10周年非正式会议和"金砖+"领导人对话会议,发表约翰内斯堡宣言和行动计划
2019年11月	巴西	主题是"经济增长打造创新未来"。议题包括国际和地区形势、金砖国家合作、全球经济治理	与工商理事会和新开发银行对话,发表巴西利亚宣言

续表

召开时间	召开地点	金砖议题	会议成果
2020 年 11 月	实时连线视频方式	主题是"深化金砖伙伴关系,促进全球稳定、共同安全和创新增长";议题包括金砖国家合作抗击新冠肺炎疫情、国际和地区形势、全球经济治理	五国领导人共同听取了新开发银行等合作机制负责人的工作汇报,发表莫斯科宣言
2021 年 9 月	实时连线视频方式	主题是"金砖 15 周年:开展金砖合作,促进延续、巩固与共识"。议题包括金砖国家携手应对新冠疫情、促进金砖务实合作、推动解决全球和地区热点问题	通过《金砖国家领导人新德里宣言》;针对加强公共卫生和疫苗合作、促进世界经济复苏、落实 2030 年可持续发展议程、维护世界公平正义发出共同的金砖声音
2022 年 6 月	以视频方式主持	主题为"构建新时代全球发展伙伴关系,携手落实 2030 年可持续发展议程"	发表北京宣言;核准了《金砖国家数字经济伙伴关系框架》《金砖国家贸易投资与可持续发展倡议》《金砖国家加强供应链合作倡议》《金砖国家加强多边贸易体制和世贸组织改革声明》;与各方一道通过了《金砖国家拒绝腐败避风港倡议》,并作为重要成果纳入宣言
2023 年 8 月	南非	主题为"金砖与非洲:深化伙伴关系,促进彼此增长,实现可持续发展,加强包容性多边主义"	发表约翰内斯堡宣言;金砖国家领导人第十五次会晤召开特别记者会,宣布金砖国家扩员。阿根廷、埃及、埃塞俄比亚、伊朗、沙特阿拉伯、阿联酋获邀加入金砖国家合作机制

  "金砖+"是指金砖国家深化与世界上更多发展中国家和新兴经济体对话、交流与合作,体现发展中国家的共同立场和集体意愿而建立的更广泛的平台机制。中国在担任金砖国家主席国期间,提出并发展了"金砖+"模式,丰富了金砖国家合作的内涵,拓展了金砖国家的全球伙伴关系网络。[①] 2017 年在我国厦门召开的金砖峰会上,习近平主席提出"金砖+"合作理念,标志着"金砖"合作的广度和深度不断增加,金砖成员范围不断扩大,合作方式不断创新,合作层级不断提升。"金砖+"机制代表开放包容的多边合作机制,成为发展中国家和新兴经济体合作以及推动南南合作的重要平台,在全球治理改革中发挥的影响力和吸引力日渐提

---

① 望海楼:金砖合作的三个历史性"超越"[EB/OL]. (2017-06-22)[2019-08-20]. http://theory. people. com. cn/n1/2017/0622/c40531-29354840. html.

升,在联合国、二十国集团、世界银行、国际货币基金组织等多边机制中地位和作用不断提升。

在"金砖＋"机制未来建构的可行方案上,有观点认为应建立更广泛的"金砖＋"互动模式,这是指在"金砖＋"基础上构建更高层级的区域治理机制,以体现"金砖＋"机制与其他区域合作组织的嵌入性和面向"全球南方"议题而开展的实质多变合作,如"非盟＋拉共体＋上合组织"之上的"金砖＋"机制。"金砖＋"机制可以与欧亚稳定与发展基金、东盟国家及其地区伙伴清迈倡议、拉美储备基金等机制互动。此外,"金砖＋"平台可包括金砖国家的优先区域一体化项目——南方共同市场、南部非洲关税同盟、环孟加拉湾多领域经济技术合作倡议(BIMSTEC)、区域全面经济伙伴关系和东盟与中国等国的自由贸易区。[①]

中国在金砖国家机制中发挥的作用也日益凸显。作为创始成员国之一,中国始终为推动金砖合作发挥重要引领作用。中国坚定作为"全球南方"国家的一员,进一步推动中国和非洲国家落实联合国 2030 年可持续发展议程、推动全球发展。在"金砖＋"机制化进程、金砖国家全方位、多领域合作中,中国都展现了大国角色和责任,作出了巨大贡献。中国积极推动了金砖国家新工业革命伙伴关系形成,在中国福建创建了创新基地。金砖"中国年"启动了"金砖国家疫苗研发中心"、建立"金砖国家技术转移中心网络",达成首份《金砖国家粮食安全合作战略》。2022 年 6 月 24 日,习近平主席主持全球发展高层对话会,金砖五国领导人与其他 13 个具有广泛代表性的新兴市场国家和发展中国家领导人达成重要共识,会议发表《主席声明》,发布 32 项成果清单。2022 年,中国主办了"买在金砖"线上促销活动,金砖国家优质特色商品的销售额比 2021 年同期增长 133.5％,俄罗斯的巧克力、南非的红酒、印度的调味料和巴西的坚果炒货热销。[②] 金砖国家市场建设并未因新冠疫情受到阻滞,而是在数字经济驱动下得到了进一步拓展。

金砖国家和"金砖＋"机制为持续、稳健地推动全球治理体系改革作出了积极贡献,展现了更强的信心和国际社会认可。金砖国家成功推动了包括世界银行、国际货币基金组织等诸个全球多边机构的改革。金砖国家机制体现的是真正的多边主义和包容机制,推动联合国及安理会改革。包括"全球南方"国家在内的广

---

① 古谢列托夫,胡昊,廖东.金砖国家发展前景及其对世界经济的影响[J].中国投资(中英文),2023(Z8):14-19.

② 商务部介绍金砖国家领导人会晤经贸成果[EB/OL].(2022-06-26).https://www.gov.cn/xinwen/2022-06/26/content_5697794.htm.

大新兴市场和发展中国家的利益,让这批国家在全球治理、国际体系中有更大的话语权,有更强的代表性。

本章小结

本章介绍了区域治理主体的类型与相互关系;重点分析了区域治理中政府间关系的类型组成与运行特点;介绍了国外实践中的三种区域治理组织类型;讲授了区域治理结构中的两种主要类型:多层治理结构和多中心治理结构。通过学习本章的内容,要从批判性的视角审视西方国家在区域治理上的不足和出现的新问题,在我国区域治理的理论问题和现实案例中梳理新的知识要素和特点。

关键术语

区域治理主体　区域治理结构　区域治理组织　政府间关系

复习思考题

1. 举例说明不同类型的区域治理主体在某一类区域治理问题中的角色分工。

2. 区域治理主体之间存在哪几种相互关系?

3. 在国外实践中,区域治理组织包含哪几种类型?

4. 简述中国区域治理实践中地方政府间合作关系的特点并举例说明。

5. 比较分析欧盟区域公共政策联盟和区域治理委员会两类治理组织的构成特点和运行差异。

6. 比较分析上合组织、二十国集团和东盟三种区域治理组织在治理主体的构成和成员加入机制上的异同点。

第五章

区域治理机制

学习目标

[1] 掌握区域治理机制的概念。

[2] 厘清区域治理机制要解决的核心问题。

[3] 掌握区域治理工具的类型。

能力目标

[1] 在不确定性环境条件下识别区域治理工具的有效性。

[2] 理解并描述区域治理过程的主要特点。

思政目标

理解开放包容的区域治理机制对促进世界范围内的地区间合作的重要意义。

当前,全球经济、政治和军事局势出现动荡与紧张趋势。激发区域发展的整体活力、建立创新驱动的区域治理新机制、引领全球经济复苏已成为全球治理的重大课题。面对很多突发公共危机,恢复能力和/或应变能力对区域发展至关重要。复杂区域发展的非预期性和路径依赖性将使区域治理变得非常棘手。从全世界范围看,尚有一些国家和地区在经济发展与社会建设上存在巨大的资源及能力缺失。国家、地区间签署的各类区域合作协定为各国(地区)寻求合作伙伴关系提供了多种嵌套式方案。一国(地区)可能同时是多个区域合作协定的成员。这一特点分散了国家(地区)在单一的合作框架下的潜在风险,增强了区域间合作的韧性。但是,过度重叠化和碎片化而产生了"意大利面碗"的问题也可能会造成困境。构建开放、共享、弹性和可持续发展的区域治理机制是推进区域治理理论研究与实践的主要方向。

第一节　区域治理机制的内涵

一、基本概念

机制是系统要素之间的结构关系和运行方式。确立一种有效的机制,要确立要素之间相互联系和协调运行的方式。解决区域治理失灵,摆脱治理困境,需要构建有效与可持续的区域治理机制。治理机制体现了治理主体在合作过程中正式的契约关系。[①] 在区域治理过程中,区域治理机制是指为实现区域治理目标,区域治理主体采用有效的治理工具,在构建区域治理的共同愿景、行动规则和采取集体行动过程中形成的网络关系。从更广泛意义上讲,区域治理机制是通过干预、动员与合作等多种行为所建立起来的协调关系,表现形式为区域内政策和区域间协议的制定与执行。

设计治理机制的目的是把规则嵌入可能引发冲突或能获得共同收益的关系中。[②] 规则的引入过程就是协调机制形成的过程,如图 5-1 所示。区域治理的五个维度的目标是区域治理主体开展合作、形成治理机制的逻辑前提。治理主体为实现治理目标,设置治理议题,参与治理过程。丰富的地方机构,正式与非正式的高水平互动,基于权力结构的管理与联盟模式,以及合作的共同议程的“制度厚度”[③],可以促进机制形成,并最终形成区域治理的制度化成果。

二、核心议题

建立区域治理机制还需要解决在治理过程中的突出问题,以应对内外环境变化所带来的风险。从战略联盟视角看,协调中出现的问题具有很多特点。度量这些特点的复杂程度就相应识别了问题本身。参见表 5-1 中的“问题域”。它与治理困境和治理失灵共同组成了区域治理机制的核心议题,即治理主体采取干预、

---

① GULATI R, SINGH H. The architecture of cooperation: managing coordination costs and appropriation concerns in strategic alliances[J]. Administrative science quarterly,1998,43(4): 781-814.

② WILLIAMSON O E. Comparative economic organization: the analysis of discrete structural alternatives[J]. Administrative science quarterly,1991,36(2): 269-296.

③ AMIN A,THRIFT N. Globalization,institutions and regional development in Europe[M]. Oxford: Oxford University Press,1994.

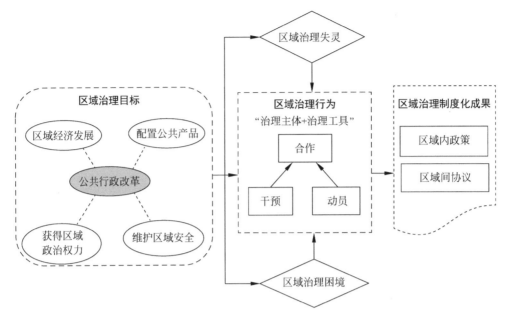

图 5-1　区域治理机制的形成

动员、协调与合作等方式构建治理主体间的相互关系,以区域内的政策、法律和制度以及区域间的合作协议等制度化的治理成果实现治理目标。

表 5-1　区域治理的问题域

特　点	问题的类型	
	简单	复杂
技术复杂性	小	大
参与者数量	少	多
利益冲突的程度	低	高
相互依赖性	弱	强
是否破坏以往的制度	否	是
社会地位	弱	强
政治敏锐性	低	高
声誉时间性	短期	长期
资金范围	小	大
风险原则	低	高
组织形式或者过程	清晰界定	未界定

（一）区域治理失灵

西方市场经济理论认为:垄断、公共物品、外部性和信息不完全等导致的市场失灵将无法实现资源配置的帕累托最优。在社会实际生活中，协调失灵可能比市场失灵更为普遍①，它广泛存在于社会、经济与政治生活中。②

区域治理失灵（governance failure）是指区域治理主体采取的治理手段和实施的治理行为没有实现区域治理的既定目标。一般来讲，治理面对的经济、社会与政治过程都具有较高的不确定性，因此出现失灵的情况也非常普遍。信息不对称而导致治理主体的信念认知差异，治理工具缺乏，以及治理成本过高，这些都是治理失灵的具体表现。

区域治理失灵最可能发生在区域内公共物品配置中。区域公共物品是辖区公民共享的公共物品，具有公共物品的非竞争性和非排他性。公共物品的配置效率最终需要区域治理主体采取集体行动才能够实现。科斯认为"产权是一种有效方式"。③哈贝马斯希望构建"理想的对话情境"，使多个交往主体展开平等、诚实的交流和对话，平衡个人信念与主体间共同信念，进而展开有效合作。④奥斯特罗姆提供了一种通过自治管理公共事物的方式来克服"公地悲剧"的解释。⑤然而，上述传统的理论文献并未提供对当代现实议题的完备回应，即当外部环境不确定性明显增强时，治理主体是否有共同意愿或者偏好，或者是否有某种力量驱动来建设这样一种产权、对话或自治机制。从全世界范围内看，区域公共物品配置中的"搭便车""柠檬市场"等问题仍频繁出现。如流域中的排污权设定、边境地区的移民管理等都是比较典型的这一类问题。

上述问题的产生与信息不对称关系较大。信息不对称影响资源配置效率的结论。在区域治理实践中，如果治理主体彼此间所掌握的信息与知识是分散的，那么在缺少完善的信息结构⑥条件下，治理主体将会根据自己的信念偏好开展行动，因此也就很难获得彼此间对治理议题的共同认知，造成治理失灵。当信息流动速度更快时，信息不对称的问题可以通过各种技术手段逐步加以解决。治理主

① AOKI M，KIM H K，OKUNO-FUJIWARA M. The role of government in East Asian economic development：comparative institutional analysis[M]. Oxford：Clarendon Press，1998.

② BOWLES S，CHOI J K，HOPFENSITZ A. The co-evolution of individual behaviors and social institutions [J]. Journal of theoretical biology，2003，223(2)：135-147.

③ COASER H. The problem of social cost[J]. The journal of law and economics，1960，3：1-44.

④ HABERMAS J. The theory of communicative action[M]. Boston：Beacon Press，1984.

⑤ 奥斯特罗姆. 公共事物的治理之道：集体行动制度的演进[M]. 上海：上海三联书店，2000.

⑥ KONIGER P，JANOWITZ K. Drowning in information，but thirsty for knowledge[J]. International journal of information management，1995，15(1)：5-16.

体间缺少问责制（如治理过程和决策的透明度）是一种治理工具缺失的表现，这将会对治理目标的实现造成较大冲击。一个典型的实例是欧盟水治理实践。该模式表明：在欧盟体系内建立对各国的问责制的挑战是巨大的。[①]

区域治理失灵可以从结构失灵和过程失灵两种视角来理解。结构失灵包含了由于治理信息不对称、治理工具缺失或无效而导致的失灵。过程失灵是指在方向和行动上存在治理主体与利益主体间缺少共同意愿及行动网络，从而影响了区域治理目标的实现。通过协商、对话和议价，建立区域治理主体的自愿协议是解决区域治理失灵的一种可选路径。区域治理主体之间产生的自愿协议是一个动态的政治契约进程。只有治理主体认为其预期的利益总和超过协议协商或议价成本时，区域间协议才有可能发生。以纵向治理逻辑实施"自上而下"式的垂直管理与适度理性干预应作为区域间自愿协议的必要补充型或替代型途径。可见，要实现治理主体间对利益的共同认知，需要花费较大的协调成本，具有长期性和复杂性。区域治理失灵的产生原因和表现参见表 5-2。

表 5-2　区域治理失灵的产生原因和表现

失灵类型	产生原因	失灵表现
结构失灵	治理信息不对称	治理主体间缺乏知识分享和学习机制，导致对区域相关议题解决的信念与认知偏差
	治理工具缺失	区域内法律、规章、政策、规范和问责制缺失；非正式的治理工具如协商、对话等以及支撑性的技术手段缺失
	治理工具无效	治理主体缺乏适当的能力和资源导致无法适应不断变化的治理环境和复杂的治理过程
过程失灵	方向失灵	缺乏对利益主体诉求的理解或者理解意愿不足；表达需求的能力不足，导致治理过程缺乏共同愿景
	行动失灵	缺少纵向、横向和网络型的政策沟通渠道；监管和预测以及反馈渠道不畅；治理主体间缺少环节紧密衔接的行动网络

解决区域治理失灵的问题，既要从所处的区域环境挑战出发，也要全面和动态地识别区域长远利益；避免某些西方国家出现的合法性赤字（legitimacy deficits）。[②] 学术界为解决治理失灵提供了三种理论构想：一是治理工具的精准

---

① KAI W, WARNER J, TORTAJADA C. The dark side of governance: an introduction to the special issue[J]. International journal of water governance, 2014, 2(2/3): 1-6.

② FØLLESDAL A. Survey article: the legitimacy deficits of the European Union[J]. Journal of political philosophy, 2006, 14(4): 441-468.

化；二是重构行政治理框架；三是基于嵌入型自主性①或协同②的社群治理机制。在区域治理过程中，上述三种方案并非互斥，而是一种优化组合。③

（二）区域治理困境

在理解区域治理困境时，应该至少对治理过程停滞和治理主体与利益相关者之间出现较大的利益冲突两个问题有清晰的概念认知。该类问题源于治理主体权力结构的不合理，如权力错配、权力真空和权力重叠。

法国后现代主义社会哲学家福柯批判了英国的托马斯·霍布斯（Thomas Hobbes）在《利维坦》中提出的权力观仍是机械地继承了西方文艺复兴时代的尼可罗·马基雅维利（Niccolò Machiavelli）在《君主论》中提出的君主政权观。对此，他构建了社会整体的权力谱系和权力系统观。然而，后现代主义权力观在政治理论学界一直存在争议（如泰勒④，弗雷泽⑤，哈贝马斯⑥）；主要是因为后现代主义无法提供"权力"的准确概念。卢克斯（Steven Lukes）综合研究提出了单向度权力观、双向度权力观和三向度权力观。⑦ 单向度权力将焦点放在决策制定情境的外在冲突表现和行使权力后的效果上。双向度权力深入权力结构中隐含的"压制面"，而非停留在行为者之间的外显冲突。三向度权力充分考虑到了权力行使过程中复杂的社会因素和文化因素，是集体力量和社会安排的"函数"，且将冲突表现的呈现拓展到了冲突消弭上。法国的布尔迪厄用权力位置来解释特定场域下的资源、利益和使用权之争的方案⑧，如象征性或分散性的权力，以及通过社会化进程塑造主体间的相同偏好。

---

① EVANS P. Embedded autonomy：states and industrial transformation[M]. Princeton：Princeton University Press，1995.

② DONAHUE J D，ZECKHAUSER R J. Collaborative governance：private roles for public goals in turbulent times[M]. Princeton：Princeton University Press，2011.

③ MEULEMAN L. Public management and the meta governance of hierarchies，networks and markets：the feasibility of designing and managing governance style combinations[M]. Heidelberg：Physica-Verlag，2008.

④ TAYLOR C. Foucault on freedom and truth[J]. Political theory，1984，12(2)：152-183.

⑤ FRASER N. Untruly practices[M]. Minneapolis：University of Minnesota Press，1989.

⑥ HABERMAS J. The philosophical discourse of modernity[M]. Cambridge：MIT Press，1990.

⑦ LUKES S. Power：a radical view[M]. 2nd ed. London：Palgrave Macmillan，2004.

⑧ BOURDIEU P. Structures，habitus，power：basis for a theory of symbolic power[M]//DIRKS N B，ELEY G，ORTNER S B. Culture/Power/History. Princeton：Princeton University Press，1994.

在一个多中心的区域治理结构中,治理需要一个(或多个)行为者对他人实施权威的能力。这种权力包括个体之间的相互影响,也包括制度结构、非正式决策和权力的动态变化性。关注有关权力位置的问题,即权力中心发生转移的程度,以及存在于行动者之间的关系的性质和形式,有助于理解现代区域治理机制的变化及如何影响区域治理结果。

区域治理要适应地区实际,也高度依赖于地区本身的环境。权力下放带来了政策调试以适应当地现实的机会,也增加了提供公共服务的能力和协调方面的挑战。区域治理主体的权力结构是指权力集中在每类治理主体中的程度。[①]“系统性权力”的概念用于解释治理中的权力分配问题[②],即所有导致集体决策过程都将受到权力结构的影响。这里有一个暗含假设:如果一种系统性权力通过组织规则被制度化为正式的投票权,所有人应该观察资源配置的后果。基于投票权的权力制度化,即在决策者尚未明确自身在治理机制中的角色之前,制度化的权力就应该发挥作用。这样,即使区域治理主体不清楚权力在治理过程的具体作用,在治理机制中拥有更多投票权的治理主体,也更有可能获得更多的资源。这种权力关系也存在于政府机构内部和跨组织间。[③] 奥斯特罗姆(Ostrom)[④]的制度分析框架和菲奥克[⑤]的制度集体行动框架是将个体问题和群体间问题扩大到更为宏观的制度层面,为分析区域治理主体的集体行动提供了解释。

利益相关者在资源或权力之间的不平衡将冲击治理过程的合法性。[⑥] 对此,重新设计制度,使治理规则适应行动者的权力平衡,就可以实现治理机制的可持续性。[⑦] 在合作治理理论中,权力集中度被认为是一个关键因素。如果治理规则设定下权力不集中于某类治理主体,由于缺乏主导的公共权力,就无法独立影响

---

① AN B Y,BOSTIC R W. What determines where public investment goes? Regional governance and the role of institutional rules and power[J]. Public administration review,2021,81(1):64-80.

② STONE C N. Systemic power in community decision making:a restatement of stratification theory[J]. American political science review,1980,74(4):978-990.

③ MOE T M. Power and political institutions[J]. Perspectives on politics,2005,3(2):215-233.

④ OSTROM E. A general framework for analyzing sustainability of social-ecological systems[J]. Science,2009,325(5939):419-422.

⑤ FEIOCK R C. The institutional collective action framework[J]. Policy studies journal,2013,41(3):397-425.

⑥ ANSELL C,GASH A. Collaborative governance in theory and practice[J]. Journal of public administration research and theory,2008,18(4):543-571.

⑦ HARDY C,PHILLIPS N. Strategies of engagement:lessons from the critical examination of collaboration and conflict in an interorganizational domain[J]. Organization science,1998,9(2):217-230.

决策,即使这类主体在权力结构中有位置优势。此时,其他治理主体就可以共同对治理过程施加影响。例如,就配置区域公共物品而避免其负外部性这一区域治理目标而言,从治理结构出发,设计有效的治理机制来解决区域治理主体的权力分配问题,可以在区域公共物品分配的公平和效率两者之间取得平衡。竞争性政府理论中的"用脚投票"提供了地区公民意见表达的可能渠道,促使地方政府在公共物品配置中开展竞争。[①] 城市约束模型在理解竞争性城市的环境促使地方政府偏好于公路和交通基础设施等公共投资而非财富再分配计划上提供了分析依据。[②] 城市决策者的偏好和城市财政支出模式将一些国家的城市决策的复杂结构简化为经济需求和约束。这种研究视角忽略了政治和制度因素在其中所起的作用。

区域决策者的政治意识和政治权力通过影响地区公共产品分配与资源配置决策来影响区域治理机制的塑造。西方分权制国家实践表明:区域组织成员之间的权力动态导致更高比例的公共资金被导向有更大投票权的司法管辖区。[③] 区域权力的不平等分配导致了地区公共支出的不公平分配。[④⑤] 如果权力更隐蔽式地嵌入制度中,那么治理主体间的权力差距将阻碍它们彼此间的共同行动进程。[⑥⑦⑧] 建立彼此间共同利益区间,确立以共识为导向的权力结构,有助于摆脱治理困境。在区域治理的全过程中,更应该加强治理主体之间的接触与对话,设置沟通协商机制,及时倾听、反馈每一类参与者的个人意见诉求,加强纵向权力关系"上下"层次之间的互动。

① TIEBOUT C M. A pure theory of local expenditure[J]. Journal of political economy,1956,64(5):416-424.

② PETERSON P E. City limits[M]. Chicago:University of Chicago Press,1981.

③ SHAPLEY L S,SHUBIK M. A method for evaluating the distribution of power in a committee system[J]. The American political science review,1954,48(3):787-792.

④ ANSOLABEHERE S,GERBER A,SNYDER J. Equal votes,equal money:court-ordered redistricting and public expenditures in the American States[J]. American political science review,2002,96(4):767-777.

⑤ SNYDER J M JR,TING M M,ANSOLABEHERE S. Legislative bargaining under weighted voting[J]. American economic review,2005,95(4):981-1004.

⑥ HARDY C,PHILLIPS N. Strategies of engagement:lessons from the critical examination of collaboration and conflict in an interorganizational domain[J]. Organization science,1998,9(2):217-230.

⑦ EMERSON K,NABATCHI T,BALOGH S. An integrative framework for collaborative governance[J]. Journal of public administration research & theory,2012,22(1):1-29.

⑧ ANSELL C,GASH A. Collaborative governance in theory and practice[J]. Journal of public administration research and theory,2008,18(4):543-571.

第二节　区域治理结构

一、基本概念

　　区域治理结构是一种联系并规范治理主体的权利和义务分配,以及与此有关的聘选、监督等问题的制度框架。治理结构可以被视为一种战略合作过程中的正式契约关系。[1] 治理结构是否有效,依赖于激励强度、管理型控制方法以及法律规则。政府形式是否会提高公共服务的效率和公平性是一个常见问题。在地区实践上,制度形式、治理结构,尤其是区域治理组织的权力分配关系,都会影响区域治理目标的实现。建立治理结构的目标就是解决冲突,协调共同责任并且要分配组织资源。从根本上来说,治理结构要提供解决方案来化解和协调组织之间或者组织内部成员间由于目标和利益的不同而引起的冲突。如果通过政治机构和社会权力来建立区域认同,解决争议叙事,那么区域治理结构没有僵化的或者约定俗成的范式。赋予区域治理组织决策权可使组织的权威与其承担责任相互匹配;同时防止权力扩大化。[2] 此外,非营利组织参与治理过程应考虑自身与社会责任间的动态协调。[3] 一方面侧重于内部的治理结构,另一方面注重组织与其利益相关者之间的关系。[4] 国际区域治理实践采用的治理结构是资源所有权、决策权和受益权的分离方式,以利益相关者协调和委托代理关系为主线,以主体责任为依归。

二、多层治理结构

　　多层治理最初是用于解释区域政策的形成[5],并对政府间自由主义(liberal

　　① GULATI R, SINGH H. The architecture of cooperation: managing coordination costs and appropriation concerns in strategic alliances[J]. Administrative science quarterly,1998,43(4): 781-814.

　　② CARVER J. Boards that make a difference: a new design for leadership in nonprofit and public organizations [M]. San Francisco: Jossey-Bass,Inc. Publishers,1990.

　　③ SALMON L M. The international guide to nonprofit law[M]. Hoboken: Wily,1997: 4-5.

　　④ 刘春湘. 非营利组织治理结构研究[M]. 长沙: 中南大学出版社,2007.

　　⑤ MARKS G. Structural policy and multilevel governance in the EC[M]//CAFRUNY A W,ROSENTHAL G G. The State of the European Community,Vol. 2: the maastricht debates and beyond. Harlow: Longman,1993.

intergovernmentalism)理论提出了质疑。① 在理解多层治理逻辑下的区域治理结构之前,应了解科层制,因为它为区域治理结构的确立提供了最基本的视角。科层制是一种垂直型的治理结构,强调对公共事务自上而下的决策与权力执行,统筹区域的经济社会发展。科层制是市场的替代品,因为它可以通过改变信息分散化的分布状态,将市场交易成本内部化,从而避免市场失灵。② 如在韦伯的学术视野中,角色、身份和规则被放置于社会支配体系中。③ 在当代西方国家,这种逻辑在治理分权化的地区不容易被采纳,因为需要公民投票,公民利益诉求多种多样,这样协调成本就会显著增加。公民对自己地区的心理认同感造成了对其他地区的"排他"意愿。但是在高度不确定性的环境中,科层制的区域治理结构仍有应用空间。区域治理主体的职责、决策权、执行权有明确边界;治理资金有稳定来源;容易形成集体行动并提高资源配置效率;节约治理成本,避免治理主体的"搭便车"和"寻租"行为。

面对治理主体更为多样、诉求更为多元的环境,多层治理具有较强的解释力。多层治理是在国家间、地区间建立有不同层级主体参与以及协商决策的过程。政治活动可以在多个不同层次(如国家政府、国家之下的行为主体、跨国家的行为机制)上开展。因问题性质的不同,不同层次的主体将展现各异的影响力,个体行为和集体决策方式也有所不同。在多层治理框架下,治理主体之间的关系不是按等级排列的,其决策权力是治理主体共享。如果两个地方政府部门之间建立合作关系,就构成了政府间的二元关系。

20世纪90年代初,以加里·马克斯(Gary Marks)为代表的一批学者提出并发展了多层治理这一概念体系,并以此对欧盟的治理模式及决策过程展开研究。在《多层治理的行为体中心方法》④一文中,马克斯将行为中心方法建立在(新)自由制度主义的理解之上,关注国际制度在培育合作收益中的作用,为多层治理中国家内部与国家间维度的融合提供了一个分析框架。后来,他与另外两位学者在

---

① MORAVCSIK A. Preferences and power in the European Community: a liberal intergovernmentalist approach[J]. Journal of common market studies,1993,31(4):473-524.

② 米勒. 管理困境——科层的政治经济学[M]. 王勇,赵莹,高笑梅,等译. 上海:上海三联书店,2002.

③ 韦伯. 支配社会学[M]. 康乐,简惠美,译. 上海:上海三联书店,2020.

④ MARKS G, HOOGHE L, BLANK K. European integration from the 1980s: state-centric v. multi-level governance[J]. Journal of common market studies,1996,34(3):341-378.

《1980 年代以来的欧洲一体化：国家中心 v. 多层治理》①中对"民族国家主导的欧盟治理模式是否随着欧洲一体化的发展以及欧盟机构的建立而发生改变"这一问题，以及以民族国家为主导的治理模式和多层治理模式进行了分析，同时比较了两者在欧盟决策过程中的有效性。

阿瑟·本茨（Arthur Benz）从过程维度阐释了多层治理框架下欧盟决策机制。② 伊恩·巴什（Ian Bache）等将多层治理理论总结为五个基本关注点，即制度、能力、关系、资源和责任。③ 从制度维度看，虽然一些国家在多层治理中仍扮演核心角色，但是它们直接控制和干预的能力在日益增长的"代表链"中趋于减弱，在一些领域原本为国家独享的主权也开始向上和向下转移。能力维度包括水平和垂直两个层面对治理资源、治理权力和治理责任的平衡机制。从关系维度看，正式与非正式的政治领域之间的关系并非嵌入式，而是互相关联的；通过一定的跨国型网络，次国家行为体可以经常性地参与到超国家议题中去。资源维度是指在多层治理结构中，国家或者成员国政府更多地在扮演着"掌舵而不是划桨"的角色，即试图管理复杂网络；同时追求一种更加"灵活的把关机制"，即控制资源的流向。从责任维度看，国家的治理将会转移到多层治理体系，并且传统的民主问责机制并不继续适用。此外，将正式与非正式的治理方式相结合更有利于政策目标的达成。

主体参与合作形成的网络将信息的声誉和互惠性应用于潜在合作伙伴的可靠性与能力塑造上。欧盟多层治理结构是研究区域治理结构的典型实例。基于不同领域问题形成的治理结构，汇聚了欧盟成员国的国家政府、欧盟机构、利益集团代表、非政府组织和公民个人的多种力量。欧盟治理主体包括欧盟委员会、欧洲法院、欧盟议会，也包括各成员国和各国政府组成的理事会，还包括地方政府、利益团体和非政府组织。决策权由不同层面的主体分享，而不是一个由国家及政府垄断权力治理的过程。欧盟委员会、欧洲议会和欧洲法院保持对欧盟的集体决策结果的相对独立权力，不能简单地将其视为某个政府的代表。

---

①　MARKS G, HOOGHE L, BLANK K. European Integration and the State[R]. EUI-RSCAS Working Papers 7, European University Institute(EUI), Robert Schuman Centre of Advanced Studies(RSCAS), 1995.

②　BENZ A. Two types of multi-level governance: intergovernmental relations in German and EU regional policy[J]. Regional & federal studies, 2000, 10(3): 21-44.

③　BACHE I, BARTLE I, FLINDERS M, et al. Blame games and climate change: accountability, multi-level governance and carbon management[J]. The British journal of politics & international relations, 2015, 7(1): 64-88.

三、多中心治理结构

政府间竞争理论给多中心治理提供了假设条件。多中心治理可以提高治理效率,但也可能导致规模不经济和治理管辖权的外部性。

多中心治理的基本思路是改变政府对于乡村社会的行政性管理和控制,让乡村内部的自主性力量在公共事物领域充分发挥基础性作用。这样既可以降低政府直接控制乡村的成本以减少政府过度干预所带来的失效问题,也使乡村社会内部充满活力。这种新的治理范式的基本目标是让乡村问题尽可能地内部化和社会化。

多中心治理意在构建由多中心秩序塑造公共服务的体制。多中心治理是指借助多个而非单一权力中心和组织体制治理公共事物,提供公共服务,强调参与者的互动过程和能动性创立治理规则与治理形态,其中自发秩序或自主治理是其基础。多中心治理即把相互制约但具有一定独立性的规则的制定和执行权分配给数量众多的管辖单位,所有公共治理主体的官方地位都是有限但独立的,没有任何团体或个人作为最终的和全能的权威凌驾于法律之上。

多中心治理结构意味着有许多在形式上互相独立的决策中心开展合作和解决冲突,从而有效解决"搭便车"问题、降低区域治理成本、提升区域治理效果。多中心治理结构具有行为选择的多种可能性,有助于"维持社群偏好的事务状态"。每个治理主体能够同时以不同身份存在于多个区域治理组织中。这种身份重叠性可以为区域治理主体分享区域治理的权力。这里强调一下,多中心治理与去中心化并不等同。多中心治理是在宏观法律框架下吸收个体意见后建立在个体决策集合之上的集体行动;去中心化表明主体决策信息资源与权力分布的扁平化和分散化。区域治理采取多中心结构还有利于构建时空信息充分条件下的决策结构和执行路径。

拓展案例 5-1

四、网络型治理结构

网络型治理结构是指区域治理主体基于某种治理关系而形成的联结网络。网络型治理结构兴起于 20 世纪 90 年代。很多国家在制定区域发展战略时将地方政府职能外部化,组建区域治理组织来实施对辖区内公共事务的管理;同时一些专业化公司也承担了一部分准公共产品的供给者角色。"网络"就在与"合作"相伴而生中成为区域治理结构中的一种新形态。网络与合作在很多实际问题描述中可能被认为是同义词,因为既然有了网络结构,就一定存在合作关系和治理主体的共同行动承诺。

网络治理曾经被认为是传统等级制度的替代。[①] 但事实上,网络治理与等级制度并存的情况在西方国家仍然普遍。欧洲和美国仍然存在以官僚机构纵向干预的方式开展区域治理活动。[②] 其实,理解这个问题,我们应当从网络型区域治理结构的合法性来着手。网络型治理结构的合法性不仅基于合法性、正当性和同意性,还基于**区域治理网络**在等级决策下获得可信度的能力。因此,网络型区域治理很大程度上依赖于地方政府和上级政府对网络**治理**的共同认知。同时,为了确保区域治理网络中的合作与竞争的动态平衡关系,需要兼顾自下而上的基层参与和自上而下的公共干预。

区域治理主体间存在竞争、协调与合作三种关系。即使有区域治理网络,也不能简单认为这个网络结构呈现出来的就是合作关系;竞争与协调关系在网络中也会同时存在。也正是因为如此,在具体的区域治理实践中,网络型治理结构才被划分为单中心网络、多中心网络和去中心化网络等不同形态。对上述三种网络型区域治理的研究也褒贬不一。我们不能简单认为哪一种就是好的或者不好的,因为在不同的区域治理场景中,一定不会存在完全适用的某种治理结构。

毋庸置疑,网络型治理结构的形成一定与治理主体间的相互依赖相关。治理主体在区域治理过程中的自主性主要表现在具体的治理行为上。因此,在网络型

---

① RHODES R A W. Understanding governance: ten years on[J]. Organization studies, 2007, 28(8): 1243-1264.

② KLIJN E H. Governance and governance networks in Europe[J]. Public management review, 2008, 10(4): 505-525.

区域治理结构中,治理主体的决策主动性与其相互依赖程度和对称性呈现相关性。依赖关系越强,治理主体间表现出的相互妥协和平衡性就越强。因此,从某种程度上讲,网络型区域治理结构一旦形成,就可以减少直接监管和协调某个治理主体的成本,维系网络结构运行的成本会相应增加。面对区域合作中可能出现的脆弱性和政策断裂性,网络型治理显示了其内在的聚合能力。治理主体形成网络型结构,一定是基于某类正式制度或者非正式制度。区域中的社会网络有助于促成以行动者为中心的网络,在治理主体的行为上体现为参与和战略方式合作。但是,我们仍然需要关注区域治理网络中那些潜在的网络子集。例如,在很多区域治理议题中,存在一些嵌套型的治理网络,如关系比较密切的治理主体在制度化形式网络之下又以资源型行为促成了实际网络。因此,为了识别网络型治理结构的有效性,就需要引入动态视角和外部主体视角,综合评估区域治理的有效性、公平性和参与性承诺。

在西方国家对区域治理研究中,有一种批评声音是网络结构导致了治理空心化。[1][2] 尤其是流动型的网络将会弱化权力和责任[3],产生较高的不可预测性和低监督的情况。[4] 因此,在网络型治理结构的成型阶段,治理主体就应当采取协商一致原则将责任和与之匹配的行动明确下来,建立可追溯和追责体系。网络型区域治理结构的理性选择应基于信任和互惠的网络关系[5],并且应与基于监管和责任的权力关系相互适配,这样便可弥补传统的公共部门在区域治理结构中作为单中心角色上的不足。

以上,我们对多层治理机构、多中心治理结构和网络型治理结构进行了分析。需要明确的是,上述三种区域治理结构不是互斥的,而是相互补充的。随着区域治理实践的不断丰富和问题复杂性的增强,区域治理结构也会出现更具创新性的新形态,我们应该不断探索和创新适合本国国情和地区发展实际需要的区域治理结构。

---

① JESSOP B. Capitalism and its future: remarks on regulation, government and governance[J]. Review of international political economy,1997,4(3):561-581.

② AARS J,FIMREITE A L. Local government and governance in Norway: stretched accountability in network politics[J]. Scandinavian political studies,2005,28(3):239-256.

③ PAPADOPOULOS Y. Accountability and multi-level governance: more accountability,less democracy? [J]. West European politics,2010,33(5):1030-1049.

④ KOPPENJAN J F M,KLIJN E H. Managing uncertainties in networks[M]. London:Routledge,2004.

⑤ KENIS P,PROVAN K. The control of public networks[J]. International public management journal,2006, 9(3):227-247.

第三节　区域治理工具

一、区域治理工具的分类

区域治理工具是治理主体为实现治理目标而采用的方法和措施的总称。区域治理工具包括宪法、法律、规章、政策、规划、经济措施(如市场、货币、关税、规划、技术)、协商对话以及签署区域性的协议安排。每一类治理工具还可以在各自领域拓展成为更加精准化的方法工具。一些国际文献认为:"经济—技术"维度下的治理工具在区域治理中有更加突出的效果。[1][2] 从政策工具视角看,财税政策、金融政策、贸易政策、行政审批政策、科技政策和人才开发政策、许可证制度、基础设施投资与园区建设等政策以及对区域内的土地进行分类、规划,利用并通过法律手段开展空间规划是地方政府在区域经济治理中经常采用的治理工具。

根据治理目标涵盖区域经济发展、强化政治权力、维持区域安全、公共行政改革与公共产品配置五个目标,治理工具可以被划分为约束型、激励型和中立型三类。首先,宪法、法律、规章属于约束型治理工具,在区域经济、安全、行政系统和社会系统中发挥监管与保障功能。社会动员、经济激励政策和跨区域协议属于激励型治理工具,在经济和社会发展中发挥方向引领与协调功能。基础设施规划、空间土地规划和促进科技创新属于中立型治理工具,具有激励相容性;即是发挥监管功能还是发挥激励功能,关键由治理主体使用这些治理工具的目标设定。区域治理工具的分类视角参见图5-2。诚然,区域发展历史、现实条件、发展需要、内部制度和外部条件均存在区域间异质性。因此,如何选择区域治理工具的既有类型以及如何进行组合创新,仍需要治理主体科学、客观与全面地评估。

二、区域治理工具的选择

区域治理工具的选择与治理主体自身价值判断、持有的知识和观念、亲身经

---

① MEDEIROS E. Cross-border cooperation in inner Scandinavia: a territorial impact assessment [J]. Environmental impact assessment review,2017,62:147-157.

② METZE T,LEVELT M. Barriers to credible innovations: collaborative regional governance in the Netherlands[J]. Innovation journal,2012,17(1):2-15.

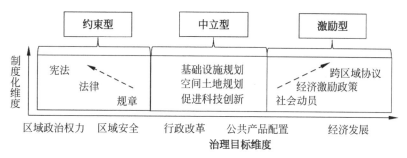

图 5-2　区域治理工具的分类视角

验都密切相关。区域治理主体通过理解本地区以及本地区以外的现行法律、政策,结合区域的社会历史、文化的发展脉络,并在尊重历史与现实经纬的基础上来选择区域治理工具,才能够建立开放、稳健和韧性的区域治理机制。

(一)政策工具视角

从公共政策视角出发,区域治理工具可分为自愿型、强制型和混合型三类。签订政府间协议是一种自愿型、强制型或混合型的治理工具,如地区间付费服务协议,或联合权力协议以及职能迁移。府际协议安排是区域治理效果达成的制度化支撑要件,也是作用相对温和的一种区域治理工具。

府际协议是二元或者多元地方政府关系的体现,是协议各方基于资源互惠原则而发生的行为结果。通过府际协议可以刻画区域地方政府间的合作关系,也可以将抽象的地方政府网络连接具象化。[①] 根据协议参与方的数量,府际协议可以分为双边协议和多边协议两种类型;根据合作主体行政关系的不同,府际协议可以分为纵向协议(具有直接管辖关系的上下级地方政府)、横向协议(不具有管辖关系的同级地方政府)和斜向协议(非直接管辖的上下级地方政府)三种类型。[②] 根据合作发生的形式,府际协议也可以分为正式协议(如文本化的框架协议、政策法规、备忘录、指南等)和非正式协议(如行为化的会议、会见、公开活动等)两种类型。原则性的、纲要式的非正式府际协议通常没有涉及具体的权利义务条款,对效力内容没有约定,也缺少执行的监督。

在国家内部签署的地区间生态补偿协议就是利用经济手段来明确环境保护的主体责任,对重点生态功能区因生态保护丧失发展机会或增加发展成本(区域

---

　① ANDREW S A, KENDRA J M. An adaptive governance approach to disaster-related behavioural health services[J]. Disasters,2012,36(3): 514-532.

　② 杨爱平. 区域合作中的府际契约:概念与分类[J]. 中国行政管理,2011(6): 100-104.

政府、组织和个人)的合理经济补偿(市场、政策与社会治理)方式。生态补偿协议的签署,既有高位阶政治权力的强制和干预,同时也有同位阶地方政府间达成的协议。签署生态补偿协议在西方国家比较常见。1992年欧盟委员会建立的生态标签计划(EU Ecolabel)采取的是混合型治理工具,以实现欧盟地区绿色生产,鼓励在欧洲地区的企业生产和消费者购买"绿色产品",只有对环境最友好的最佳产品才有权获得欧盟生态标签。[①] 1993年,美国纽约市采用了自愿性绿色补偿计划。纽约市政府成立了非营利性的流域农业委员会(WAC),委员会通过引导土地使用方式的办法保护河流生态和水质,包括:为保护和恢复森林的土地使用者提供补贴;为按照推荐的环境友好方式经营牧场、农场的农民提供补贴和服务,以及通过购买土地发展权限制土地开发。[②]

(二)理性视角与经验观念

从西方哲学逻辑看,有两种哲学方法用以判断知识来源:一种是将人的推理作为知识来源的理性主义(rationalism);另一种是基于经验获得知识的经验主义(empiricism)。德国社会学家韦伯提出的"合理性"(rationality)衍生出了价值(合)理性和工具(合)理性两种用以分析资本主义社会发展动力的判断标准。价值理性和工具理性是很多国家在区域治理实践中主要考量的认知逻辑。价值理性主导下治理工具的选择依据是治理主体自身的价值判断,这种判断与治理行为的结果没有必然联系。工具理性主导下治理工具的选择是为达到治理结果而选择的有效治理工具。在西方区域治理实践中,因为对价值本身的复杂认知,治理主体之间寻求共识的难度较大。工具理性由于以治理效率和效果为前提,而且治理工具本身是非常具体的方法和工具手段,因此区域治理主体更易找到行动的共识区间。

随着环境不确定性的增强,面对一些棘手的区域治理问题,经验主义的观念认知也为治理主体打破既有思维模式开启了一扇窗。当环境的高度不确定性导致利益主体对治理环境的焦虑和对治理结果的怀疑时,即便是治理主体有合作的治理诉求,可以在价值理性上找到共识点,因而也有治理工具的若干方案,治理工具的采用仍可能遇到较大阻力。治理主体通常会在成本与潜在收益的现实中寻

---

① 史志呈,雷蕾.欧盟生态标签和欧盟产品环境足迹发展与我国绿色产品的对比分析[J].质量与认证,2021(S1):323-325.

② 蓝楠,夏雪莲.美国饮用水水源保护区生态补偿立法对我国的启示[J].环境保护,2019,47(10):62-65.

找平衡点,例如拒绝将自愿协议作为一种区域治理工具通常是因为交易成本太高。依靠治理主体的既有经验并且在"习得"机制下得到新的治理工具就成为必然。

（三）不确定性视角

连续性、稳定性和互惠性是有效的区域治理的重要特征。在一些复杂的区域治理活动中,治理主体通常会构建一种基于网络与伙伴关系的治理机制来应对来自内部治理要素的结构改变以及外部环境变化而带来的不确定性。治理工具的选择应考虑为建立长期的适应性能力而提供区域规划、政策评估的方法和手段。这种被西方学者称为"时间协调"[①]的治理工具应具有适应性和稳健性,类似于当前在不确定性和环境复杂度日益增高的情况下,被广泛讨论的韧性治理。从这一点讲,虽然西方理论对区域治理已经提供了较多的知识框架和经验,但是随外部环境变化(这种变化内涵广泛,既有人类社会知识结构的整体演进,也有人类生存环境的变迁,以及国家间政治经济格局的变化),不确定性越来越强。应从更加创新、开放的视角理解区域发展特征,寻求满足本地区公众利益的新的区域治理工具,而非承袭旧有的方法。在不确定性条件下选择区域治理工具要重视制度设计和治理进程。制度设计是通过改变区域治理的网络结构,例如从横、纵向两个维度以及交叉视角增删阻碍治理进程的正式规则,从而改变治理结果的制度化过程。治理进程是将治理网络机制看作一种动态变化的结构;治理主体在变化中寻求改善自身以及对其他参与者的认知空间和行动逻辑,从而选择准确有效的治理工具,应对不确定性,构建区域治理韧性。

第四节 区域治理过程

一、区域治理过程的特征

治理过程是指治理主体通过采用多样化的治理工具,为实现治理目标而采取行动的过程。不同层级的政府部门间实现的"规模跳跃"[②]、社会组织的自愿参与,

---

① GUNNINGHAM N, SINCLAIR D. Policy instrument choice and diffuse source pollution[J]. Journal of environmental law,2005,17(1): 51-81.

② VAN DYCK R. 'Divided we stand': regionalism,federalism and minority rights in Belgium[J]. Res publica, 2011(2): 429-446.

以及市场经济主体共同塑造了区域治理过程。从知识流动视角看,区域治理过程是一个从构建专有知识到重叠知识再到共同知识的过程。从区域利益来看,区域治理应该是一个从区域利益到重叠利益演化为共同利益的过程。

区域治理是一个非线性的动态变化过程。区域发展中的内外条件变化给治理主体带来了很大的不确定性,区域治理的相关议题及其影响因素也将变得复杂。从冲突管理角度看,区域治理主体在角色、义务、资源获取的方法和信息的使用上会存在张力。在一个基于信任和承诺的环境中,治理主体与其他利益相关者之间可以采取讨论、对话的方式来协商决策和实施解决这种张力的措施,从而动态地构建治理主体的角色谱系,避免机会主义行为,掌握治理进程的节奏。

治理决策应该是协作型博弈而不是零和博弈。因此,区域治理过程应该是一个"多元主体参与"①的过程。区域治理主体在一种包容、规范的治理环境中来提供广泛参与治理的正当性。同时,治理过程不应该产生"非腐败"的排斥。② 符合上述治理特征的预期手段可以寻求制度厚度(institutional thickness)③这一逻辑。制度厚度展示了治理过程中主体的参与规模和多样性,如机构多样性、组织间沟通、领导型联盟和共同议程。制度厚度是促进经济发展,动员、组织资源、集体学习活动④的关键条件。

二、区域治理过程中的主体参与性

"谁没有参与"这一问题在区域治理过程中具有较强的"政治性"。⑤ 较多数量的治理主体可能会促成与潜在合作伙伴建立共识并达成某些特别的约定。⑥⑦ 利

---

① KÜBLER D,SCHWAB B. New regionalism in five Swiss metropolitan areas:an assessment of inclusiveness,deliberation and democratic accountability[J]. European journal of political research,2007,46(4):473-502.

② ANDERSEN O J,PIERRE J. Exploring the strategic region:rationality,context,and institutional collective action[J]. Urban affairs review,2010,46(2):218-240.

③ AMIN A,THRIFT N. Living in the global[M]//AMIN A,THRIFT N. Globalization,institutions,and regional development in Europe. Oxford:Oxford University Press,1994:1-23.

④ HENRY N,PINCH S. Neo-Marshallian nodes,institutional thickness,and Britain's 'Motor Sport Valley':thick or thin? [J]. Environment and planning A:economy and space,2001,33(7):1169-1183.

⑤ HILLIER J. Splintering urbanism:networked infrastructures,technological mobilities and urban condition[J]. Political geography,2003(6):707-710.

⑥ BENZ A,EBERLEIN B. The Europeanization of regional policies:patterns of multi-level governance[J]. Journal of European public policy,1999,6(2):329-348.

⑦ BOOHER D E,INNES J E. Network power in collaborative planning[J]. Journal of planning education and resesrch,2002,21(3):221-236.

弊相依,这种松散的治理过程也可能产生一个权力竞技场,过度分散的权力将导致耗时谈判产生较大的治理成本。如果区域治理的主体类型过度分散,且不是建立在地区利益捆绑角度下的合作框架①之上,那就应特别注意治理主体的不透明决策和间接民主问责②③可能产生的相关问题。此外,单纯强调"去中心化"的区域治理模式阻碍了短期内集体行动框架的生成,最终影响治理效果。目前,一些西方国家在解决本国内部区域治理问题时渐渐显露了这种倾向。需重视区域外的组织和机构进入本区域治理过程所产生的重要影响。④⑤ 为了有效实施治理,需要在不同规模上和组织范围内的各个领域来协调治理主体利益诉求并寻求区域安全,治理过程因此可能出现周期性和长期性的特征。

从新区域主义与区域治理的互动关系角度考察欧盟区域治理具有一定的启示意义。⑥ 在 2019 年暴发全球新冠疫情后,欧盟国家却在疫情防控和疫苗攻击上出现了区域治理失灵。事实上,在 2009 年 H1N1 病毒大流行之后,欧盟就于 2011 年发布《大流行的报告与教训:欧洲药品管理局在 2009 年 H1N1 流感大流行期间的措施成果》,2013 年立法通过了《跨境健康威胁决定》,2016 年通过了《综合政治危机应对安排》。在新冠疫情发生后,欧盟的三个跨区域治理组织——欧洲理事会、欧洲议会、欧盟委员会没有持续发挥决策和政策执行功能。在欧盟国家内部出现了无视《关于逐步取消共同边界检查》(又称《申根协定》)切断边界和交通,争抢物资、限制物资出口的情况。斯洛文尼亚曾率先关闭与意大利的边界。奥地利暂停所有往来意大利与该国的航班和火车。捷克、波兰在与德国接壤的边界实施管制措施。丹麦、瑞士等国家也加强对边界的管制。意大利扣留瑞士进口的消毒水,德国截留瑞士进口的口罩和外科手套,法国出台了征用所有口罩的行政命令,而意大利也宣布禁止防疫物资出口。以上情况显示:欧盟在新冠疫情防

① MITTELMAN J H. Rethinking the 'new regionalism' in the context of globalization[M]//HETTNE B, INOTAI A,SUNKEL O. Globalism and the new regionalism. London:Palgrave Macmillan,1999:25-53.

② BRENNER N. Berlin's transformations:postmodern,postfordist…or neoliberal? [J]. International journal of urban and regional research,2002(3):635-642.

③ PAPADOPOULOS Y. Cooperative forms of governance:problems of democratic accountability in complex environments[J]. European journal of political research,2003,42(4):473-501.

④ GERTLER M S. Rules of the game:the place of institutions in regional economic change[J]. Regional studies,2010,44(1):1-15.

⑤ DURAND F,NELLES J. Cross-border governance within the Eurometropolis Lille-Kortrijk-Tournai(ELKT) through the example of cross-border public transportation[R]. LISER Working Paper Series,2012.

⑥ 杨毅,李向阳. 区域治理:地区主义视角下的治理模式[J]. 云南行政学院学报,2004(2):50-53.

控中暴露出治理能力不足、行政边界摩擦、利益主体冲突、成员凝聚力缺失等问题。难民危机和欧元危机到疫情暴发前夕的英国脱欧也是凝聚力缺失和利益分歧的表现。欧盟治理中的结构性缺陷使其陷入治理困境,无法及时有效地应对这种突发的跨境公共卫生危机。可见,确保区域治理主体的多元参与和有规则的参与,而不是"失序"参与,是区域治理过程的重要支撑。

三、面向未来不确定性的区域治理

构建结构合理的区域治理主体结构而不是以去中心化的逻辑吸纳角色过度分散的个体是优化治理过程的一种途径。如建立专家主导的区域治理委员会,以及行政逻辑下的区域治理局,或者是跨区域的多主体参与的公共政策联盟等。Jen Nelles 和 Frédéric Durand 以法国和比利时边界交通系统为例,研究了新的跨境机构大区行政峰会(Executive Summit of the Greater Region,EGTC)在公共政策交通网络的中心角色,提供了治理主体的角色呈现、治理过程的整合以及治理中的集体行动的理论解释。①

在理解当前世界面临的新议题时,对区域治理过程的理性选择也需要不断进行实践检验和范式创新。理性选择意味着在区域治理过程中,治理主体面临不确定性和潜在风险因素时以何种行为偏好确立行动依据。国际因素、国家内部的政治体制和政策逻辑、经济人假设、规模经济、交易成本,以及共同利益偏好与个体价值观,尤其是当前快速创新迭代的各种技术手段如数字技术等都会影响治理主体的理性选择;并在不同的时空条件下呈现出某种因素的强化效应。越来越多的现实场景表明:缺少有效的治理权力中心而过度分权制的区域治理过程,尤其是在面对全球重大公共危机实施公地治理时,区域治理往往归于失败。因此,区域治理过程也不是依赖于刻板蓝图的线性逻辑,不应恪守单一的范本,应基于区域现实情况来采取治理主体与治理环境相互调试的方式。

英国区域治理中出现的"多元停滞"(pluralistic stagnation)提供了理解区域治理过程面临的挑战的案例。② "多元停滞"是由哈佛大学政治学家塞缪尔·比尔

---

① NELLES J,DURAND F. Political rescaling and metropolitan governance in cross-border regions: comparing the cross-border metropolitan areas of Lille and Luxembourg[J]. European urban & regional studies,2012,21(1): 104-122.

② WOLLMANN H,SCHROTER E. Comparing public sector reform in Britain and Germany: key traditions and trends of modernization[M]//ROSKIN M G. Countries and concepts: politics,geography,culture. 12th ed. New York: Pearson Education,2012.

(Samuel Beer)解释英国衰落问题时提出的概念。20 世纪后半叶,公共管理改革呼声再起。一些发达国家的地方政府管辖权限随着地区人口和地理范围不断扩张。一场地方自治改革席卷挪威、瑞典、芬兰、丹麦、英国、德国、美国等国家。英国曾是典型的地方自治型国家,曾有 1 246 个自治单元。1972 年,英国颁布了《地方政府改革法案》,地方政府数量大幅削减。1985 年,英国通过《地方政府法》,决定废除大伦敦议会和城市性的县议会,城区共同管理机关成为新的管理机构。改革后的英国地方议会减少到了 388 个。

英国在 20 世纪 70 年代末面临财政赤字和官僚主义危机,英国政府对此开始强行推动私有化改革。①大幅度削减公共福利开支,通过 1980 年的《地方政府、规划和土地法》和 1982 年的《地方政府财政法》减少中央政府对地方政府的补贴,将其保持在地方政府收入的 40% 以下。②强化地方公共购买的私有化,引入市场机制。在公共领域,如医疗、卫生、社会保障、环境保护等领域,推动了包括社会组织在内的第三部门(社会组织)参与机制。③地方政府从地方决策者角色转变为与私人公司、社会组织合作的角色。20 世纪 90 年代末,“合作治理”方式成为英国工党领导下的政府解决社会问题的主要手段。④内阁中设立直接对首相负责的机构,包括公共服务改革办公室、首相执行中心和未来策略中心等。⑤运用“合作式”的财政预算制度和绩效目标体系,改变地方治理机构“碎片化”状况。⑥对地方政府及其合作伙伴,使用“地方区域协议”绩效目标体系,将地方服务提供者整合起来进行监督管理。⑦重视第三部门参与下的公共服务体系建设。⑧在面对犯罪、失学、社会排除、贫困、就业、社区建设等一系列综合复杂性社会问题时,英国政府希望通过“合作治理”解决社会问题,提供公共服务。但是,英国的利益集团在争取社会福利、增加薪水和企业补贴中互相竞争,工党和保守党不得不向这些利集团承诺。利益集团彼此阻挠,妨碍政府改革脚步,导致了公共选择的瘫痪,英国经济因此而停滞。

本章小结

本章从区域治理机制的内涵、区域治理结构、区域治理工具和区域治理过程四个方面介绍了区域治理机制的相关内容。总体上讲,为设计一种有效的区域治理机制,首先要从厘清区域治理的问题切入,掌握区域治理失灵和区域治理困境两类治理机制的内在属性及产生原因。在此基础上,区域治理主体应结合本地区发展特质来建立区域治理主体间的关系结构,在尊重国家和地区法律政策与历史文化发展经纬的基础上选择治理工具;从系统、弹性、全面的多维视角来优化区域治理过程。唯有如此,才能建立保障区域发展权益和区域人民福祉的区域治理机制,实现开放、稳健、韧性与可持续的区域发展目标。

关键术语

区域治理机制　治理失灵　治理困境　区域合作　区域间协调

复习思考题

1. 分析区域治理失灵的主要原因并举一个实际例子。
2. 为什么区域治理困境与权力因素相关?
3. 在哪些具体场景中存在区域治理工具的可塑性?
4. 区域治理过程具有哪些特点?
5. 区域治理效果的评价涵盖哪些维度的指标?
6. 国际上通行的评价区域治理的参考性指标有哪些?

第六章

区域治理效果

学习目标

[1] 掌握影响区域治理效果的三个条件。

[2] 明确区域治理效果评价的维度。

[3] 掌握区域治理效果评价指标的构建原则和方法。

[4] 掌握区域治理效果评价的参考性指标。

能力目标

在不同区域治理情境中有效选择区域治理效果评价指标。

思政目标

能够对我国具体地区的区域治理成效进行综合、演进的效果评价。

区域治理的"产品"是区域的公共产品。什么才是成功的区域治理？从实践理性出发，区域治理是要追求最终的治理效果，还是更看重治理过程本身的溢出效应？评价区域治理效果取决于是实现了既定治理目标，还是成本-收益的效用最大化？在不确定的世界中，"最大化"或许是一个伪命题。[1][2] 效用最大化的预期目标较难实现，社会机制的满意规则是社会化进程中的满意解。[3] 因此，在对区

---

① AKERLOF G A. The market for "Lemons"：quality uncertainty and the market mechanism[J]. The quarterly journal of economics，1970，84(3)：488-500.

② DIMAGGIO P J，POWELL W W. The iron cage revisited：institutional isomorphism and collective rationality in organizational fields[J]. American sociological review，1983，48(2)：147-160.

③ SIMON H A. Administrative behavior：a study of decision-making processes in administrative organizations [M]. 4th ed. New York：Free Press，1997.

域治理效果开展评估之前,从多角度理解影响区域治理效果的影响因素与评价方法是非常必要的。

第一节　区域治理效果的影响因素

一、治理持续时间

治理过程具有长期性,因此治理效果是一个时间函数。时间太短,治理效果不具有显示度,无法刻画治理过程的真实情景。时间太长,过程中的各种不确定性因素的耦合将导致最终的治理结果与初始设定的治理目标差异过大,从而产生负面效果。当然,也可能会存在治理收益高出预期的溢出效应(如"无心插柳柳成荫"、前人栽树后人乘凉的长期效应和代际效应)。从治理效果看,实现既定目标与正外部性应该同时被纳入效果考虑范围。如在美国田纳西河流域治理实践中,田纳西河流域管理局成立之初的宗旨是促进地区发展和繁荣;这一目标在流域治理中发挥了更加突出的作用。如在电力供给方面,其为流域内 800 万居民提供了廉价的电力;在农业方面,使农业单产比 20 世纪 30 年代增长两倍多;在社会就业方面,为田纳西流域提供了大量的就业机会;在生态保护方面,既建成了泰利库大坝,也成功避免了蜗牛镖的灭绝。区域治理的实践较充分地表明,志愿精神和利他主义的价值取向,合理的治理结构和决策程序以及内部人员的激励机制将促进区域治理的成功。[①] 实践表明:普遍意义上对区域治理效果进行评价,最终将回答这样一个问题:"区域治理让区域内部的利益主体更加团结了,还是松散了,抑或是关系的解体?"

二、区域治理成本

治理成本是为实现治理目标而耗费的各类成本总和。治理成本主要涵盖以下四类:一是信息成本,它是指所有参与人在可能的结果和拥有的资源使用偏好上形成共同知识和共同信念所需要收集、整理和传播信息而耗费的成本。信息成本的大小决定于治理过程中信息结构的完备程度。信息在治理主体间分布越不对称,信息成本将越高。二是协调成本,指区域治理主体在治理过程中以动员与

---

① 孟唯. 非营利组织及其治理[D]. 北京:中国社会科学院,2003.

组织等方式来实施治理所耗费的成本。协调成本与治理主体在动员、组织、协商、劝说行为中花费的时间、资金以及心理负担相关。例如,流域治理常面临流域整体利益与地方利益相冲突的问题,且流域内不同行政主体也可能存在利益冲突,这需要治理主体花费成本来进行协调利益,制订有效的政策方案平衡各方诉求,减少摩擦与对抗。三是执行成本,是指治理主体在对治理目标形成共识后,采取治理措施执行治理方案而耗费的成本。执行成本是直接发生在治理活动中的各种花费,是可以预见的,并且大小是可以直接被度量的。四是监管成本,是指治理主体监管治理参与者的行为以防范各种风险所耗费的成本。监管成本主要以"激励-约束"相容原则来奖励或惩罚相应治理行为产生的结果。以上四类治理成本存在于治理的全过程。当然,治理成本是否可以被准确地度量、被哪些主体来度量及过程中是否会加入潜在变量,仍需要考虑具体的治理情境。

三、区域禀赋嵌入

不同区域的特征禀赋会影响治理效果。区域治理效果因地而异、因时而异。因此,一个地区的区域治理模式放到另一个地区来执行,或者放在这个地区的不同阶段来看,治理效果也未必理想。区域治理应该嵌入更大的地理历史框架中[①],以及通过动态社会网络以及区域间利益转移来评价区域治理效果。[②] 区域嵌入性是指区域治理效果与经济、政治、文化、身份和国家形成以及地理因素都存在相关性。[③]

区域治理效果也受到区域社会资本的影响。制度经济学认为,区域社会资本依赖于传统、习惯、认知框架、成见、标记、惯例、常规、命令、组织规则、仪式、权力关系、社区价值、流行式样、象征、结社的非功能性基础、归属准则和荣誉标准等。这些准则刻上了区域的烙印,标识了特定空间中的家庭、信仰、利益和意识形态以某种形式确立的共同身份认同和地区愿景。从提高社会效率的目标出发,建立信

---

① KRAMSCH O T. The Rabelaisian border[J]. Environment and planning D: society & space,2010,28(6): 1000-1014.

② PIKNER T. Reorganizing cross-border governance capacity: the case of the Helsinki-Tallinn Euregio[J]. European urban & regional studies,2008,15(3): 211-227.

③ DE SOUSA L. Understanding European cross-border cooperation: a framework for analysis[J]. Journal of European integration,2012,35(6): 669-687.

任、规范和关系网络①,可以推进区域治理过程的可持续性;从而遵循既定治理方案或者通过韧性治理来应对不确定性,最终实现区域治理目标。可见,区域治理过程存在着路径的可选择性和多样性。区域异质性在评估区域治理绩效中是客观存在的。因此,引入区域控制变量,如区位、区域经济规模、区域人口规模来开展区域治理效果评估是必要的。

拓展案例 6-1

第二节　区域治理效果的评价视角

　　区域治理效果评价是一个动态、多维度、多指标的复杂过程。评价区域治理效果依赖于合理的评价指标和方法。选取区域治理效果评价指标应根据区域发展的不同阶段进行优化组合、动态调整。评价区域治理效果涵盖区域发展、区域间协调和区域间合作三个维度。从这三个维度可以构造经济指标、政策指标、安全指标、生态指标、创新指标和文化指标来进行评估。区域治理效果评价视角如图 6-1 所示。

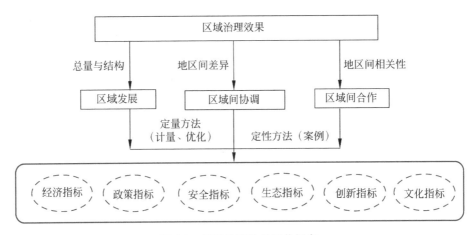

图 6-1　区域治理效果评价视角

① NAHAPIET J, GHOSHAL S. Social capital, intellectual capital, and the organizational advantage[J]. The academy of management review, 1998, 23(2): 242-266.

一、区域发展

区域发展包含多个角度的评价因素,如经济增长、制度改进、社会进步、生态改善、文化包容、安全开放等。检验区域治理效果,应首先评价上述因素是否有增量的变化。一个高质量发展的区域应在这些因素上都有正向趋势。更为重要的是,当前我们置身于更加不确定的外部世界中,经济系统、社会系统、生态系统都面临着前所未有的脆弱性挑战。因此,区域发展必定是一个"非线性"增长过程。构建区域发展的"韧性"成为当前国际学术领域评价区域发展质量的新变量。区域韧性包含两层含义:一是抗拒风险的能力;二是从风险造成的损失中快速修复的能力。因此,在一个地区内,政策设计、经济发展、产业创新、生态系统保护这些领域都要构建韧性机制,以适应不断变化的外部环境并寻求有效的对策方案。

经济增长是指经济社会为其成员提供更多产品和服务的能力,是一个较之福利变化更为严格的测量方法。[①] 经济增长来自经济制度对生产性要素投入的使用和分配并产生"剩余"。由于治理包含了经济制度,因此区域治理的效果首先应体现在区域经济增长这一事实上。没有经济增长的区域治理很难讲是一个经得起实践检验的治理范式。同时,经济制度与政治制度将交互地塑造社会运作方式。[②] 基于"建议、时尚和习惯"而建构出来的社会规范应该有助于经济人建立理性的行动策略。[③] 从现有的实证研究文献来看,区域社会制度会促进区域经济发展,主要途径是重塑区域人力资本效应、技能、居民储蓄等基本要素的构成。对此,本书给出了区域发展的路径,具体可参见图6-2。

地区生产总值以及宏观经济中的投资、消费、贸易指标可以作为区域经济增长的评价指标。地区消费、地区就业、地区创新能力、生活质量、社会经济系统安全性、节能减排、环境生态、基础设施、地方政策等维度的指标都可以作为区域增长的度量维度。评估区域增长可以采用包括经济、政策、安全、社会、文化、生态等在内的若干指标作为指标。同时,地区人口指标和自然资源指标可以作为评估区域经济增长的控制变量。如地区人口出生率、人口寿命、人口结构、人口流动率,

① 波斯坦,等.剑桥欧洲经济史:第七卷[M].王春法,主译.北京:经济科学出版社,2002.

② NORTH D C. The role of institutions in economic development,United Nations economic[R]. Commission for Europe Discussion Paper,2003.

③ KEYNES J M. The general theory of employment[J]. Quarterly journal of economics,1937,51(2):209-223.

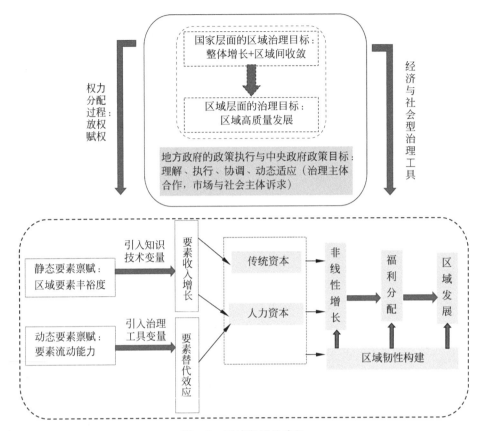

图 6-2 区域发展的路径

以及气候条件、自然资源禀赋（如能源、矿产、水、生物多样性）和经济地理区位。

诚然，仅有经济指标意义上的增长并不意味着区域的高质量发展。不同于经济高速增长的市场工具理性主导，高质量发展是具有价值理性的新动力机制，更加重视人的全面发展，并能与市场经济工具理性相契合，以经济发展是否满足人民日益增长的美好生活需要为判断标准。[①] 高质量发展是以高效率、高效益生产方式为全社会持续而公平地提供高质量产出的经济发展，要立足供给侧结构性改革，着力提高供给体系质量、效率和稳定性。[②]

近些年来，包容性增长日渐成为国际组织、国家和地区决策者以及学术界与产业界都普遍关注的一个概念。经济合作与发展组织（OECD）、世界银行、布鲁金斯学会（Brookings Institution）、亚洲开发银行（Asian Development Bank，ADB）、国际

---

① 金碚.关于"高质量发展"的经济学研究[J].中国工业经济,2018(4)：5-18.
② 国家发展改革委经济研究所课题组.推动经济高质量发展研究[J].宏观经济研究,2019(2)：5-17,91.

货币基金组织、二十国集团、联合国的大量研究报告推动了这一概念走向政策实践。由亚洲开发银行提出的包容性增长①一词,不仅关注经济增长的速度,而且关注经济增长的模式。目前,包容性增长的各项议题已经覆盖广泛的经济和政治议程,涉及社会各领域和各阶层。区域发展的包容性要体现在个体公平、地区公平、代际公平和性别公平上。美国作家 J. D. 万斯(J. D. Vance)的小说《乡下人的悲歌》反映了美国工业化进程中,美国政府没有解决好收入分配而导致的社会阶层断裂问题。包容性增长意味着让更多的人享受全球化成果,让弱势群体得到保护,让更多的中小企业和个人得到能力发展。同时,保持经济增长和社会发展的稳定性,促进贸易自由化,反对保护主义。

二、区域间协调

区域治理效果的评价因素不仅是以自身发展好为标准,也应对其他地区发展有利或者至少不造成负外部性,这与区域间协调发展密切相关。地区间的关系机制也就更为迫切地需要由资源竞争主导型关系提升为"竞合关系"。地区竞争性的企业投资和优惠政策需要获得"区域租金",但是这种"租金"的形成却导致跨区"协调失灵"问题的出现。这些新问题向以往那些在地区分割下各自为政的地方政府的跨区治理能力提出了挑战。

区域协调发展并不是简单地在发展总量上缩小地区间经济差距,它是基于非均衡发展逻辑而客观承认区域禀赋和异质性,以推动地区间在边际生产力上的协调。地区间在经济与社会发展(水平、能力和潜力)上存在的差距被称为区域鸿沟(regional gap)。非均衡增长理论认为:区域发展是一个"低水平均衡—非均衡发散—均衡收敛—多样性"的过程。"低水平均衡"是指不发达经济的痼疾表现为人均实际收入处于仅够糊口或接近于维持生命的低水平均衡状态;很低的居民收入使储蓄和投资都受到极大局限;如果以增加国民收入来提高储蓄和投资,又通常导致人口增长,从而又将人均收入推回到低水平均衡状态中,这是不发达经济难以逾越的一个陷阱。②

---

① ADB. Toward a New Asian Development Bank in a New Asia: Report of the Eminent Persons Group[R]. Manila: ADB, 2007.

② NELSON R R. A theory of low-level equilibrium trap in underdeveloped economies[J]. American economic review, 1956, 46(5): 894-908.

新古典经济学的空间均衡理论认为市场价格机制能够使区域间的收入均等化。在生产要素自由流动与开放区域经济的假设下,随着区域经济增长,各国或一国内不同区域之间的差距会缩小,区域经济增长在地域空间上趋同,呈收敛之势。[①②] 在要素具有完全流动性的假设下,区域收入水平随着经济的增长最终可以趋同。增长极理论认为,区域增长并非同时出现在各部门,而是以不同的强度首先出现在一些增长部门,然后通过不同渠道向外扩散,并对整个经济产生不同的终极影响。这种理论强调规模大、创新能力强、增长快速、居支配地位且能促进其他部门发展的推进型主导产业部门,着重产业间的关联推动效应。梯度转移理论认为每个国家或地区都处在一定的经济发展梯度上,如果其主导产业部门由处于创新阶段的专业部门所构成,则说明该区域具有发展潜力,因此将该区域列入高梯度区域。[③] "工业区位向下渗透"或者产业雁阵转移是这种理论的核心论点。

用区域间协调度(coordination degree)来测度区域间协调程度是学术界普遍采用的方法。例如,灰色关联分析方法是一种灵活的测量曲线形状相似度的方法,可以反映序列之间的非线性关系。[④] 采用熵权灰色关联法可以有效地得到所考虑的系统影响因素的重要性。熵权灰色关联模型在分析经济、能源、环境、产业等方面的关联度上应用广泛。[⑤⑥] 区域间协调是一个"组织化"的过程,即通过区域治理组织采取必要的治理工具形成机制化和稳定性的集体行动。区域间协调也要应对突发性、应急性的治理议题,建立快速响应式的治理机制。

区域协调发展的主要困境是发展目标的冲突、资源的限制以及发展重点的模糊,而解决路径在于积极发挥中央政府的作用。[⑦] 解决区域发展中出现的地区间差异型议题,必须建立协调机制,以便达成各城市间良好的沟通和对话,建立区域

① SOLOW R M. A contribution to the theory of economic growth[J]. The quarterly journal of economics,1956,70(1):65-94.

② SWAN T W. Economic growth and capital accumulation[J]. Economic record,1956,32(2):334-361.

③ VERNON R. International investment and international trade in the product cycle[J]. Quarterly journal of economics,1966,80(2):190-207.

④ DENG J L. The basic method of grey system[M]. Wuhan:Huazhong University of Science and Technology Press,1996.

⑤ ZHOU N,TAN J,REN X,et al. Measurement of coordination degree between economy and logistics in Hebei Province,China,Based on Fractional Grey Model(1,1)[J]. Discrete dynamics in nature & society,2022,2022:1-12.

⑥ 蔡文春,张竞竟,杨德刚,等.基于时空理念的区域协调度模型及实证分析[J].生态与农村环境学报,2009,25(2):9-15.

⑦ 严汉平,白永秀.我国区域协调发展的困境和路径[J].经济学家,2007(5):126-128.

范围内的良性发展局面。① 区域间协调机制实际上是为实现区域间和区域内部的和谐、持续发展，优化资源配置，协调处理差异型议题，统筹安排区域性事务而采取的各种政策和措施的总称。地区经济角色分工与协调、生态环境治理、区域空间结构的整体规划与协调、区域社会文化的交融与整合等对策是区域协调机制的主要内容，如图 6-3 所示。在促进协调行动中，地区政府间和各类治理主体开展协商、对话、合作、利益补偿等方式是主要渠道。

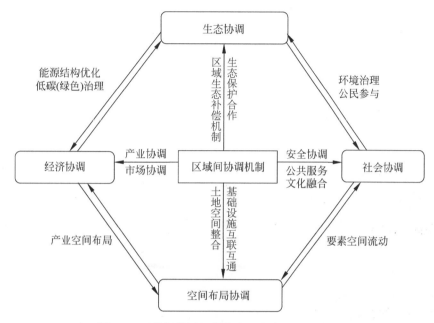

图 6-3　区域间协调机制的主要内容和相互关系

三、区域间合作

区域合作已成为世界范围内国家、地区间集体应对发展挑战的一种行动思路。这些挑战来自贫困水平上升、失业、不平等、不安全、单一文化经济和匮乏的社会福利设施。联合国开发计划署指出了影响区域合作成功与否的两种因素：一种是自然资源禀赋、气候和地理等硬因素；另一种是政策、体制能力和奖励等软因素。区域间合作信任度与合作规范应被纳入区域合作视角。② 在国际性的地

---

① 王川兰.区域经济一体化中的区域行政体制与创新[D].上海：复旦大学,2005.
② 张蕴岭.中国的周边区域观回归与新秩序构建[J].世界经济与政治,2015(1)：5-25,155.

区合作框架下,区域化进程及其与地区主义和国内政治经济的复杂关系[①],以及声誉资产、国家整体价值导向、自身利益红线[②]都将影响区域合作效果。

发达区域和欠发达区域之间的合作是依据地区间的要素分布、权力结构和利益获得机制建立的一种合作结构。这三个维度上的相互依存关系是区域间构建合作机制的前提,如图 6-4 所示。经济合作是实践最为广泛的区域合作领域。经济合作带来的巨大收益可以成为衡量区域间合作良好成效的标准。[③] 例如签署区域间经贸合作协定,可促进区域之间在关税、市场准入、贸易投资便利化等方面向更加开放和公平竞争的方向调整。

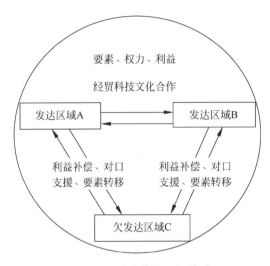

图 6-4 区域合作的逻辑关系

即测即练 6-1

区域分工是区域间联系的主要形式,也是区域合作的基础。由于存在区域差

① PHILLIPS N. The rise and fall of open regionalism? Comparative reflections on regional governance in the Southern Cone of Latin America[J/OL]. Third world quarterly, 2003, 24(2): 217-234. https://doi. org/10. 1080/0143659032000074565.

② FENNELL S. Building on Bandung: what does cooperation do for regional engagement? [J]. Asian journal of peacebuilding, 2022, 10(1): 87-105.

③ 申现杰,肖金成. 国际区域经济合作新形势与我国"一带一路"合作战略[J]. 宏观经济研究, 2014(11): 30-38.

异,在资源和要素不能完全自由流动的情况下,区域间按照比较利益的原则,选择
具有优势的经济形态和区域发展道路,才能够构建基于区域发展特点的自愿型合
作关系,从而促进协调发展、共同发展。区域分工的目标包括:①区域充分发挥
资源、要素、区位等比较优势,进行专业化生产;②提高资源配置效率和产业效
益;③推动区域经济增长与高质量、可持续发展。农业区位论和工业区位论强调了
"绝对成本—要素禀赋—贸易理论"的假说。其发生条件包括:①某一类专业化产
品的供给量大于本地需求量;②分工节约的劳动量大于区际贸易增加的劳动量;
③生产地区与消费地区存在价格差,差值越大,区际分工越容易发生。区域间的分
工方式包括垂直分工(指产业内的环节、原料和成品)、水平分工(指产业内技术水平
相同的不同环节,以及产业间的产品分工)、垂直分工与水平分工混合的分工。

近些年来,地区间构建跨基础设施网络和信息通信网络、生态环境和低碳治
理合作网络、科技创新合作网络,以及推动公共卫生合作和教育合作,已成为区域
合作中非常重要的内容。一些发达国家在扶持落后地区发展时也注重增强落后
地区的"造血能力",以培养其自主发展能力。美国在早期开发南部落后地区时,
除了增加对交通基础设施和城市公共设施等硬件的投资外,也特别注重在当地发
展教育和职业培训,以提高其人口素质、提升其内生发展能力。与此同时,美国政
府有意将美国的军事工业布局到南部地区来促进其高科技产业发展,使当地通过
发展高科技产业实现了"技术赶超"。①

欧洲的《博洛尼亚宣言》和东盟公共卫生合作是超国家尺度下跨区域合作的
两个案例。1998 年,英国、法国、德国、意大利这 4 个国家中负责本国高等教育的
部长希望建立一套国际政策体系来解决各国在高等教育发展方面出现的问题,联
合签署了《索邦宣言》。1999 年,欧洲 29 个国家在意大利博洛尼亚举办的会议上
签署了《博洛尼亚宣言》,后来欧洲共有 45 个国家签署了《博洛尼亚宣言》,加入
"博洛尼亚进程"。东盟国家虽然在经济领域合作历史较长,但是在公共卫生领
域,以世界卫生组织框架为主导无法应对区域划分和东盟各国利益诉求差异导致
的不协调困境。以 2018 年和 2019 年这两年为例,世界卫生组织的预算约为 34 亿
美元,其中用于东南亚国家办公室和地区办公室的仅仅只有 2.9 亿美元。② 其实

---

① 这种落后地区通过发展高科技产业而实现"技术赶超"的现象在日本、韩国和英国等国家出现过。
② World Health Organization. Programme Budget 2018—2019[EB/OL]. (2020-11-12). https://www.who.int/publications/i/item/WHO-PRP-17.1.

早在1980年,印度尼西亚、马来西亚、菲律宾、新加坡和泰国这5个国家就发起组织召开了第一届东盟卫生部长会议。2003年的"非典"(SARS)暴发使东盟国家深受其害,就此东盟开启了快速卫生合作的新时期。《中国—东盟合作事实与数据:1991—2021》显示:疫情发生以来,中国积极向东盟国家提供疫苗和抗疫物资。截至2021年12月,中国已向东盟国家提供近6亿剂疫苗。^① 中国还搭建了"疫苗之友"合作平台,加强与东盟国家开展疫苗信息分享和研发、生产、使用合作。当前,中国和东盟国家正致力于共建中国和东盟卫生健康共同体。

区域间合作应实现"1+1>2"的耦合效应,不能通过合作只帮助后进地区而限制先进地区发展,这样只会造成总体经济停滞。日本、韩国、英国等国家在促进本国落后地区发展过程中区域合作的经验和教训需要借鉴和吸取。英国在20世纪60年代为缩小南北地区经济差距,一方面通过税收、财政及劳工政策吸引企业在北部老工业地区投资;另一方面通过限制产业在南部发达地区的落地来实现南北部协调发展。区域间合作是在做大区域发展这块"蛋糕",而非切割已有的"蛋糕"损失掉各地区的整体福利。

"在生态保护这项事业中,谁都不能坐享其成,谁也不能逃避责任,破坏者付出代价,保护者得到奖励,才是还原了最为基本的人类法则。"青海省三江源区的生态补偿为我国生态补偿机制建设提供了样本。这是对我国三江源地区流域治理和生态保护的精练概括。^② 有人将三江源称为"大美净土"。的确,群山起伏,湖泊、小溪星罗棋布,茂盛的植被以及栖居其间的野生动物让三江源集成了生态自然的珍稀美景,人们置身其中,远离城市的喧嚣,对自然的敬畏之心油然而生。三江源区地处青藏高原腹地,是长江、黄河和澜沧江的源头汇水区。作为中国最为重要的生态功能区之一,三江源区对三条河流的中下游地区用水和经济社会发展具有重要的保障作用。

然而,三江源区生态系统却十分敏感脆弱,需要在生态治理上投入更多资源,创新更有效的治理机制。三江源区冰川退缩、湖泊和湿地萎缩等现象不断加重,源头产水量逐年减少。曾经原始粗放的牧业生产与资源环境保护之间关系不断恶化,人、草、畜之间关系失衡。近些年来,国家和地方各部门与相关机构联合采取治理行动,为三江源生态治理群策群力。中国工程院重点咨询项目研究成果显

---

① 中国—东盟加强公共卫生领域合作[EB/OL].(2022-02-24).http://www.chinareports.org.cn/djbd/2022/0224/26617.html.

② 青海三江源建生态补偿范例 为大自然"养颜"[EB/OL].(2016-08-23).http://finance.people.com.cn/n1/2016/0823/c1004-28656513.html.

示,三江源区每年可提供的生态服务和生态产品价值约 4 920.7 亿元。这一结果表明,生态资源与生态资产是三江源区最重要的资产,其价值远远超过经济生产价值。三江源的绿水青山才是其最为重要的金山银山。为了保护国家重要的生态资源资产,三江源区每年放弃了约 369.7 亿元的发展机会成本。为实现生态资源资产的保值增值,三江源区每年约需投入 129.72 亿元进行生态保护恢复。[①]

三江源区生态治理的主要经验是地区间合作逻辑从"输血"转变为"造血"。这种方式有以下四个突出特征:①从阶段性政策(如以项目作为补偿方式,缺乏系统、稳定、持续、有序的法律保障和组织领导及资金渠道)向长效机制转变(如2010 年,青海省人民政府印发了《青海省人民政府关于探索建立三江源生态补偿机制的若干意见》)。②与中国工程院合作,于 2012 年和 2014 年先后启动实施了"三江源区生态补偿长效机制研究"和"三江源区生态资产核算与生态文明制度设计"两个重点咨询项目。③将生态资源核算纳入国民经济统计核算体系,替代原有单纯的 GDP 考核指标,建立了以生态资产为核心的新型绩效考评机制,构建了综合考虑区域经济发展和生态资源资产状况的区域发展衡量指数。④将三江源区域生态资产的生产经营变成牧民收入提高的另外一个来源,使牧民的身份定位由原来单纯的牧业生产者转变为牧业和生态产品双生产者。

第三节　区域治理效果的评价指标:区域治理指数

一、区域治理指数的概念

区域治理指数反映了区域治理效果,即区域治理主体实施区域治理的能力;用以衡量政府团体和组织之间的协调、相互作用和凝聚力水平。治理指数在很多领域的学术研究中都有提及。公司治理指数衡量的是指导和控制公司的制度等方面的效果。[②] 发展经济学中的治理指标与政治进程的透明度、官僚机构的质量、参与和问责制的措施以及腐败的控制相关。[③] 在政治科学中,根据参与、问责制和

---

① 青海三江源建生态补偿范例 为大自然"养颜" [EB/OL]. (2016-08-23). http://finance. people. com. cn/n1/2016/0823/c1004-28656513. html.

② KLAPPER L F, LOVE I. Corporate governance, investor protection, and performance in emerging markets [J]. Journal of corporate finance, 2004, 10(5): 703-728.

③ KAUFMANN D, KRAAY A, MASTRUZZI M. Governance matters VI: aggregate and individual governance indicators 1996—2006[R]. World Bank Policy Research Working Paper No. 4280, Washington, DC, 2007.

绩效来衡量地方政府的治理指数。[①] 在社会学领域,治理指数用来衡量政府和公众参与程度。

二、区域治理指数的设计原则

区域治理指数的设计应该遵循两个原则:一是能够提供在不同区域、不同治理主体和治理工具维度下的时空数据有效衔接的结果;二是检验复杂条件下区域治理体系是否有能力应对可能出现的各种问题。在区域治理实践上,一个有效的区域治理指数应能够达到以下四个方面的目标:一是识别出区域治理主体应对可能出现的各种问题的能力;二是确定特定区域提高组织绩效的途径;三是协助政府部门和各类区域治理主体实施区域治理;四是区域治理政策范式实现地区间扩散。

此外,区域治理指数应该能够测度出一个区域的治理过程是否有能力应对可能出现的各种综合问题。从这个角度来看,区域制度资源并不是治理最终状态。在跨时间和空间维度上存在多种类型的网络和治理工具。当这些网络和工具齐备时,区域机构资源就会在特定时刻出现。因此,区域治理指数应该测定复杂区域系统的治理是否有能力应对可能出现的各种问题。

三、区域治理指数的参考维度

莫里森(Morrison)在研究乡村治理问题时,构建了一套区域治理指数并进行了实证检验,参见表 6-1。

表 6-1　测量区域治理的四个维度[②]

制度潜力的共同议题	主 要 指 标	指 标 定 义	指 标 测 量
正式与非正式协议产生的集成治理能力(政治、经济和公共管理复合视角)	区域网络的参与程度	区域间组织数量,区域政策协调与执行,主要区域主体的参与程度	主要区域网络的数量×主要参与主体的水平(1=强,0=弱或未知)

① CROOK R C,MANOR J. Democracy and decentralization in South-East Asia and West Africa:participation,accountability,and performance[M]. Cambridge:Cambridge University Press,1998.

② MORRISON T H. Developing a regional governance index:the institutional potential of rural regions[J]. Journal of rural studies,2014,35:101-111.

制度潜力的共同议题	主 要 指 标	指 标 定 义	指 标 测 量
多样性且综合的制度安排（法律与政策视角）	治理工具组合的多样性和协同作用水平	主要区域干预手段的多样性和耦合能力	部门工具和区域目标的耦合度（1＝强；0＝弱或未知）
制度设计的适应性和稳健性（政治学、政策和管理综合视角）	治理工具设计的稳健性和适应性水平	区域政策和制度安排主体，10年以上的规划，情境建模预测和阶段性评估	部门工具稳健性和适应性特点的总量，1＝强，0＝弱或未知
从当地居民、地方政府、政府机构和更大的联盟机构获得的广泛支持	更广泛的财政、行政和公众支持水平	受教育的人口数量，市场参与的文化，区域伙伴，区域社会生态觉醒，政府的忠诚度，外部控制和支持，中央联合体，协调型的立法	区域政策执行方案；财政转移支付；财政、行政、民主的支持数量×质量（1＝强，0＝弱或未知）

（1）区域网络的参与程度。区域是多个、多尺度、公共部门和其他组织机构组成的"集合"，这些网络具有争议性、关系性、密集性、关联性和复杂性。组织和个人在区域网络或组织中的高度参与有助于在同一级别（如地方、区域）协调政策目标[1]，包含政府和社区之间的跨部门协调和协作。哪些地方和区域组织与个人参与，以及他们如何协调决策和实施，对于衡量区域治理组织的资源水平非常重要。这一评价需要公布关键区域治理制度安排的数量，如组织间会议、协调机构和共同地点的人事安排，进而衡量这些网络中关键行动者的参与程度。在区域网络中的参与程度和更广泛的区域支持水平都明显更高的区域被认为更具弹性或资源更丰富。这表明区域网络的参与和更广泛的区域支持是一个区域构建治理能力的体制潜力的重要决定因素。

（2）治理工具组合的多样性和协同作用水平，表现在治理工具（如发展评估、税收、激励、自愿协议、空间规划、监管、建筑规范、社会习俗）被应用于跨部门协调过程。在很多实际情形中，政策工具的组合（如基于激励的工具和责任规则）并不总是产生协同作用[2]，很可能会产生负面作用。同样，在面对区域治理的实际问题时，区域治理主体不能随意组合治理工具并臆断会产生期望结果。在复杂场景下的区域治理议题中，应该对治理工具的相互作用开展评估，并根据区域治理目标

---

[1]　LANE M, MORRISON T. Public interest or private agenda?: a meditation on the role of NGOs in environmental policy and management in Australia[J]. Journal of rural studies, 2006, 22(2): 232-242.

[2]　GUNNINGHAM N, SINCLAIR D. Policy instrument choice and diffuse source pollution[J]. Journal of environmental law, 2005, 17(1): 51-81.

进行排序。在寻求评估依据时,应综合考虑治理主体的推荐度,权衡共同利益产生的负面作用,以及治理工具之间存在的明显矛盾和差距。①

(3) 治理工具设计的稳健性和适应性水平。当治理工具被设计为长期适应性计划和方法的一部分时,被称为"时间协调"。长期适应性规划的证据可以包括基于情景建模和评估的区域计划、政策和体制安排的定期审查(例如项目评估、工程交付条款)。随着时间的推移,政策工具也会升级(如行业签订自愿协议,如果不履行,将升级到法定裁定)。

(4) 更广泛的财政、行政和公众支持水平。这是指当不同空间尺度(从地方到中央)的政策目标协同时的财政、行政和公众支持水平。区域机构弹性是理解政府与产业、政府与社会之间的互动性关系的指标。其中包括:国家行政部门或立法部门是否提供了区域治理的制度安排,更广泛主体参与区域治理的数量和支持程度,央地财政转移以及治理主体是否有参与区域治理的稳健性。①衡量关键区域网络的数量和参与者在这些网络中的参与程度,可以显示区域网络的总体参与程度,从而显示一个区域的综合治理能力。②每个区域工具组合的多样性和协同作用水平可以显示一个区域内机构多样化和协同作用的总体水平,从而展示出区域治理组织应对快速的和意外变化的潜在资源。③每个区域在工具设计方面的稳健性和适应性水平可以有效地表明区域吸收和减缓外部干扰的能力,同时以保留或加强基本制度功能、结构和特性的方式进行变革。④衡量每个区域更广泛的财政、行政和社会公众的支持水平,从而表明区域机构与地方和中央政治意愿以及财政和行政支持的一致性。

四、基于可持续发展框架的区域治理指数

区域治理的效果是目标导向型政策、完善的组织结构和负责任行为体间互动这三个方面相互协调的结果。这实际上是遵循可持续发展的逻辑。基于可持续发展的区域治理是将宏观政策框架、政策执行机制和治理主体间合作作为内部影响因素。

在区域发展的传统逻辑中,经济增长始终是衡量地区发展的最主要指标。然

---

① NILSSON M, ZAMPARUTTI T, PETERSEN J E, et al. Understanding policy coherence: analytical framework and examples of sector-environment policy interactions in the EU[J]. Environmental policy & governance, 2012,22(6): 395-423.

而,全球发展议题的多元挑战,如气候变化、资源枯竭、公共危机以及社会不平等,凸显了以更加韧性的、动态的、向可持续方向发展的必要性。只看经济数据上的增长变化,或将忽略环境行为与社会议题在区域发展中的长期影响。

联合国可持续发展目标提供了必要的借鉴思路。SDGs强调可持续发展的环境、社会和经济的互动性。例如,可再生能源的初始投资可能很高,但可以确保长期的能源稳定。同样,投资于教育和保健虽然对短期经济收益贡献不明显,但是有助于在长期内培养一批熟练、健康的劳动力,从而促进经济可持续增长。结合区域发展实际特征,从经济增长、社会福利、环境保护、技术创新和社会平等五个角度来评估区域治理效果,既兼顾了区域发展的多元综合视角,同时也有数据可得性的优势。

另外,区域治理效果的影响因素可以从以下方面考虑:一是政治框架,概述了指导社会转型的意识形态、战略和法规。二是治理结构,包括负责执行政策的官员和领导团队的类型与数量。三是财政分权,表示地区财政自主性分配权力,也体现了央地关系框架下的分级治理。四是治理主体间的关系,包括治理机构间协调,如凝聚力沟通、合作参与和资源分配,以正式的府际协议为主。五是官员府际流动,是指地方政府的主要负责人在不同地区政府任职,它可以改善府际关系网络,促进地区间治理。综上,基于可持续发展的区域治理指数可以表示为从区域治理效果与区域治理效果的影响因素两个角度综合测度的指标,参见表6-2。

表 6-2　区域治理指数

区域治理效果			
维　　度	SDGs 对应性指标	指标举例	文献参考
经济增长	8,11,12,17	地区人均 GDP	Elistia & Syahzuni,2018；Gennaioli et al.,2014
社会福利	1,2,3,4,5	地区人均可支配收入	Giovannini et al.,2007；Jorgenson & Schreyer,2017
环境保护	6,7,13,14,15	地区污水处理率	Jhansi & Mishra,2013；Zhang & Wen,2008
技术创新	9	地区高技术产业增加值,地区每万人专利数量	Zabala-Iturriagagoitia et al.,2007；Chen et al.,2019
社会平等	10,16	地区城乡居民可支配收入比	Xue,1997；Yu & Wang,2021

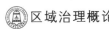

续表

区域治理效果的影响因素

维　　度	指标举例	文献参考
政治框架	中央政府的宏观区域规划数量	Temel et al.，2021
治理结构	治理组织数量、治理成员数量	Shrivastava & Addas,2014；Klettner et al.，2014
财政分权	人均地区财政支出/（人均地区财政支出＋人均中央财政支出）	Oates,1998；Luo & Liu,2022
治理主体间的关系	府际协议	Newig et al.，2013；Mader et al.，2013
官员府际流动	地区间双向或单向流动次数	Chai et al.，2022；Yao & Zhang,2013

第四节　区域治理效果评价的国际通行参考指标

选择区域治理效果的评价指标，可以参考全球治理指数（Worldwide Governance Indicators，WGI）、人类发展指数（Human Development Index，HDI）、真实发展指数（Genuine Progress Indicator，GPI）、全球竞争力指数、全球创新指数、快乐星球指数（Happy Planet Index，HPI）、坎特里尔阶梯表（Cantril Ladder）以及经济合作与发展组织的更好生活指数（Better Life Index）等国际通用的指标及测算方法。

一、全球治理指数

全球治理指数是世界银行从 1996 年开始对 200 多个国家和经济体的治理质量开展测度的一个综合指标，主要包括意见表达与问责（voice and accountability）、政治稳定与消除暴力（political stability and absence of violence）、政府效能（government effectiveness）、监管质量（regulatory quality）、法治（rule of law）、腐败控制（control of corruption）六大项指标。意见表达与问责是指公民在政府选举中的参与程度，以及言论自由、结社自由和新闻自由。政治稳定与消除暴力是指政治稳定、政治暴力和恐怖主义的程度。政府效能是指政府公共服务质量、政策制定和实施能力，以及兑现政策承诺的可信度。监管质量是指政府制定和实施许可、促进私营部门发展的政策法规的能力。法治是指行为者对社会规则的信心和遵守规则的程度，包括产权保护、司法和犯罪暴力等。腐败控制是指公权力谋取个人私利的程度，包括各种形式的腐败行为。这项指标的数据来自当前 30 个国际数据库，其样本包括市民、企业家、公共问题专家以及私人部门和 NGO。该指标包括四类数据来源：一是家庭和企业的调研数据；二是商业化的信息提供商，如全球透视（Global Insight）；三是非政府组织，如全球廉政（Global Integrity）；四是公共部门，如世界银行和地区性银行机构。[①]

二、人类发展指数

人类发展指数是联合国开发计划署（UNDP）通过发布年度人类发展指数报告，用以评估国家和地区寿命与健康、受教育程度以及生活质量三个基本人类发展指标综合下的各成员国经济社会发展水平的指标。HDI 已在指导发展中国家制定相应发展战略方面发挥了极其重要的作用。其中，寿命与健康由预期寿命衡量；受教育程度由成年人预期受教育年限和学龄儿童的知识获取途径衡量；生活质量由人均国民总收入衡量。[②] 1990 年至 2018 年，中国的 HDI 从 0.501 跃升到 0.758，增长了约 51.1%。中国由此进入"高人类发展水平"国家之列。2016 年 12 月 1 日，联合国开发计划署在北京发布的《2016 年中国城市可持续发展报告：衡量生态投入与人类发展》报告指出，广州 HDI 为 0.869，排名中国内地城市第一；北京、南京、沈阳、深圳、上海居 2～6 位。2019 年《人类发展报告》以"超越收入、超越平均、超越当下：21 世纪人类发展历程中的不平等问题"为主题。该报告指出，从更全面视角衡量国家进步比局限于经济增长更为合理。新一代不平等问题主要表现在教育、科技和气候变化上。人类发展指数也逐渐成为评估一个地区发展质量的重要参考。《2021/2022 年人类发展报告》延续了对不平等这一问题的深入讨论，希望回应如何理解和驾驭当今由人类世界、有目的的社会转型和加剧的两极分化所驱动的不确定性复合体。人类发展指数也成为评估区域发展质量的重要参考指标。例如，在欧洲地区跨境治理中，采用人类发展指数作为评估区域治理效果的因变量，其影响维度包含五个方面，如图 6-5 所示。

---

① KAUFMANN D，KRAAY A，MASTRUZZI M. The worldwide governance indicators：methodology and analytical issues[J]. Hague journal on the rule of law，2011，3（2）：220-246. 具体详细数据参见世界银行数据库 Worldwide Governance Indicators | DataBank（worldbank. org）。

② UNDP. Human Development Report 1990[M]. New York：Oxford University Press，1990.

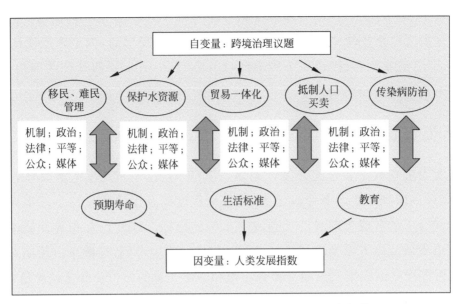

图 6-5　欧洲跨境治理效果评估的人类发展指数框架[1]

三、真实发展指数

真实发展指数是国际发展重新定义组织（Redefining Progress）于 1995 年提出，以衡量一个国家或地区的真实经济福利的指标。真实发展指数由 26 个指标组成。[2] 国际发展重新定义组织为了克服 GDP 的缺陷，创建以个人消费支出为计算基础的核算框架。它区分了经济活动中增加福利（比如家务和义务劳动的价值）和减少福利的因素（比如家庭破裂和污染的成本），将其用货币单位衡量，然后综合为一个为判断地区经济健康、可持续发展提供更准确信息的综合指标。GPI 对 GDP 忽略的 20 多个方面进行了估计，对非市场服务如家庭工作和自愿活动进行货币化，从经济角度对国家福利进行测算。GDP 只考虑了给定年份的支出流，GPI 则考虑了自然和社会资本的耗竭，因而能反映现行经济活动模式是否可持续。GPI 还计算了经济活动中消耗的服务以及产品价值，不管这些服务和产品能否用货币表示。但是，采用 GPI 很难进行国际地区比较，源于其包含的社会、环境

① CHEEMA G S, MCNALLY C A, POPOVSKI V. Cross-border governance in Asia: regional issues and mechanisms[M]. New York: United Nations University Press,2011.

② ANIELSKI M. The genuine progress indicator: a principled approach to economics[Z]. 1999.

和福利维度很难在同一个尺度下进行比较。[①]

四、快乐星球指数

快乐星球指数是英国智库新经济基金会（New Economics Foundation）编制的一份评估世界各地区人类福祉和环境影响的指标。快乐星球指数考虑了生活满意度、预期寿命和生态足迹等因素，以便根据各国（地区）从所使用的环境资源中获得幸福的程度来对它们进行排名。这一排名显示了长寿和幸福生活在哪里有更高的生态效率，经济规模和增长速度则不在考虑之列。其具体指标包括生活满意度、预期寿命和生态足迹三个维度。通过对这三项指标进行聚合，该指数旨在衡量一国或地区为其人民和社会提供福祉的生态效率。不同于人类发展指数，快乐星球指数的评估体系并未纳入国民生产总值（GNP），因此它被认为是一个能够更广泛地衡量福祉和可持续发展的指标。然而，"自我评判的生活满意度"这一指标存在较强的主观性，该指数或许无法为政策制定提供足够切实的参考。因此，这项指标的使用范围和适用性存在较大局限，需要再与其他指标混合使用。

本章小结

区域治理效果是一个兼具复杂条件、动态演化特征和多元视角的概念。与任何指数或指标一样，采用区域治理相关的评价维度和指标，建立区域治理指数都存在时空的局限性，例如使用主体、使用范围、指标组成以及方法采纳等。但是，上述因素并不影响我们基于效果逻辑对区域治理的目标、过程机制、工具和方法进行反思式总结、凝练和提升。只有经过严谨的、客观的、科学的效果评估，区域治理才会真正完成从理论到实践的转化。

关键术语

区域治理效果　　区域治理成本　　区域治理指数　　区域间协调　　区域间合作

---

① TALBERTH J，WEISDORF M. Genuine progress indicator 2.0：pilot accounts for the US，Maryland，and City of Baltimore 2012-2014[J]. Ecological economics，2017，142：1-11.

复习思考题

1. 分析影响区域治理效果的主要原因并举一个实际例子。

2. 如何构建区域治理效果评价的指标体系？

3. 区域间协调的基本前提是什么？

4. 为什么说区域分工是区域间合作的基础？

5. 讨论欧洲跨境区域治理效果，评价为什么采用人类发展指数。

6. 区域间协调包含了哪些主要领域？它们之间的相互关系是什么？

7. 比较《博洛尼亚宣言》和东盟公共卫生治理两个案例在区域间合作逻辑上的异同点。

8. 国际上通行的区域治理的评价指标有哪些？使用时有哪些优缺点？

第七章

国际区域治理实践

 **学习目标**

　　[1]　简述区域治理的国际实践特点和阶段历程。

　　[2]　比较国际典型地区的区域治理异同点。

 能力目标

　　[1]　理解世界范围内区域治理实践的背景与趋势。

　　[2]　培养对国际区域治理实践特点的比较分析能力。

 思政目标

　　树立对我国参与国际区域治理的大国实践的理论自信与道路自信。

　　20 世纪后半叶,国际权力关系发生了深刻变化。西方权力体系迅速分化,亚非拉力量崛起。雅尔塔会议制定了第二次世界大战后世界新秩序和大国利益分配问题,对第二次世界大战后国际权力体系和秩序结构影响深远。[①] 由于苏、美、英三国对第二次世界大战后世界安排问题上的不同意图和矛盾,以及有关中国的条款是背着中国人民作出的有损中国主权和利益的决定,雅尔塔协定被认为是大国主义和强权政治的表现。1945 年 4 月 25 日—6 月 26 日在美国旧金山举行的《联合国宪章》制宪会议,讨论国际形势变化,并对新的国际治理结构提出需求。在当时所处的国际环境中,殖民地国家纷纷独立,它们要求改变不合理的旧国际

　　① GHERE D. Simulating the cold war: the Yalta Conference[J]. OAH magazine of history,2010,24(4): 46-51. doi: 10.1093/maghis/24.4.46.

经济政治秩序的呼声高涨。自 1960 年以来，东非共同体、石油输出国组织、拉丁美洲国家石油互助协会、非洲国家咖啡组织、可可生产者联盟、七十七国集团等区域组织相继建立，在加强地区间合作，以及共同维护自身政治经济权力上做出巨大努力。近些年来，国际与地区形势紧张程度加剧，地区军事冲突频发。由领土争端引发的各种国际性地区议题给跨国型区域治理带来更大挑战，这也就迫使区域治理主体必须充分考量国际关系和地缘政治等因素的耦合叠加影响。因此，跨国型的区域治理机制和过程更加复杂，采取更加综合、韧性和多样性的治理方案来平衡各自的目标和彼此间的利益关系也就显得更加紧迫而重要。本章介绍了国际区域治理实践进展情况，为当前形势下推动全球治理改革和促进多边主义区域治理机制建设提供思路。

第一节　东盟治理实践

东亚地区主义是一个复杂的区域制度生态系统，能够适应不断变化的复杂环境，并有能力在社会系统中产生信任。[①] 1955 年万隆会议提出的"团结"概念是在政治自决、相互尊重主权、互不侵犯、不干涉内政和在区域内谈判中平等这五项原则基础上构建出来的。非洲联盟、南美国家联盟（UNASUR）、拉丁美洲和加勒比国家共同体（CELAC）、东盟和南亚区域合作联盟（SAARC）主要遵循这一原则。东南亚国家联盟、东盟与中日韩（10＋3）、东亚峰会（EAS）、东盟地区论坛、六方会谈（SPT）、上合组织以及《全面与进步跨太平洋伙伴关系协定》（CPTPP）等组织构成了东亚地区区域治理的基本框架。东亚合作还包括：太平洋岛国论坛（PIF），美拉尼西亚先锋集团（MSG），西南太平洋对话（SwPD），珊瑚礁、渔业和粮食安全珊瑚三角倡议组织（CTI-CFF）等区域性组织，它们是这些岛屿国家开展区域外交的工具。[②] 南南及三方合作（South-South and Triangular Cooperation）是南方国家在政治、经济、社会、文化和技术领域合作的一个框架，也被认为是落实 2030 年可持续发展议程的有效机制。

---

① PEMPEL T J. Soft balancing, hedging, and institutional Darwinism: the economic-security nexus and East Asian Regionalism[J]. Journal of East Asian studies, 2010, 10(2): 209-238.

② KAPLAN R D. The geography of Chinese power: how far can Beijing reach on land and at sea? [J]. Foreign affairs, 2010, 89(3): 22-41.

一、东盟治理进程

（一）发展概况

1967 年,印度尼西亚、马来西亚、菲律宾、新加坡和泰国等国签署《曼谷宣言》(*Bangkok Declaration*),组建了东南亚国家联盟。截至 2023 年 10 月,东盟包括 10 个成员国:文莱、柬埔寨、印度尼西亚、老挝、马来西亚、菲律宾、新加坡、泰国、缅甸、越南。联盟成员国总面积约 449 万平方千米,人口 6.6 亿。① 东盟国家主要位于亚洲的东南部,东临太平洋,南临印度洋,地处于太平洋和印度洋的交通要道,又是亚洲和大洋洲的结合区域,具有很重要的战略位置。东盟国家幅员辽阔、人口众多,盛产锡、石油、橡胶、大米和木材,是战略原料的重要产地。

20 世纪 60 年代开始,世界地缘政治发生一系列变化,美苏争霸以及美国插手印度支那战争,致使东南亚局势动荡。国际形势和东南亚国际关系的变化,促成了东盟的成立。② 1976 年,东盟五国领导人签署了第一个正式协议——《东南亚友好合作条约》,承诺东盟各国在处理相互关系时,秉持相互尊重国家主权和领土完整、不干涉他国内政、和平解决分歧、反对以武力相威胁的原则。③ 20 世纪 90 年代后,冷战结束,两极格局瓦解,亚太地区权力结构与战略环境不断发生变化。东盟地区论坛成立,先后吸纳越南(1995 年)、老挝和缅甸(1997 年)、柬埔寨(1999 年)进入东盟。东盟自贸区的建立促进了东南亚地区经济、政治合作及区域一体化进程。2015 年 12 月,东盟共同体成立,与澳大利亚、加拿大、中国、欧盟、印度、日本、新西兰、俄罗斯、韩国和美国等 10 个国家和地区建立对话伙伴关系,形成以东盟为中心的区域合作机制。

（二）内部治理愿景与结构

东盟的宗旨和目标是遵循平等与合作原则来共同促进本地区的经济增长、社会进步和文化发展,为建立一个繁荣、和平的东南亚国家共同体奠定基础,以促进

---

① 东南亚国家联盟[EB/OL].[2023-10-31]. https://www. fmprc. gov. cn/web/gjhdq_676201/gjhdqzz_681964/lhg_682518/jbqk_682520/.

② 黄来钧. 东盟成立的历史背景与发展的主要原因[J]. 东南亚南亚研究,1989(2):47-50.

③ Treaty of amity and cooperation in Southeast Asia[EB/OL]. https://asean-aipr. org/wp-content/uploads/2018/07/Treaty-of-Amity-and-Cooperation-in-Southeast-Asia-1976-TAC. pdf.

本地区的和平与稳定。① 通过非正式关系、开放的地区主义、文化敏感性以及政治、经济和社会优先事项的谨慎平衡来建立合作和信任关系。

东盟成员国之间在文化制度、政治制度、经济社会发展水平等方面各异，"其种类之多、范围之广，几乎涵盖了人类所遇见的全部类型"。② 虽然东盟内部具有多样性特点，但是东盟作为一个整体仍构建起长期稳固的对话合作机制。这种"东盟模式"依赖于东盟成员国之间的信任关系，植根于东盟国家政府内部和政府之间的政治互动过程。东盟区域合作的主要精神源于新亚洲主义。新亚洲主义是经由从冷战结束前的过渡期形成的早期亚洲主义，到20世纪七八十年代在亚洲区域各主体间逐渐形成的基于开放合作新理念为特征的发展模式及路径。作为一种深入人心的亚洲叙事，新亚洲主义的话语框架对于新区域主义理念的界定和价值深化发挥了重要的引领导向功能。③

东盟共同体的建立体现了东盟内部治理的主要特征。东盟共同体由三个支柱组成，即东盟政治安全共同体(APSC)、东盟经济共同体(AEC)和东盟社会文化共同体(ASCC)。

东盟政治安全共同体是成员国在40多年的密切合作和团结基础上建立起来的。1997年12月，东盟国家元首/政府首脑在吉隆坡举行了首脑会议。其间提出了东南亚国家构建的社会共同体图景。而后，在新加坡举行的第十三次东盟领导人会议上，东盟国家元首/政府首脑签署了《东盟宪章》。2004年11月，在老挝万象举行的第10届东盟峰会上通过了《东盟安全共同体行动计划》。这是一份原则性文件，列出了实现东盟政治安全共同体目标所需的活动。东盟政治安全共同体体现三种精神：基于规则的共同价值观和准则共同体；团结、和平、稳定、复原力强的区域，共同承担全面安全责任；在日益一体化和相互依存的世界中成为一个保持充满活力和外向型的区域。

东盟经济共同体是实现东盟成员国推进地区经济一体化的最终目标。它设想东盟成为一个单一的市场和产品基地、一个高度竞争的地区，拥有公平的经济发展，并充分融入全球经济。东盟经济共同体的历史可以追溯到1992年。当时，

---

① The ASEAN Declaration(Bangkok Declaration)[EB/OL]. https://asean. org/wp-content/uploads/2022/02/0719. pdf.

② 斯卡拉皮诺. 亚洲及其前途[M].辛耀文，译. 北京：新华出版社，1983：18.

③ 李志强，原珂，姜流. 东盟气候区域合作治理："共生型网络"模式特征及建构路径[J]. 晋阳学刊，2021(5)：81-87. DOI：10.16392/j. cnki. 14-1057/c. 2021.05.011.

东盟领导人授权建立了东盟自由贸易区（AFTA）。1997年领导人通过的《东盟2020愿景》进一步设想东盟成为一个具有高度竞争力的地区，商品、服务、投资自由流动，资本更自由流动，经济发展公平，贫困和社会经济差距缩小。1998年，领导人通过了《河内行动计划》，提出了一系列促进经济一体化的倡议，以实现"东盟愿景2020"。各国领导人认识到建立一体化区域的必要性，于2003年发表了《第二次东盟和谐宣言》，提出了建立东盟共同体的目标。《第二次东盟和谐宣言》包括东盟经济共同体在内的三大支柱。2007年通过了《2015年东盟经济共同体蓝图》，作为指导2015年建立东盟经济共同体的连贯总体规划。随后，东盟制定了新的《东盟经济共同体2025年蓝图》，为下一阶段的东盟经济一体化议程确定战略方向。东盟经济共同体体现了如下精神：高度一体化和凝聚力的经济；一个充满竞争、创新和活力的东盟；加强互联互通和部门合作；一个有韧性、包容、以人为本的东盟；实现全球连接的东盟。

东盟社会文化共同体旨在充分发挥东盟公民的潜力，为东盟成员国人民创造福祉，鼓励成员国人民积极参与东盟建设发展，建设东盟命运共同体。东盟社会文化共同体的目标是构建一个促进高质量生活、人人平等获得机会并促进和保护人权、促进社会发展和环境保护的可持续发展，以及拥有适应和应对社会与经济脆弱性、灾害、气候变化和其他新挑战的能力和能力得到增强的社区。东盟社会文化共同体关注的议题包括：文化和艺术，信息和媒体，教育，青年，体育，社会福利和发展，性别，妇女和儿童权利，农村发展和消除贫困，劳工，公务员制度，环境，雾霾，灾害管理，人道主义援助和卫生。其中许多问题，如人力资本发展、社会保护、大流行病应对、人道主义援助、绿色就业和循环经济，都具有跨部门的性质。为增强凝聚力和解决跨部门问题，目前在亚非协调委员会高级官员会议（SOCA）支持下构建了亚非协调委员会理事会和亚非协调委员会协调会议（SOC-COM）。亚非共同体理事会确保东盟首脑会议关于亚非共同体支柱的有关决定得到执行，有助于加强亚非协调会政策的一致性和协调性。

（三）中国与东盟国家关系建设

中国在东亚地区发展中的角色与作用日益凸显。近些年来，中国在东盟发展和平话语和规则秩序话语[①]的"精准传播"和"区域化表达"上发挥了重要作用，对

---

① 习近平：加强和改进国际传播工作 展示真实立体全面的中国[EB/OL].（2021-06-01）. http://cn.chinadaily.com.cn/a/202106/01/WS60b5e974a3101e7ce9752cfd.html? ivk_sa=1023197a.

构建地区间关系韧性、重建东亚地区合作信心、激活地区合作动能承担了大国应有角色。

中国与东盟国家贸易关系紧密、领域多元,而且产业比较优势强。在当前世界政治经济形势严峻条件下,中国与东盟国家在推进 RCEP 进程,深化经贸联系,构建地区产业链、供应链韧性,推动东亚经济繁荣稳定方面将发挥重大意义。自1991 年建立对话关系以来,中国与东盟国家已互为最大规模的贸易伙伴、最具活力的合作伙伴,以及最富内涵的战略伙伴。中国驻东盟大使邓锡军在印度尼西亚首都雅加达举办的中国—东盟建立对话关系 30 周年招待会上讲道:过去的30 年,是中国—东盟双方讲信修睦、不断深化战略互信的 30 年,合作共赢、共促地区发展繁荣的 30 年,人文相亲、持续增进民心交融的 30 年。中国与东盟国家始终以维护地区和平稳定为共同目标,秉持相互尊重、平等相待、互不干涉内政等原则,不断巩固睦邻友好,深化政治互信。[①]

在过去的 30 年,面对危难,中国和东盟守望相助,携手战胜了两次金融危机、"非典"肺炎、印度洋海啸等地区重大挑战,体现出患难与共的兄弟情谊和命运共同体精神。在抗击新冠疫情斗争中,双方更是第一时间彼此驰援、雪中送炭。中方截至 2021 年 12 月已向东盟国家交付超过 6 亿剂新冠疫苗和大量抗疫物资。[②]同时,双方还打造了中国—东盟教育交流周、中国—东盟中心、文化论坛、减贫发展论坛、中国—东盟合作基金、菁英奖学金等一系列交流合作平台。2019 年双方人员往来达 6 500 万人次,每周往来航班近 4 500 架次,双方互派留学生超过 20万人,结成了 200 多对友好城市。

在基础设施合作方面,"一带一路"倡议与东盟互联互通总体规划有效对接,中老铁路、印度尼西亚雅万高铁以及中新共建国际陆海贸易新通道、中印度尼西亚和中马"两国双园"等一批重大基础设施项目顺利实施。区域经济融合日益加深,截至2021 年 7 月,中国—东盟自由贸易区双方之间 90% 以上的货物可享受零关税待遇。[②]

东盟国家高度评价东盟、中国关系发展取得的丰硕成果,对中国发展充满信心,希望同中国进一步深化在经贸、绿色经济、气候变化、人文交流、可持续发展等领域合作,共同把握机遇、合作应对挑战,推动双方建立富有战略性和实质意义、

---

① 雷小华.中国—东盟建立对话关系 30 年:发展成就、历史经验及前景展望[J].亚太安全与海洋研究,2022(1):61-82.

② 中国—东盟合作事实与数据:1991—2021[EB/OL].(2021-12-31).http://new.fmprc.gov.cn/web/wjbxw_673019/202201/t20220105_10479078.shtml.

互利共赢的全面战略伙伴关系。印度尼西亚战略研究中心经济专家法家尔表示，中国、东盟应建立更加紧密的合作关系，与中国开展贸易对东盟来说非常重要。中国和东盟的广泛合作将会切实助益东亚区域经济发展和社会福祉增长，为中国—东盟的命运共同体构建和发展夯实基础。

二、东盟气候治理

（一）气候治理的必要性

气候变化是关乎人类生存和全球可持续发展的重大问题。气候变化指除在类似时期内所观测的气候的自然变异之外，由于直接或间接的人类活动改变了地球大气的组成而造成的气候变化。东南亚超过 77% 的人口居住在沿海地区，因此极易受到气候变化的影响。海平面上升将影响东南亚国家主要沿海城市；河流地区遭受长期干旱将冲击粮食生产；极端天气也将导致东南亚国家渔业减产。东南亚国家更应在加强相互合作的基础上积极适应和减缓气候变化。[①] 近年来，东南亚地区的气候变化危害在逐年增加，东南亚可能会比其他地区遭受更多气候变化带来的冲击。

亚洲发展银行报告指出：在过去的 50 年中，东南亚的平均温度每 10 年上升 0.1～0.3 摄氏度，海平面每年上升 1～3 毫米。[②] 亚洲开发银行和波茨坦气候影响研究所 2017 年的一项研究显示，到 21 世纪末，东南亚地区最凉爽的夏季月份将比 1951 年至 1980 年期间最炎热的夏季月份更加温暖；到 2100 年，缺少突破性技术创新将导致印度尼西亚、菲律宾、泰国和越南的水稻产量比 1990 年的水平下降多达 50%。更炎热的天气也将疟疾和登革热等热带疾病向北推向老挝等以前发病率较低的国家。[③] 近几十年来，诸如热浪、干旱、洪水和热带气旋等极端天气事件日益增多和增强。气候变化加重了水资源短缺，使农业生产和粮食安全受到威胁，森林火灾、海岸退化以及更大的健康风险并存可能更为常态化。农业是整个东南亚地区的经济支柱，该地区的农作物主要有水稻、玉米、棕榈油、天然橡

---

① 汪亚光.东南亚国家应对气候变化合作现状[J].东南亚纵横,2010(5)：44-48.

② Asian Development Bank. The economics of climate change in Southeast Asia：a regional review Mandaluyong City[R]. Philippines：Asian Development Bank,2009.

③ PRAKASH A. The impact of climate change in Southeast Asia[EB/OL]. (2021-12-31). https://www.imf. org/en/Publications/fandd/issues/2018/09/southeast-asia-climate-change-and-greenhouse-gas-emissions-prakash.

胶和椰子等。近年来,温室效应极大影响了农作物的灌溉,农作物的产量和品质可能会大幅降低;印度尼西亚、泰国和越南等国海平面进一步上升使得该地区的耕地面积减少。极端天气事件发生的次数进一步增加,强度也进一步加大,使农作物产量急剧下降、大量森林资源流失、沿海资源遭到破坏、疾病暴发增加、经济损失严重以及人民生活的痛苦指数上升。[①]气候变化使鸟类生存栖息环境遭到威胁、生物多样性遭到破坏。据统计,亚洲约有 169 种候鸟受到气候变化和恶劣天气的影响。

(二)东盟气候治理机制

自 2007 年提出东盟气候合作倡议以来,东盟各国共同协商并陆续开展了一系列合作项目。从以《气候变化、能源和环境新加坡宣言》的签署为标志的东盟气候合作,发展到东盟国家气候变化计划(AC-CI)的合作领域,再到 2010 年以东盟共同体的姿态应对气候变化新挑战的过程,东盟国家气候合作在形式、规模、力度上都逐渐走向纵深。[②]东盟国家旨在共同保护环境,强烈的合作意愿和多元的协同路径,不仅强化了合作者多边互动的制度结构和行动功能,更加强化了区域气候治理中的协同合作。

在国际组织和相关国家的帮助下,东盟成员国之间开展气候治理工作,东盟内部积极进行协商对话,举办系列会议推进气候治理领域的相关合作。每 3 年召开一次的东盟峰会就是其中之一。在东盟最高首脑会议召开前,召开部长级会议,主要讨论研究东盟各国在农业、林业、经济、财政、环境、能源等方面的相关问题。2007 年第十三届东盟峰会就发表了四项气候变化治理的宣言,包括《东盟环境与可持续发展宣言》《气候变化、能源和环境新加坡宣言》《东盟 UNFCC 第十三次缔约国大会宣言》和《首届 EAS 能源部长会议联合声明》。

中国与东盟应对气候变化的合作是为缓解地区气候变暖和治理大气污染而采取的重要行动。自 1992 年起,中国政府先后积极参加了由亚洲开发银行倡导的大湄公河次区域合作、东盟—湄公河流域开发合作。中国与一些东盟国家在国际环境法、东亚酸雨监测网等方面也开展了相关合作。

---

① Asian Development Bank. The economics of climate change in Southeast Asia: a regional review[EB/OL]. (2009-04-18). https://www.adb.org/publications/economics-climate-change-southeast-asia-regional-review.

② 汪亚光.东南亚国家应对气候变化合作现状[J].东南亚纵横,2010(5):44-48.

进入 21 世纪以来,中国与东盟在环境合作方面逐步迈向更高层次。2002 年 11 月,双方签署了《中国—东盟全面经济合作框架协议》。2003 年,双方在签署的《中国—东盟面向和平与繁荣的战略伙伴关系联合宣言》中承诺,通过重新绿化跨境河流沿岸,特别是联合开发大湄公河流域保护此区域生物多样性,来强化双边合作。2020 年,中国与东盟签署《落实中国—东盟面向和平与繁荣的战略伙伴关系联合宣言的行动计划(2021—2025)》,指导中国和东盟在共同感兴趣的领域进一步加强合作,为人民带来切实利益,为促进地区和平、稳定、繁荣和可持续发展作出贡献。①

(三)东盟气候治理效果评价

东盟的气候治理取得了一定成效,一定程度上缓解了气候变化给东盟带来的巨大冲击,也让可持续发展成为国家间合作的基本准则。如"东盟遗产公园"(ASEAN Heritage Parks,AHP)、东盟绿色债券标准(ASEAN Green Bond Standard)和绿色产业发展基金在保护东盟国家生态系统,促进更多治理主体和社会资本参与气候变化治理中发挥了有效的政策工具效应。但是,在合作的过程中仍然存在很多问题。东盟气候治理的突出问题是实施治理的力度有限。印度尼西亚政府出台了一系列减缓和适应性政策以应对气候变化,参与建设东盟气候治理合作机制。但是,由于印度尼西亚国内政府部门间缺少目标和行动方案统筹,以及经济发展和环境治理两个目标之间的差异性,治理意愿和治理能力存在断层。②

对于现阶段已经开展的合作协议,如何真正使协议发挥效用,而不是成为空头支票,东盟各国政府仍需努力。各国政府签订协议,不仅是为了控制气候变化,还存在经济动机。以东盟国家普遍参与的清洁发展机制(CDM)为例。清洁发展机制是帮助工业化国家挽回面子的举措,援助发展中国家只是副产品。允许工业化国家通过资助发展中国家的清洁能源项目而获得信用,用以抵消发达国家参与《京都议定书》的协议减排目标。虽然发展中国家确实获得了投资,但是几乎没有人关注清洁发展机制的效率问题。巴厘岛路线图被认为是:"如果这也算成功,

---

① 落实中国—东盟面向和平与繁荣的战略伙伴关系联合宣言的行动计划(2021—2025)[EB/OL].(2020-11-12).http://infogate.fmprc.gov.cn/web/wjb_673085/zzjg_673183/yzs_673193/dqzz_673197/dnygjlm_673199/zywj_673211/202011/t20201112_7605657.shtml.

② 徐晓芳.印度尼西亚参与全球气候治理:动因与限度[J].战略决策研究,2023,14(3):42-60,106-107.

还不如失败算了。"①国际谈判的举行和协议的签署确实说明各国对于气候变化的危险达成了全球性共识,但是在具体操作上各国仍然存在利益分歧,尽管有共同的承诺,却缺乏有效的执行机制。

气候治理离不开技术创新,只有将适配性的制度与先进的技术相结合才能更好地促进气候治理。遗憾的是,东盟各国在气候治理技术研发上受到自身资金和技术水平的限制,从而严重削弱了气候治理的效果。国际社会在气候变化问题上基本沿着两条线同时推进:一条是政府间的气候变化国际谈判,另一条是气候变化的科学研究和评价。② 东盟国家目前应对气候问题主要依靠国际谈判、协议等,对气候变化的科学研究仍然不够充分。此外,还有一个特点是东南亚国家政党、公众、企业家等诸多利益集团都会影响各国政府在气候合作中所做的决策。提升东盟区域各国的气候合作治理效果,需要东盟成员国合作,创设一种以共同责任为行动纽带的联合体作为主导机制。

第二节　欧盟治理实践

欧洲联盟(简称欧盟)是跨国型区域一体化程度较高的区域组织。其总部设在布鲁塞尔,创始成员国包括德国、法国、意大利、荷兰、比利时和卢森堡,现有27个会员国(原有28个,英国在脱欧前也是成员国)。从欧洲煤钢共同体、欧共体(经济共同体和原子能共同体)到欧盟建立,其间经历了关税同盟、共同市场、经济同盟和货币同盟四个阶段。欧盟形成《巴黎条约》《罗马条约》《布鲁塞尔条约》《马斯特里赫特条约》《里斯本条约》等系列条约,其中《里斯本条约》(2009年12月1日生效)提供了外交与安全的新改革机制。1986年在卢森堡签署的推动欧洲一体化进程的文件——《单一欧洲文件》,是《罗马条约》的更新版本,旨在加强欧共体在技术合作和环境保护等领域采取有效措施的权限。1986年2月,各国首脑在布鲁塞尔举行《欧洲统一文件》签字仪式。《单一欧洲文件》主要包括以下内容:①将首脑会议正式列入条约,正式名称为欧洲理事会。②单列《欧洲政治合作条约》,突出其重要性。③改革部长理事会决策程序。④欧洲议会的权限有所扩大。⑤规定于1992年底以前实现统一的内部市场。⑥规定加强货币合作,扩大欧洲

---

① 吉登斯.气候变化的政治[M].曹荣湘,译.北京:社会科学文献出版社,2009:214.
② 陈迎.气候变化的经济分析[J].世界经济,2000(1):66-74.

货币的作用,各成员国要确保必要的经济和货币政策的协调与合作。⑦规定加强社会政策协调。此外加强了欧共体在技术合作和环境保护等领域采取有效措施的权限,增加了强化"欧洲意识"的内容。

一、欧盟治理概况

(一)欧盟治理结构

欧盟治理结构包括欧洲理事会、欧盟委员会、欧洲议会和欧洲法院四级机构设置。

欧洲理事会又称为欧盟首脑会议或欧盟峰会,是欧盟最高决策机构,由欧盟成员国国家元首或政府首脑及欧洲理事会主席和欧盟委员会主席组成。欧洲理事会实行轮值主席国制,由轮换主席国的国家元首或政府首脑出任欧洲理事会轮值主席。

欧洲理事会包含七类成员:欧盟成员国国家元首或政府首脑、欧盟委员会主席和委员代表、欧盟委员会秘书长、欧盟成员国外长、欧盟理事会秘书长、欧洲议会议长、欧洲理事会轮值主席所选其他官员。

欧盟委员会是欧洲联盟的常设执行机构,包括 27 个委员,任期 5 年,其中 1 名担任欧盟委员会主席。从 2014 年起,欧盟委员会的委员人数从 27 名减至 18 名,委员会主席的作用得到加强。

欧洲议会是欧盟三大机构(欧洲理事会、欧盟委员会、欧洲议会)之一,是欧盟参与立法、监督、预算和咨询的机构,欧洲议会每 5 年直选产生议员。

欧洲议会设置一定名额的欧洲议会成员(Members of the European Parliament, MEPs),按照成员国人数比例分配名额。2023 年欧洲议会有来自 27 个成员国的 705 名议会成员;在 2024 年将选出 720 位议会成员。欧洲议会设立 20 个常务委员会,主要涉及外事、发展和国际贸易三个领域,讨论人权问题和派遣人权观察委员会是其主要职能之一。

欧洲法院总部在卢森堡,由各成员国协商一致任命的 15 名法官和 9 名检察官组成,任期 6 年,可以连任,每 3 年轮换一半。法院院长在法官中推选,任期 3 年。1986 年《单一欧洲文件》要求欧洲法院是复审法院,欧盟委员会以及成员国的上诉由欧洲法院负责。欧洲法院掌理一般案件的上诉审以及特殊案件的一审。

作为欧盟法院的一部分,欧洲法院负有解释欧盟法律和确保其在各欧盟会员国间被平等适用的任务。欧盟设置了区域委员会(CoR),由 27 个成员国的所有地区权力机构组成,设有 8 个委员会和 5 个子委员会,主要负责向欧盟委员会和欧洲理事会提供咨询建议。此外,总部设在卢森堡的欧洲投资银行(EIB)为成员国提供开发项目,利用国际资本市场和共同体内部资金,促进共同体的地区平衡与稳定发展。

(二)欧洲结构基金

在促进欧盟地区间平衡发展方面,欧洲结构与投资基金(ESIF)发挥了主要作用。欧洲结构与投资基金是欧盟支持整个欧盟经济增长和就业的主要资金计划。这些基金支持在创新、企业、技能、就业和创造就业方面的投资。结构基金包括三种类型:一是欧洲社会基金(ESF),致力于改善就业机会,促进社会包容和投资技能,为人们提供帮助,使他们能够发挥潜力。二是欧洲农业担保基金(EAGF),主要为农民的收入支持和市场措施提供资金,促进农业、林业和农村地区的知识转让与创新、食物链组织、动物福利和农业风险管理,以及恢复、保护和加强与农业和林业有关的生态系统。三是欧洲区域发展基金(ERDF),重点支持研发和创新,以及中小企业和低碳经济的创建。

1960 年设立的欧洲社会基金最初以给失业工人提供职业培训援助,改善共同体内的就业状况为目标。20 世纪 70 年代后,欧洲失业人数增加,基金援助转向以青年就业为重点,占比达到 40%;援助地区集中在高失业区和低收入地区,占比达到 40%。20 世纪 90 年代,欧洲社会基金涵盖了四类项目:占比 26% 的促进妇女平等就业的 NOW(New Opportunities for Women)项目,占比 27% 的促进残疾人就业的"展望"(HORIZON)项目,占比 20% 的增加贫困阶层就业希望的"社会参与"(Integra)项目,占比 4% 的技术援助资金。[①] ESF 每年计划融资100 亿欧元来改善欧盟就业状况,侧重于提高劳动者技能以适应新职业需要以及帮助弱势群体融入社会生活。ESF 项目的性质、规模和目标以及目标群体各异。如针对教育系统内的教师和学童、不同年龄段的劳动者以及未来创业者的项目;社区慈善机构运营的帮助当地残疾人找到合适工作的小项目和推广职业培训的

---

① 李林,郭赞,冉晓醒,等.促进就业的欧洲社会基金政策及经验借鉴[J].经济研究参考,2017(28):22-24,33.

全国性项目。^① 欧洲社会基金是在欧盟委员会与国家和区域当局的伙伴关系下设计及实施的。这种伙伴关系还包括广泛的其他伙伴，如非政府组织和工人组织，参与 ESF 战略的设计和监督实施。联合融资占项目总成本的比例在50%～85%之间(特殊情况下为95%)，取决于该地区的相对富裕程度。而后欧盟委员会、欧洲议会和欧盟成员国签订了"ESF＋"法案。"ESF＋"法案汇集了2014—2020年规划期间独立的四个融资工具：欧洲社会基金、欧洲最贫困人口援助基金(FEAD)、青年就业倡议与欧洲就业和社会创新计划(EaSI)。2021—2027年总预算为993亿欧元(按2018年价格计算)。^② "ESF＋"法案将成为落实欧洲社会权利支柱的关键金融工具，支持青年人就业(占12.5%)，创造公平和包容的社会(占25%)，培养数字化和绿色转型的正确技能，减少贫困人口(占比3%)，消除儿童贫困(占比5%)。新冠疫情在全球发生后，该基金为欧盟社会经济恢复提供了一定的资金支持。

1962年由欧洲共同体设立欧洲农业担保基金。共同农业基金是欧盟的共同农业政策(common agricultural policy，CAP)的重要组成部分。其最初有四项原则：一是共同体优先，即通过对共同体之外的农产品征收关税或对共同体境内的农产品给予补贴等手段，提高共同体内的农产品竞争力。二是单一市场，即消除共同体境内各国农产品的贸易壁垒。三是保护农业生产者，给予农产品价格支持以确保农业生产者收入不低于其他产业部门。四是稳定的财政支持，即欧共体建立农业保护基金，划拨关税收入和各国捐赠充实该基金。经过几轮改革和农业政策绿色转型后，共同农业基金在推进欧盟绿色和环保政策制定与执行中发挥的作用更为突出。在2000年议程、2003年改革、2013年改革和2021—2027年立法建议中，农业多功能性、偏远农村的发展和环境保护、动物福利、农产品安全议题被欧盟社会公众高度关注。如2013年改革中，欧盟专门开辟绿色直接支付板块，并给予30%的预算份额，定向用于对欧盟农业生产环境的保护。^③

欧洲区域发展基金是欧盟结构基金中最重要的一种类型，以改善区域间不平衡来加强欧盟的经济、社会和领土凝聚力为目标；行动侧重于减少城市地区的经

---

① https://ec.europa.eu/esf.

② European Social Fund Plus (ESF＋) | Culture and Creativity[EB/OL]. https://culture.ec.europa.eu/node/1164.

③ 马红坤，毛世平.欧盟共同农业政策的绿色生态转型：政策演变、改革趋向及启示[J].农业经济问题，2019(9)：134-144.

济、环境和社会问题,注重城市可持续发展。欧盟会员国为偏远、岛屿、山区或人口稀少地区提供资金援助。ERDF 设立于 1975 年,早于欧盟成立时间。1975—1988 年,13 亿欧元预算被用于纠正由于农业优势、工业变革和结构性失业所造成的区域不平衡。[①] 2014—2020 年,ERDF 重点促进研发创新和低碳经济,增加了数字议程,援助中小型企业。ERDF 的资金分配比例以区域类别来决定。在较发达地区,至少 80% 的资金必须集中于至少两个优先事项。在过渡地区,资金比例为 60%;在欠发达地区,这一比例为 50%。但是,这一资金执行率并不高,如图 7-1 所示。2021—2027 年,ERDF 聚焦在建设更智能、更绿色、更联系、更社会化、更贴近公民的欧洲。至少 8% 的 ERDF 资源通过领土或地方发展战略方式用于该领域,即领土综合投资(ITI)、社区主导的地方发展(CLLD)以及支持会员国设计的类似举措的工具。

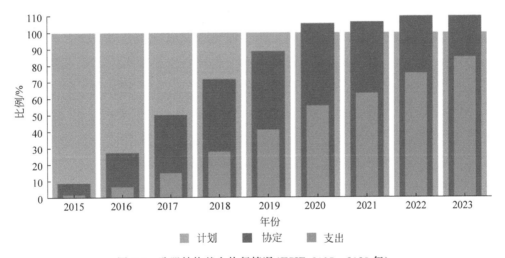

图 7-1 欧盟结构基金执行情况(ESIF,2015—2023 年)

资料来源:ESI Funds:a guide to EU investment progress[EB/OL]. https://cohesiondata.ec.europa.eu/stories/s/ESI-Funds-a-guide-to-EU-investment-progress/msz9-85px/.

(三)欧盟治理特点

欧盟治理是一个利益博弈过程。社会团体、商业团体、工会联盟、环保团体(法国农场主利益集团、欧洲企业家联盟、欧洲商会),各种利益集团彼此间形成了复杂的跨国网络关系。在欧盟政策制定和欧盟基金管理的过程中,科学界、工业

---

① 韩凤芹,孙美楠.欧盟凝聚与区域发展基金的发展及其启示[J].经济研究参考,2012(1):62-76.

界、社会领域的代表能够交流专业知识。基于专业领域分工的治理结构与基于行政区划和领地划分利益相关者的模式的最大差别是职业代表之间通过分享专业知识促进行业间知识流动。欧盟治理的多层结构呈现的是一种跨国家和超国家角色不断互动和复杂交错关系。[①] 欧盟一体化过程反映了权威和决策的多重分享的特点。政府虽是政策制定者,但控制权已经从其手中流向了其他主体。国家丧失掉了它们在以往拥有的权威性控制。

欧盟多层治理就是各个成员在不断的互动中参与公共事务决策的过程。新的区域联盟应对国际日益复杂的政治、经济、社会、安全等领域的矛盾和冲突的特征更为显著。有批评声音认为,欧盟治理结构中缺少权力核心,又缺乏公众信任和广泛讨论,因此导致了"大国决定一切,小国阻止一切"逻辑下的民主赤字。此外,欧盟内部"过度平均化"的资源配置也受到一些欧盟内部先进国家的诟病。如欧盟结构基金这一问题。该基金要求富裕地区(其 GDP 为欧盟均值的 189%,如布鲁塞尔为 235%)要向低于 75% 的欧盟 GDP 平均水平的落后地区(如海纳特为 75%,西里艾斯莱斯地区为 73%)支付公共资金。有研究认为,社会进程塑造了欧洲一体化。[②] 很多棘手议题,如波兰水管工问题、欧盟内部自由主义与福利主义之争,以及欧洲预算战(如共同农业政策 CAP)在一定程度上倒逼了欧盟治理改革。

二、欧盟生态标签

20 世纪八九十年代,欧洲国家加速实现一体化,欧共体(现欧盟)于 1992 年出台了生态标签制度,并逐渐发展成为最有国际影响力的一种制度。生态标签的前身是产品标签。20 世纪 70 年代,产品标签被用作为消费者提供产品安全信息以帮助其作出最佳购买决策的工具。产品标签扩展到环境质量领域后就催生了生态标签。

20 世纪 80 年代早期,生态标签主要是欧洲一些企业和私人机构为营造自己的产品而给商品刻上"环保的"或可回收的标签。1978 年,联合国希望形成一个自愿性的生态标签来推动环保产品生产和创新,"蓝色天使"生态标签成立,并于

① RISSE-KEPPEN T. Exploring the nature of the beast: international relations theory and comparative policy analysis meet the European Union[J]. Journal of common market studies,1996,34(1): 53-80.

② 科勒-科赫,吴志成. 社会进程视角下的欧洲区域一体化分析[J]. 南开学报,2005(1): 1-9.

1986年由联合国转交给联邦德国环保部管理。"蓝色天使"是在第三方认证、独立陪审团对其标准合规性进行严格、全面评估的基础上发布的。各国政府开始意识到生态标签有为公共目标服务的潜力,也认识到为生态标签领域赋予秩序和规则的必要性。[①] 20世纪80年代中期后,各国开始效仿"蓝色天使",设立国家和超国家层面的生态标签计划,而这些计划也标志着生态标签向环境政策工具的转型。

为了兼容部分成员国前期自行制定的生态标签,欧盟2000年在生态标签补充条例中规定,各成员国可以制定本国的生态标签体系,但产品的选择标准、生态标准应与欧盟生态标签体系保持一致,包括"欧盟之花"可以与"蓝色天使""白天鹅标志"等一批生态标签一同适用。2008年,欧盟委员会把"欧盟之花"纳入欧盟可持续消费和生产行动计划,打通了绿色花朵与绿色公众采购(GPP)和耗能产品生态设计之间的联系。2010年,欧盟减少了"欧盟之花"认证的成本,简化了认证程序,进一步推行了绿色认证机制。

(一)治理主体

生态标签的治理主体包括欧盟委员会、欧盟生态标签委员会(EUEB),以及欧盟各国主管机构(competent body)。生态标签的利益相关者涵盖广泛,包括中小企业、商业组织、工会、贸易商、零售商、进口商、环境保护团体和消费者组织。欧盟委员会负责参考欧盟生态标签委员会的意见形成标准文件的最终草案。欧盟生态标签标准的制定或修订可由欧盟委员会以外的各方(成员国、主管机构和其他利益相关者)发起和领导。

欧盟生态标签的中央主管机构是欧盟生态标签委员会。欧盟生态标签委员会的组成复杂,由欧盟、冰岛、列支敦士登和挪威主管机构的代表以及以下组织的代表组成:欧洲消费者组织(BEUC),欧洲环境局(EEB),欧洲商务,欧洲商会,欧洲商业服务联盟,可持续消费与生产合作中心(CSCP),欧洲塑料回收商,欧洲化学工业委员会(CEFIC),世界自然基金会(WWF),Better Finance-欧洲投资者和金融服务用户联合会,欧洲基金和资产管理协会(EFAMA),欧洲储蓄和零售银行集团(ESBG),欧洲保险,欧洲银行业联合会(EBF),欧洲化学品管理局(ECHA),欧洲投资银行,国际劳工组织(ILO)。

---

① IRALDO F, GRIESSHAMMER R, KAHLENBORN W. The future of ecolabels[J/OL]. The international journal of life cycle assessment,2020,25:833-839. https://doi.org/10.1007/s11367-020-01741-9.

欧盟生态标签委员会负责制定和修改生态标签标准并监督计划实施,向委员会提供建议和帮助,特别是就最低环境绩效要求提出建议。根据 2020 年 6 月颁布的欧盟生态标签委员会及其议事规则,欧盟生态标签委员会每两年召开一次会议,讨论生态标签规划、改版和开发相关事宜。此外,每年至少召开一次会议讨论与生态标签工作相关的战略和横向问题。欧盟生态标签委员会也会为特殊议题下设小的管理组,管理小组向委员会汇报。①

主管机构为欧盟经济区成员国的政府主管部门或其他部门认定的独立公正的第三方机构。①它们负责在国家层面实施欧盟生态标签计划,并且是申请人提出任何问题的第一联系人。它们接收和评估申请,并负责授予生态标签。② 主管机构每年在布鲁塞尔主管机构论坛会晤三次,促进机构间交流,以保证各国实施的一致性。①在法国,出法国环境与能源控制署(ADEME)负责实施有关欧盟生态标签方面的政策。③

(二)治理机制

欧盟生态标签制度的申请和合格评定程序包括六个步骤:①欧盟生态标签委员推荐合格产品类别;②专家工作小组确定标志授予标准并经生态标签委员会通过;③欧盟官方杂志公布产品类别和标志授予标准;④企业向所在国标签主管机构申请使用并提供测试数据;⑤主管机构评判是否符合生态标签标准并推荐至生态标签委员会;⑥生态标签委员会告知各成员国主管机构,30 天内无异议后授予生态标签。

欧盟生态标签产品类别选择须满足在国内市场有较大的销量、对环境有重要的影响以及通过消费者选择对改善环境有利的几个条件,如环境绩效排名、与绿色公共采购的协调度、生态设计要求的连贯性、欧盟生态标签修订周期状态等。④为提高生态标签使用效率,并确保与其他环境政策工具的一致性,从 2005 年起,欧盟生态标签委员会经常通过问卷调查等形式对生态标签产品及其对市场的影

---

① 国家市场监督管理总局.欧盟生态标签信息概况[EB/OL].(2015-09-30).http://www.chinagreenproduct.cn/GPIA/front/view-a031000b061c463c9f9587fb719ad868-d23a057e54c547859e5b3183c6e77c93.html.

② European Commission. EU Ecolabel[EB/OL]. https://environment.ec.europa.eu/topics/circular-economy/eu-ecolabel-home_en.

③ ADEME website:https://www.ademe.fr/.

④ 张越,陈晨曦.欧盟生态标签制度对中国的政策启示[J].国际贸易,2017(8):45-48.DOI:10.14114/j.cnki.itrade.2017.08.010.

响进行评估研究,以此作为生态标签方案修订的依据之一。通过经常联系相关利益方对生态标签产品进行评估,欧盟生态标签方案中的产品目录每年都不断补充和修订,这有助于提高生态标签方案对市场的适应性。[①]

通过立法,欧盟制订了系统的生态标签宣传计划,设立了生态标签宣传奖和产品能效竞赛,对企业进行激励。[②] 建立生态标签产品发布和推广网站,可以方便不同种类生态标签产品信息的查询。定期在《欧盟环境通讯》及其他欧盟官方杂志上刊登并介绍获利生态标签的产品及厂家名录、举办绿色生态周、花朵月和环保论坛等活动向欧洲地区的消费者介绍获得生态标签的产品和生产厂家。欧盟出台了《政府采购应符合生态标准》指南,以及政府主导采购绿色产品。[①]

此外,欧盟对特定类型企业标签使用费用给予一定减免。欧盟花朵标识的申请费用在300~1 300欧元变动,对中小企业,或者是来自发展中国家的厂商,欧盟提出其申请费用可以争取削减25%。欧盟生态标签的使用年费一般按照共同体生态标签产品年销售额的百分比收取。如果企业已经获得了ISO 14001认证或欧盟生态管理及审计体系认证(Eco-management and Audit Scheme,EMAS),则这家企业更易申请到生态标签,而且还可以获得25%的标签使用费用的减免。

(三)生态标签使用效果

自2010年之后,欧盟生态标签认证的产品数量形成规模,且欧盟生态标签产品和许可证的数量不断增长。2022年3月的数据显示,即使在疫情期间,欧盟生态标签产品的数量也一直在增加,截至2022年3月,欧盟市场已为89 357种产品(商品和服务)颁发了2 239个许可证。[③] 与2021年9月的数据相比,许可证总数增加182个,增长率约为9%;认证产品总数增加5 767个,增长率约为7%。[③④] 这表明企业、公民和零售商对绿色产品的兴趣与日俱增。

截至2022年3月,许可证在欧盟各国的分布主要集中在三个国家:德国(18%)、意大利(16%)和法国(15%)。被认证的产品集中在:西班牙(20%)、意

---

① 李婷.欧盟生态标签制度评析及启示[J].海南大学学报(人文社会科学版),2008(5):507-511. DOI:10.15886/j.cnki.hnus.2008.05.021.

② 张越,陈晨曦.欧盟生态标签制度对中国的政策启示[J].国际贸易,2017(8):45-48. DOI:10.14114/j.cnki.itrade.2017.08.010.

③ European Commission. EU Ecolabel facts and figures[EB/OL]. https://environment.ec.europa.eu/topics/circular-economy/eu-ecolabel-home/business/ecolabel-facts-and-figures_en.

④ 一个许可证是指一个欧盟生态标签合同,包括同一产品组中的一个或多个被认证的产品。

大利(16%)、德国(12%)和法国(10%)。① 欧盟生态标签涵盖了从日常生活到工作中使用的各种产品,并为这些产品划分了14个产品组。② 欧盟针对每个产品组量身制定了适宜的标准,并随技术进步、减排要求及市场变化不断更新。欧盟生态标签委员会每年举行3～4次会议来讨论产品标准修改。

2022年3月统计的2 239个许可证,大部分属于以下产品组:旅游住宿服务(21%)、硬表面清洁产品(14%)、卫生纸和纸巾产品(9%)。而89 357种产品则大部分属于以下产品组:室内和室外油漆和清漆(39%)、卫生纸和纸巾产品(17%)、纺织品(9%)和硬质覆盖物(9%)。③

(四) 治理失灵与治理困境

生态标签的作用是创建一种有效的工具,为消费者提供清晰的信息,并为生产者提供展示其产品的"绿色证书"。但是在制定生态标签标准时,也会面临棘手问题。一是如何平衡标准与市场占有率的问题。标准过低将无法发挥生态标签对企业生产环保产品的约束作用,信息不对称的情况下很容易造成"柠檬市场"。二是企业在采用生态标签方面存在很多障碍,验证成本、所需的投资、内部人力资源、外部信息获取都将给生态标签的推广设定成本。因此,标准过高将提高企业获得生态标签的门槛,企业获取生态标签的动力明显不足。生态标签治理委员会希望加快制定标准的程序,减少标准的数量。很多企业和行业协会也通常认为标准制定过程应该更省时、更简单,以此来鼓励更多企业特别是中小企业采用生态标签。BEUC和EEB都认为,简化标准不能影响生态标签在产品和服务的整个生命周期内保持卓越的环境品质。

---

① European Commission. EU Ecolabel facts and figures[EB/OL]. https://environment. ec. europa. eu/topics/circular-economy/eu-ecolabel-home/business/ecolabel-facts-and-figures_en.

② 欧盟官网显示,截至2022年3月,产品组有11个,分别为:硬表面清洁产品、纺织品、硬质覆盖物、室内和室外油漆和清漆、电子设备、家具床垫、园林产品、卫生纸和纸巾产品、旅游住宿服务、润滑剂、人类或动物护理产品。但中国市场监督管理局显示产品组有18个,分别为:冲洗类化妆品,吸水性卫生用品,清理洗涤类,服装和纺织品,自己动手类,电子电器产品,覆盖材料,家具,花园,家用电器,润滑剂,其他家用物品,纸制品,度假住宿,正在开发基准的产品组,食品和饲料产品,办公建筑,清洁服务。

③ KARAMFILOVA E. Revision of the EU Regulation on classification, labelling and packaging of substances and mixtures[EB/OL]. https://www. europarl. europa. eu/RegData/etudes/BRIE/2023/740223/EPRS_BRI(2023)740223_EN. pdf.

虽然生态标签在欧洲市场中的消费者群体近些年来呈现出一定上升趋势[①]，但 BEUC 总干事莫尼克·戈恩斯（Monique Goyens）认为，许多人希望以可持续的方式购物，不过常常迷失在"绿色"选择的丛林中。欧盟 2015 年民意调查发现，26％的消费者经常购买绿色产品，54％的消费者有时购买。这表明消费者的绿色产品购买习惯尚未全面铺开。此外，生态标签在成员国消费者之间的接受度也不是平均分布的：法国为 66％，捷克共和国则仅有 16％。[②]

有研究表明欧盟生态标签正成为"绿色壁垒"影响国际贸易，主要表现为对发展中国家出口贸易的影响。2016 年，中国已成为欧盟最大进口来源国，但是在欧盟生态标签制度下，中国的家电、纺织品、食品、家具、海洋生态产品、加工纸制品、陶瓷碗、鞋类等行业出口企业进入欧盟市场面临很高的"绿色壁垒"。发达国家政府对生态标签的战略性操控，使发展中国家企业的市场份额显著下降。[③] 国际贸易日益增长的需求要求生态标签制度不断更新，全球生态标签之间的合作需要不断加强；生态标签制度需要与其他贸易政策协同发展。上述治理难题亟待各国通过磋商合作加以解决。

近年来，欧盟的碳边境调节机制（CBAM）成为欧盟针对部分进口商品的碳排放量征收的税费，意在调节欧盟内外产品的价格差，从而确保欧盟产品的市场竞争力。这个机制于 2023 年 7 月正式被欧盟立法。CBAM 主要涉及钢铁、水泥、化肥、化工和电力等部门。CBAM 是继生态标签制度后又一项严苛的碳治理机制，其效果可能在未来一段时间内才能显示出来。CBAM 对其他国家内部产业实施低碳转型和与欧盟的贸易政策调整都可能产生影响。

第三节　非洲区域治理实践

一、非洲联盟

（一）治理背景

非洲联盟（以下简称"非盟"），包括 55 个主权国家。非盟的诞生既是非洲国

---

① Project to support the evaluation of the implementation of the EU ecolabel regulation［R/OL］. https://environment. ec. europa. eu/system/files/2023-05/Ecolabel％20Synthesis％20Report. pdf.

② BEUC. EU report confirms Ecolabel must keep benefitting consumers and the environment［EB/OL］. (2017-06-30). https://www. beuc. eu/press-releases/eu-report-confirms-ecolabel-must-keep-benefitting-consumers-and-environment.

③ 张越，陈晨曦. 欧盟生态标签制度对中国的政策启示［J］. 国际贸易，2017(8)：45-48. DOI：10. 14114/j. cnki. itrade. 2017.08.010.

第七章
国际区域治理实践

家以一体化应对全球化的重大举措,也是"泛非主义运动"发展的必然结果,它使非洲数代领导人的非洲统一理想变为现实。"泛非(Pan-Africa)"一词意为把非洲人作为统一的整体联合起来,"泛非主义(Pan-Africanism)"是全世界黑种人反对种族歧视和殖民统治的一个声势浩大的民族主义思潮。在泛非主义影响下,非洲国家结束了集团对立,于1963年成立非洲统一组织,为实现非洲大陆的政治解放和经济发展做出了不懈努力,并在促进地区合作方面取得了显著成就。泛非主义运动反映了非洲人民要求团结统一、非洲人的问题由非洲人自己来解决的强烈愿望,是非洲各国和非洲统一组织遵循的最高原则。

在经济全球化浪潮以及国际政治经济新形势影响下,加上非洲大陆自身又饱受战乱、贫困和疾病的困扰,非洲处于被"边缘化"的危险境地,泛非主义思潮更进一步演化为建立非盟的主张,提出要加强内部团结与合作、发挥非洲整体力量,解决非洲自身问题,以此实现非洲振兴。非盟的成立不仅是非洲现实发展的需要,更是一种精神和历史发展的必然。那么,非洲各国是如何从非洲统一组织过渡到联系更紧密的非盟的?

1963年5月25日,31个刚刚获得独立的非洲国家领导人聚会埃塞俄比亚首都亚的斯亚贝巴,一致通过了《非洲统一组织宪章》,成立了第一个全非性政治组织——非洲统一组织,实现了近百年来非洲人民不懈追求的"非洲统一"的泛非主义理想。[①] 非统的成立使得非洲各国在国际上有了自己的政治体系,带领非洲各国完成了民族独立与解放的历史使命。但是,在全球化形势快速变化的新格局下,单纯依靠外部力量或自身能力都不能真正解决非洲的发展问题,唯有联合自强,加快非洲大陆政治、经济的一体化,才是振兴非洲、摆脱落后的唯一选择。主要作为政治组织的非洲统一组织已不能满足这一要求,毕竟非洲统一组织是一个松散的、没有实际权力的组织,因此必须有一个形式更高、权力更大的机构引领非洲国家探寻发展、振兴之路。于是,非盟应运而生,它是非洲联合思想的最终体现。[②]

(二)发展成效

非盟作为一个统管政治、经济、军事、文化、社会等多方面事务的政治实体正式成立。20多年来,非盟在机构建设和政策引领、经济一体化、和平与安全、国际

---

① 博腾.非洲政治地理[M].伦敦:剑桥大学出版社,1978:265.
② 杨金琼.论非洲联盟的成立与发展[D].湘潭:湘潭大学,2007.

合作等方面取得诸多成就,努力推动非洲国家在国际事务中"以一个声音"说话,带动非洲国际影响力和地位持续提升。当前,中、非都进入新的发展阶段,构建新时代中非命运共同体前景光明。

20多年来,经济一体化建设始终是非盟的重要议题,而非洲大陆自贸区建设是非盟近年来着力推动的重点项目。非盟希望通过该项目为成员国发展创造更多机遇,减少贫困和失业人口,进而消除暴力活动滋生的温床。非盟于2012年正式批准建立非洲大陆自贸区。此后,经过成员国谈判和各国议会审批等阶段,非洲大陆自贸区协议于2019年5月30日正式生效,2021年1月非洲大陆自贸区正式启动。作为非洲经济一体化进程中具有重要意义的突破性进展,非洲大陆自贸区对提升区域内国家间贸易、实现优势产业互补、增强经济发展自主性具有重要意义。世界银行与非洲大陆自贸区秘书处2022年6月共同发布报告认为,非洲大陆自贸区有望为非洲带来巨大发展机遇。报告预测,从现在起至2035年,非洲国家有望新增1 800万个就业岗位,帮助5 000万人摆脱极端贫困。

非盟正在积极构建集体安全机制,在冲突预防管理、冲突后重建以及和平建设等方面取得较大进展。在"非洲问题非洲解决"的原则下,非盟通过向域内国家派出选举观察团、派遣特使和特别代表等方式,斡旋协调成员国政治危机;通过加快组建非洲常备军和快速反应部队,提高直接介入非洲安全危机的能力;非盟还支持成员国和次区域组织主导的维和安全行动,推动非洲安全治理体系不断完善。[①]

在非盟的发展进程中,不管国际形势如何变化,中非友好合作一如既往。一个是最大的发展中国家,一个是发展中国家最集中的大陆,相似的历史遭遇、共同的奋斗历程、一致的发展任务,将中非紧密联系在一起。非盟成立以来的20多年间,中非友好合作不断迈上新台阶。2006年中非合作论坛北京峰会确立中非新型战略伙伴关系。2015年中非合作论坛约翰内斯堡峰会确立中非全面战略合作伙伴关系。2018年中非合作论坛北京峰会确定构建更加紧密的中非命运共同体,推动中非关系进入历史最好时期。中非经济合作迅速发展。2015年中非合作论坛约翰内斯堡峰会和2018年中非合作论坛北京峰会分别宣布实施"十大合作计划"和"八大行动",将中非经贸合作水平推向历史新高。中国作为友国,在各

---

① 非盟20年成果丰硕 中非合作前景光明[EB/OL]. (2022-07-08). http://www.xinhuanet.com//silkroad/2022-07/08/c_1128816852.htm.

个方面对非洲的发展作出贡献。

在社会合作方面,中国积极和非洲开展减贫、卫生、教育、科技、环保、气候变化、青年妇女交流等社会领域合作,通过加强交流、提供援助、分享社会发展经验,帮助非洲国家提高社会综合发展水平,为非洲经济发展创造内生动力。在文化交流方面,中非文化、媒体、科技、智库和青年妇女交流全面深化,进一步促进中非民心相通,夯实了中非关系发展的基础。在国家安全方面,中国在充分尊重非洲意愿、不干涉内政、恪守国际关系基本准则基础上,积极探索建设性参与非洲和平与安全事务。在新冠席卷全球的严峻考验中,中非携手应对,加深了中国与非盟间的深厚友谊。非盟不仅为非洲地区的和平发展作出贡献,还为中非之间的友好合作奠定了基础。

(三)非盟公共卫生治理实践

世界卫生组织统计数据显示:全球 2/3 的艾滋病疫情、96% 的疟疾死亡病例和 31% 的肺结核死亡病例发生在非洲。[①] 公共卫生状况改善成为非盟治理的首要目标。

一些非洲国家通过加大对医护人员进行相关培训等方法加强对肺炎的预防和治疗,而肺炎正是导致非洲儿童死亡的主要原因之一。埃塞俄比亚、马里、尼日尔、卢旺达、赞比亚、圣多美和普林西比 6 个国家易受疟疾感染的人群中 68% 以上都可以获得经过杀虫剂处理的蚊帐,2/3 的发热人群能够及时得到治疗。博茨瓦纳、佛得角、厄立特里亚、纳米比亚、卢旺达、圣多美和普林西比、南非、斯威士兰、坦桑尼亚、赞比亚这 10 个国家疟疾患者已至少减少了 50%。[②]

非洲的医疗卫生事业发展虽然已经取得一些进展,但在降低儿童死亡率、资金短缺、医疗体系建设水平方面仍存在一些问题。资金的缺乏使得非盟无法从自身提高公共卫生治理的能力,无论是环境改善还是医疗药品的研发都是需要大量资金支持的,这是非盟公共治理面临的一大挑战。如在非洲的很多贫困社区,医疗设施匮乏,条件好的医疗设施空间配置不均衡。此外,非洲医护人员缺乏。有数据统计,非洲大陆至少需要 150 万医护人员才能达到国际上每千人就拥有 2.5

---

① HIV and AIDS[EB/OL].(2023-07-13). https://www. who. int/news-room/fact-sheets/detail/hiv-aids;
Malaria[EB/OL]. https://ourworldindata. org/malaria;Tuberculosis in the WHO African Region:2023 progress
update[R]. Brazzaville:WHO African Region. Licence:CC BY-NC-SA 3. 0 IGO,2023.

② 第十五届非盟首脑会议闭幕[N].人民日报,2010-07-28.

名专业医护人员的要求。① 联合国新闻网站资料显示：非洲国家受新冠疫情影响最大,非洲大陆上有 37 个国家面临医护人员短缺问题。这一现象威胁到这些国家 2030 年预期实现全民健康覆盖,这也是可持续发展目标中的一项关键议题。

（四）中非公共卫生合作治理机制

中非合作伙伴关系对推进非盟公共卫生治理发挥了重要作用。新冠疫情发生后,中国积极履行让疫苗成为全球公共产品的承诺,为推动基础医疗卫生服务领域合作做出巨大努力。中国是世界上第一个与非洲召开抗疫峰会的国家。在抗击疫情的过程中,中国承诺再向拥有超过 13 亿人口的非洲提供 10 亿剂疫苗。截至 2021 年 11 月 12 日,中国已向包括 50 个非洲国家和非盟委员会在内的 110 多个国家和国际组织提供超过 17 亿剂疫苗。中国企业积极与非洲本地企业共同生产疫苗,帮助这些国家实现疫苗本地化生产。中国与非洲国家政府、企业及社会组织展开协调,向非洲 53 个国家和非盟提供了紧急抗疫物资；向多个非洲国家派出抗疫医疗专家组或短期抗疫医疗团队。中国还推动了中国援助的非洲疾控中心总部大楼项目的及早开工,这是在该项目的建设方面取得的另一个巨大进步。非洲疾控中心总部大楼预计将成为设备最先进的非洲疾控设施之一,便于非洲疾控中心发挥技术组织的作用,协调非洲各国疾病预防、监测和控制工作,与非盟会员国的公共卫生机构和卫生部开展合作。②

在非盟自身经济实力提高、基础设施建设不断完善的情况下,非盟对公共卫生的处理能力以及传染病流行和医疗物资短缺问题得以缓解。但是,由于非盟高度依赖于外部资金支持,因此非盟公共卫生治理的经济基础并不牢固。此外,非盟自身利益的协调能力和控制能力不足,同时非盟条约与各项决议的执行依赖自愿性共识而缺少强制性。当前,区域性组织的主导大国将多边机制作为争夺自身利益的场所,破坏组织的中立性,反而助推国家在非的竞争。③ 非盟与主要国家建立起来的小多边机制,加剧了非盟合作碎片化；同时,区域合作机制的目标与任务重叠、合作规范和标准不一致等问题也亟待解决。尽管近年来中国和非盟的多边主义合作取得了重大成效,但是非盟治理进程仍面临西方大国在非塑造负面涉

---

① 第十五届非盟首脑会议闭幕[N].人民日报,2010-07-28.
② 金砖国家健康医疗国际合作平台。
③ 杨慧.国际经济机制变迁的竞争性多边主义趋向[J].现代国际关系,2020(1)：49,50-58,60.

华舆论场、竞争性多边主义下非洲合作机制碎片化趋势加剧等挑战。非盟缺乏主权让渡且执行权力有限,非盟成员国批准和执行决定的效率受到影响,非盟无法有效发挥其政策制定者的作用。[①]

二、西非经济共同体

西非国家经济共同体(ECOWAS)(以下简称"西共体")是非洲最大的发展中国家区域性经济合作组织,于 1975 年 5 月 28 日建立。西共体人口约 3.43 亿,占非洲总人口的 27%。截至 2019 年 1 月,其成员包括贝宁、布基纳法索(2022 年因政变暂停身份)、多哥、佛得角、冈比亚、几内亚、几内亚比绍、加纳、科特迪瓦、利比里亚、马里、尼日尔、尼日利亚、塞拉利昂、塞内加尔。西共体成员国于 2007 年6 月批准了"2020 愿景",其中明确提出了基于和平与安全、经济和金融一体化、治理、支持私营部门增长以及区域资源开发和发展的区域治理目标。西共体的治理效果重在提升居民生活质量,而不仅放在人均收入、国内生产总值、通货膨胀水平等经济指标上。其重点议题包括:提升私营部门在经济系统中的角色地位,强化区域人力资本和自然资源促进工业发展;在保障基本人权、消除公共部门的腐败和公共问责制上加强治理;在政治、社会、环境和军事上实现和维持和平与安全;增加区域贸易和提供必要的基础设施,协调区域内货币和财政政策。

1979 年 5 月 29 日,贝宁、佛得角、科特迪瓦、加纳、几内亚、几内亚比绍、冈比亚、利比里亚、马里、毛里塔尼亚、塞拉利昂、尼日尔、尼日利亚、塞内加尔和多哥的领导人通过了《西非经共体人员、住所和建制自由流动议定书》(以下简称《议定书》)。该议定书提供了超国家法律框架,以保障西非国家经济共同体成员国的公民进入、居住和在任何西非国家定居的权利。为了协助执行自由行动议定书,1982 年西共体推出了为次区域内所有国家间车辆提供共同保险的"Brown Card"制度。1985 年,西共体制定了有效期两年的旅行证,旨在加强西非国家劳动力跨境流动。其中,塞内加尔、马里和尼日利亚率先采用了身份证,鼓励其他成员国确保生物识别卡在整个次区域的广泛实施和接受。

但是,西共体成员国对这项议定书和相关法律框架也反应不一。西共体所有成员国都批准了 1979 年的《议定书》,该议定书旨在保障西共体成员国公民持有

① 杨洁勉.中国应对全球治理和多边主义挑战的实践和理论意义[J].世界经济与政治,2020(3):4-20,155.

有效旅行证件和国际健康证书后有权前往任何西共体国家入境 90 天或更短时间。但是,贝宁和佛得角未批准 1986 年西共体补充议定书。科特迪瓦是唯一一个没有批准 1990 年《西共体成员国公民设立权议定书》的国家。为了进一步争取建立一个更加一体化的区域,西共体成员国的内政部长和国家安全部长于 2000 年讨论通过了西共体护照制度。外交官员持有红色护照,服务人员持有蓝色护照,其他人持有绿色护照。除布基纳法索、佛得角、冈比亚和马里外,西共体的成员国普遍采取了这一措施。此外,为了促进西共体成员国间的劳动力迁移和优化配置,西共体成员国发起了《西非经共体处理移民问题的共同办法》。但是,也有批评声音认为,西共体治理持续了 40 多年,仍存在较大阻碍,效果有限。如各国立法和西共体议定书之间存在巨大差异。在经济、社会或政治危机时期,西共体移民可能会被各国政府驱逐。西共体成员国各自制定的保护主义立法也限制了其他西共体国家公民在某些部门就业,如安全、公共服务、非正式部门活动,贸易、出租车服务等。此外,西非未能实现西共体共同公民身份;西共体各成员国内部缺乏执行自由流动议定书条款的政治意愿;西非边界管理制度未能满足西共体各国对人口自由移徙的愿望。[①]

第四节　北美区域治理实践

一、北美自由贸易协定

(一)背景

1989 年,美国和加拿大两国率先签署了《美加自由贸易协定》。加拿大为美国提供能源、木材、纸张、食品等原料,而且加拿大是美国飞机和汽车部件以及化学品的生产基地。1992 年 8 月 12 日,美国、墨西哥、加拿大三国签署了一项三边自由贸易协定——《北美自由贸易协定》(NAFTA),以消除三国贸易壁垒,实现商品和劳务的自由流动。

北美自贸区是以美国为核心的一个区域型价值链体系,是“美国-加拿大”

---

① ATTOH F,ISHOLA E. Migration and regional cooperation for development:ECOWAS in perspective[J]. Africa review,2021,13(2):139-154. doi:10.1080/09744053.2021.1943146.

"美国-墨西哥"两个双边合作框架的重叠。20世纪90年代初,北美自由贸易协定谈判时提出的一个关键问题是原产地规则(ROOs),它决定了在北美自由贸易协定优惠待遇安排下墨西哥向美国出口产品的标准。纺织品和服装行业的ROOs则抑制了墨西哥享有北美自由贸易协定的出口优惠。在全球创新浪潮兴盛时,墨西哥本国研发投资在北美自贸区的合作框架中也受到了较大抑制。

(二)治理机制

《北美自由贸易协定》明确表示美、加、墨三国将根据自由贸易的基本精神,秉承国民待遇、最惠国待遇和透明度的原则建立自由贸易区。其宗旨是取消贸易壁垒、创造公平竞争的条件、增加投资机会、对知识产权提供适当的保护、建立执行办公室和解决争端的有效程序以及促进三边、区域性和多边的合作。其主要内容包括降低与取消关税、汽车产品、纺织品和服装、原产地规则、能源和基本石化产品、农业、放宽对外资的限制、开放金融保险市场、公平招标、服务贸易、知识产权等。

《北美自由贸易协定》下设以下分支机构:自由贸易委员会是核心机构,由三国贸易部长和内阁官员组成,通过年度会议负责协定的执行和实施。工作委员会和工作小组负责处理日常工作和重要专题。秘书处负责解决三国间的分歧和贸易纠纷,保证委员会共同有效地管理自由贸易区。劳工合作委员会负责改善工作条件和生活标准,促进贯彻保护劳工权益。环境合作委员会依据协定促进三国在保护环境方面的合作,防止贸易与环境的冲突,监督有关法律的实施。北美发展银行、边境环境合作委员会以及咨询机构负责相关金融和环境服务工作。

美国、加拿大同属于发达工业国家,墨西哥仍处在工业化阶段。三国之间的合作存在价值链的垂直分工和水平分工联系以及国际事务中的"南北问题",治理难度增加,如何"求同存异"成为NAFTA运行的重要问题。[1] 该协定是以美国为核心的区域经济集团。美国既是此项协定的促成者,也是运行的核心力量。美国的经济发展水平和综合国力促使它在双边贸易、直接投资、技术转让等生产性领域的权力配置和运行上远超越加拿大和墨西哥。北美自由贸易区的运行方向和进程很大程度上体现了美国的利益和意愿。

---

[1] 周文贵.北美自由贸易区:特点、运行机制、借鉴与启示[J].国际经贸探索,2004,20(1):16-21.

（三）治理效果与潜在影响

北美自贸区的设立对三国产生的贸易相互依赖影响不同。由于墨西哥整体贸易额迅速增长，自贸区成立后，墨西哥对美出口占墨出口总额的 80%，从美国进口占其进口总额的 70%。20 世纪 90 年代末以后，墨西哥扭转了过度依赖美国的局面。美国在加拿大进口总额中占比 63%，在加拿大出口总额中占比 88%。

北美自贸区虽然在一定程度上促进了三国在经贸投资领域的合作，但是对失业问题和贫富差距问题产生的影响一直受到批评。美国国内抱怨北美自贸区使美国的企业处在和拉美廉价劳动力成本的不公平竞争中，导致美国失业人口增加，加剧了美国就业压力。美国经济政策研究所杰夫·福斯（Jeff Faux）认为北美自贸区协定主要从四个方面影响美国工人[①]：一是生产转移到墨西哥造成了大约 70 万个工作岗位的损失，多发生在加利福尼亚、得克萨斯、密歇根和其他制造业集中的州。二是加剧了美国雇主迫使工人接受较低工资和福利的谈判权，导致美国工人福利损失；而且美国企业可以更容易地勒索地方政府给予它们减税和其他补贴。三是对墨西哥农业和小企业部门的破坏性影响使数百万墨西哥工人及其家人流离失所，这是流入美国劳动力市场的其他两国的无证工人急剧增加的主要原因。这给美国国内工资水平调整带来了进一步的下行压力，尤其是在薪资本就较低的低技能劳动力市场。四是导致产业收益流向金融资本，产业成本流向劳动力一端，这种规则一旦适用于世界其他区域性经济组织，将会对美国造成更多的国内就业压力。美、墨、加三国的综合国力和市场成熟程度相差悬殊，要实行同等程度的贸易投资自由化意味着墨西哥在和美国进行不公平竞争，这势必导致墨西哥国内人民社会生活水平降低和贫困的增加。在墨西哥投资所带来的短期的可观直接经济利益无法解决墨西哥自身的深层社会经济问题，长期以来必定会暴露出存在的弊端。[②] 由以上各方意见，我们可以发现，该协定实施并未对任何一方提供实质公平的权力与收益配置方案；或者说包括美国在内的 3 个国家都没有认为该协定创设出了它们预期的治理效果。因此，该协定最多也只是提供了三国相互"让步"后的一个基本"合意"方案。

---

① FAUX J. NAFTA's impact on U. S. workers[EB/OL]. (2013-12-09). https://www. epi. org/blog/naftas-impact-workers/.

② 黎国焜. 21 世纪北美自由贸易区的发展前景[J]. 世界经济研究,1998(5)：54-58.

二、北美区域边境治理

经济全球化促进了国家间的贸易往来，增加了人口的跨国流动。为平衡国民与移民的关系，各个国家都设置了移民准入门槛，当移民人数远远超过设定的准入数目，没有获得准入资格的移民会以偷渡的形式进入，逐渐演变成了非法移民。非法移民侵犯了移入国的国家主权、逃避移入国的监管，他们尝试融入当地却难以成功，融入失败的非法移民可能成为威胁社会安全的隐患，因此各国政府都很重视边境非法移民问题。

边境为临近政治上或地理上边界线、国界线附近的地区，古时亦称为边疆。边界又包括陆上边界、海上边界、空中边界，边境管控（border control）的范围包括海陆空边界线及附近的区域。边境管控是跨区域治理中一类典型的挑战性议题。它是一国为保证边界地区安全，对进入和离开该国的人员、动物和货物采取监测或管制的行为，通常包括监测越境的非法移民、检测过境的货物、防止疾病或病毒的传播、打击国际犯罪和恐怖主义犯罪。通常政府会建立专门的机构来实施边境管控，这些机构也执行其他职能，如海关检查、移民管理、安全保卫、检疫等。国家间也可以开展联合执法行动，共同打击犯罪。

美国是一个典型的移民国家，经历了自由移民时期和非法移民时期。美国的非法移民人口基数大、人数增长快，并且以墨西哥籍的移民为主。相对于美加边境"不设防"的宽松管理，美墨边境管理更为严格，因为从中美洲偷渡进美国必须经过美墨边境。美国重视西南边境管理，政府在西南边境采取了严厉的边境管控措施，这些措施有效地打击并遣返偷渡入境的非法移民，一定程度上减少了美国非法移民的数量。[1] 2010 年 1 月统计的在美国的非法移民的人数接近 1 160 万，是从 2000 年以来统计非法移民数量最多的年份。从 2011 年开始，非法移民的人数逐年下降，但总体保持很大的体量。2014 年 1 月统计的在美国的非法移民的人数接近 1 150 万，2015 年 1 月统计有接近 1 200 万非法外国人居留在美国，从 2010 年到 2015 年，人口每年增长大约 70 000 人。[2]

---

① 刘燏. 美国非法移民问题研究——以 1986 年后的墨西哥籍非法移民为主[D]. 兰州：西北师范大学，2011.

② BAKER B. Estimates of the illegal alien population resigning in the United States：January 2015[R/OL]. (2018-12-14)[2020-08-11]. https://www. dhs. gov/sites/default/files/publications/18_1214_PLCY_pops-est-report. pdf.

美国边境暴露出非常多的治理困境与失灵问题。如暴力执法现象普遍，面对移民警察态度恶劣，存在种族歧视等因素干扰管控结果。移民的人权得不到尊重，关押场所条件差，容易暴发疾病，以及并未顾及少数群体的利益诉求等。美国政府修建隔离墙的目的最初是阻隔墨西哥毒品交易。美国历任总统对修建隔离墙的认知差异很大。比尔·克林顿总统授权 3 900 万美元在圣地亚哥和蒂华纳之间的沙地上修建 20 千米长的"边界墙"；小布什总统签发《安全围栏法案》，批准再在边境新筑隔离墙。[①] 特朗普上任时承诺在南部边界修建一堵长约 1 600 千米的隔离墙。不管方式如何，由于隔离墙建设成本过高，它的实际效果并没有发挥出来。此外，美国海关和边境保护局制定了受信旅行者计划（Trusted Traveler Programs），允许在抵达美国时为预先批准的低风险旅行者提供快速通关服务。尽管采取边境管控的各种措施，美国的墨西哥移民并未因此减少。事实上，物质形态上的隔离墙并不能真正阻止边境移民，毗邻国家间经贸利益分配才是促进边境移民有效合法流动的内在力量。实质上，新的美墨加协定进一步挤压了墨西哥的贸易市场份额；而墨西哥移民去美国能有效缓解美国国内的就业问题，还会因移民获得外汇收入。可见，对美墨边境的有效管控是美国和墨西哥两国未来的巨大挑战。

第五节　南美洲国家联盟区域治理实践

一、南美洲国家联盟的进程

南美洲国家联盟是一个拥有 3.61 亿人口、面积 1 760 多万平方千米和国内生产总值突破 1 万多亿美元、2 000 亿美元的出口总额、3 000 亿美元的外债、800 万平方千米的森林面积以及占世界总量 27% 的淡水的地区性组织，其综合能力居世界第 5 位。南美洲国家联盟是根据《库斯科宣言》于 2004 年 12 月 8 日成立的主权国家联盟。2004 年 12 月 8 日召开的第三届南美国家首脑会议通过了《库斯科声明》，宣布成立南美国家共同体（South American Community of Nations，CSN），总部设在厄瓜多尔首都基多。2005 年 9 月 30 日，第一届南美国家共同体

---

① 谢烁今. 美国智慧边境建设及对我国的启示[J]. 中国公共安全(学术版),2018(3)：5-9.

首脑会议通过了《主席声明及优先日程》《行动计划》和《基础设施一体化声明》，标志着南美国家对经济互补和构建区域一体化组织的共同诉求。2007年4月，南美国家共同体更名为南美洲国家联盟。2008年，12个成员国的领导人签署了《南美洲国家联盟宪章》（以下简称"《联盟宪章》"），标志着南美洲一体化进程进入一个制度化阶段，也在一定程度上标识了在国际舞台上南美国家的共同身份。

截至2008年12月底，南美洲国家联盟由玻利维亚、哥伦比亚、秘鲁3个安第斯共同体成员国和阿根廷、巴西、乌拉圭、巴拉圭和委内瑞拉5个南方共同市场成员国，以及厄瓜多尔、智利、圭亚那和苏里南共12个南美国家组成。该组织另有两个观察员国：巴拿马和墨西哥。阿根廷、智利和乌拉圭三国又被称为南锥体。巴拉圭和巴西的南里奥格兰德州、圣卡塔琳娜州、巴拉那州、圣保罗州是南美洲经济最为发达的地区。南美洲各国对外政策特别对美国的政策有很大的差别，因此区域治理进程艰难曲折。截至2019年，成员国仅剩下苏里南、委内瑞拉、玻利维亚、乌拉圭和圭亚那这5个国家。2023年3月，阿根廷决定重新加入南美洲国家联盟。巴西也宣布重返南美洲国家联盟。目前，该联盟将合并已有的两个自由贸易组织——南方共同市场和安第斯山国家共同体（以下简称"安共体"），计划建立一个覆盖南美洲的自由贸易区。

二、南美洲国家联盟的治理结构

《联盟宪章》是指导南美洲国家联盟的纲领性文件。南美洲国家致力于加强成员国之间政治对话，重点发展经济、金融、社会文化等领域的区域一体化。南美洲国家联盟的治理主体包括由国家元首和政府首脑组成的委员会、外长委员会、代表委员会以及设在厄瓜多尔首都基多的秘书处。国家元首和政府首脑委员会为最高机构，每年举行一次例会，必要时可召开特别会议。外长委员会每半年召开一次例会，负责筹备首脑会议并执行其决议，协调南美洲一体化等重要问题的立场。代表委员会每两个月召开一次例会，负责筹备外长会议并执行首脑会议和外长会议的决议。秘书处设在厄瓜多尔首都基多，负责处理日常事务。该联盟还成立了南美洲国家防务理事会，以推动南美洲地区国家的防务合作；此外，还包括面向社会议题和安全议题的各种治理主体，如内设的反毒委员会，基础设施和计划委员会以及教育、文化、科技和创新等委员会。

南美洲国家原有两个主要的一体化组织,一个是 1969 年成立的安共体,成立初期成员国有秘鲁、玻利维亚、厄瓜多尔、哥伦比亚和智利,1973 年委内瑞拉加入,1977 年智利退出,2006 年委内瑞拉退出。另一个是南方共同市场,于 1991 年宣布建立,1995 年 1 月 1 日正式启动,成立初期成员国有巴西、阿根廷、巴拉圭和乌拉圭四国,智利(1996)、玻利维亚(1997)、秘鲁(2003)、厄瓜多尔(2004)和哥伦比亚(2004)为其联席成员国。2006 年,南方共同市场批准委内瑞拉为正式成员国。南美洲 12 国家内部除圭亚那和苏里南以外,其余 10 个国家均为南方共同市场或安共体的成员国或联系国。

三、南美洲国家联盟的治理困境

在《联盟宪章》经过成员国会议通过后,南美洲国家联盟将具有国际法人资格。南美洲国家联盟可以与欧盟、非盟等地区组织展开对话,谋求地区间合作。有一点需要清楚,南美洲国家联盟是由拉美国家自己建立的独立于美国的一体化组织。南美洲防务委员会采用北大西洋公约组织的模式,保护本地区拥有的丰富的自然资源,防止和制止任何直接干涉南美洲国家的图谋,缓解南美洲国家之间的关系。

尽管如此,南美洲一体化进程也并非一帆风顺。2006 年 4 月,委内瑞拉因哥伦比亚和秘鲁与美国签订自由贸易协定,宣布退出安第斯共同体。2008 年 3 月,哥伦比亚越过厄瓜多尔境内打击哥反政府游击组织哥伦比亚革命武装力量,导致哥伦比亚、厄瓜多尔和委内瑞拉南美三国边境危机一度局面失控。由于哥伦比亚、厄瓜多尔之间的外交危机余波未平,两国至 2008 年尚未恢复大使级外交关系,哥伦比亚总统乌里韦拒绝出任下一任南美洲国家峰会轮值主席,改由智利总统巴切莱特担任。原准备在这次峰会上成立的南美防务委员会,由于哥伦比亚的反对,而没能成立。在南美防务委员会的宗旨问题上,巴西主张南美防务委员会有别于传统的军事联盟,不设作战部队,其主要作用是协调南美各国在地区军事和国防事务上的立场、促进地区军事工业一体化、推动成员国间军事人才交流以及组织联合军演等;委内瑞拉前总统查韦斯则主张把它建成一个传统的军事联盟。

南美洲国家对联盟的目标认知存在较大差异。巴西总统卢拉认为,联盟的重点是在经济、金融、社会发展和文化交流等领域开展区域一体化建设,要把南美国家联盟打造成为像欧盟一样的地区性联盟。委内瑞拉总统查韦斯认为,联盟的主要目的是要同美国抗衡,主张建立一个具有军事联盟实质的"南美洲北约组织"。委内瑞拉、玻利维亚等国家采取"反美激进"政策,强烈批判新自由主义,全力推进国有化。哥伦比亚、秘鲁等国实行"亲美路线",支持建立美洲自由贸易区,密切与美国的经贸关系,借美国的投资发展经济。巴西卢拉政府实行"温和左派"政策,强调独立自主发展本国经济的同时,与美国保持正常的经贸关系。

原已同意担任联盟秘书长的厄瓜多尔前总统博尔哈,由于对联盟的性质和作用有不同意见,而拒绝接受秘书长的职务;同时,他主张南美洲国家联盟成立后,原有的安共体和南方共同市场应该取消。但是,大多数南美洲总统不同意取消原有的小地区一体化组织。此外,南美洲一些国家之间常常龃龉不断,如在出海口问题上,玻利维亚和智利、秘鲁存在矛盾;秘、智在海疆问题上存在争端;巴西和阿根廷两国之间不同规模的贸易摩擦经常发生;阿根廷与乌拉圭之间因环保引起的"造纸厂风波"至2008年还没有得到解决。

玻利维亚总统莫拉莱斯认为秘鲁为了与美国建立自由贸易关系而不惜牺牲安共体的完整性。2008年6月5日,秘鲁外交部部长宣布召回秘驻玻大使,以抗议莫拉莱斯对秘鲁政府和总统加西亚的讽刺与批评。秘鲁外交部部长认为,秘鲁政府是否与美国建立自由贸易关系是秘鲁本国事务,玻利维亚不应干涉。可见,虽然南美洲国家拥有类似的历史文化脉络,而且对加强地区经济政治的一体化也有广泛共识,但是,由于南美洲各国的经济发展水平和国家能力,以及对外政策特别是对美国的政策都存在较大差异,南美洲国家联盟建立内部协调的区域治理机制仍存在巨大困难。

本章小结

本章介绍了区域治理的国际实践进展,重点选择了东亚、欧洲、非洲、北美、南美等地区,介绍了区域治理组织和治理机制的基本情况、治理效果和治理挑战。通过学习本章内容,应建立批判性视角和逻辑分析能力深入分析区域治理实践的差异性和共同挑战。

关键术语

东盟　欧盟　非盟　西非经济共同体　北美自由贸易协定　南美洲国家联盟

复习思考题

1. 举例说明东盟区域治理中的成功经验。

2. 比较东盟、欧盟和非盟三个区域治理组织的异同点。

3. 北美自由贸易协定在形成和推动过程中遇到的主要挑战是什么？

4. 为什么说毗邻国家间的经济、贸易和社会联系在边境管控中发挥的作用可能比修建有形的"隔离墙"更有效？

5. 为什么南美洲国家联盟在区域一体化进程中难以形成国家间的一致意见？从这个例子，你认为超国家尺度的跨区域治理如要实现预期效果，需要至少具备哪些治理条件？

6. 中国在与当今全球主要的区域组织开展合作中的主要成效是什么？为什么会有这些效果？如何将这些成果长期持续下去？

第八章

中国区域治理实践

学习目标

[1] 厘清中国区域发展的总体特征。

[2] 掌握中国区域治理的目标。

[3] 理解中国区域治理的阶段性成效。

能力目标

培养对中国区域治理的理论阐释能力和实践分析能力。

思政目标

树立对中国区域治理模式的理论创新和道路实践的自信。

改革开放以来，我国在经济总量、发展质量和区域协调发展上成效显著。国家通过区域优先发展、一体化发展，再到协调发展，相继培育了东部沿海地区的经济增长极和创新极，打开了中国区域协调发展的整体格局。区域治理对推动区域经济增长、增加人民福祉、促进区域协调发展发挥了重要作用。本章将总结改革开放以来我国区域发展的经验、成效，分析中国区域治理的整体特点、阶段特征以及国内外区域治理道路的异同点；阐释中国区域治理创新的制度特征。学习本章内容将有助于理解我国区域治理道路实践，比较国内外区域治理道路的共同点和差异性，为推动国内地区高质量可持续发展提供理论视角和分析方法。

第一节　中国区域治理成效

当前，我国积极融入世界经济体系和全球化进程，不断融合优质的改革创新要素、富有活力的区域政策和制度优势。以京津冀协同发展、长江经济带、粤港澳

大湾区、"一带一路"等重大区域战略为引擎,国内地区间协调发展和国际区域合作治理取得了显著实效。我国区域高质量发展中的治理逻辑不断显现。区域治理是在由计划经济向市场经济转轨过程中,为了适应经济和社会发展需要而产生、发展起来的。[①] 当前,我国经济社会发展步伐加快,通过经济放权、政策试验和地区适应性的机制创新,中央政府在推动区域治理过程中逐步构建出地区间基础设施互联互通、科技创新领域重点合作、地方政府间联席会与行政协商的区域治理架构。在以国家发展规划为战略导向,财政政策、货币政策、产业政策和社会政策相互协调的宏观调控体系架构下,地方政府通过税收、补贴、贷款、拨款、公共投资等政策工具推动区域经济和社会发展;通过区际基础设施、区域间生态补偿、建设产业园区等间接政策工具促进地区间协调经济。地方政府通过联席会议、专项领域合作、行政协商、委托审批、联合审批等方式对跨地区公共问题开展合作治理。京津冀三地跨区治理雾霾的困境破解之道[②],长三角区域的社会信用体系中的地方政府合作过程、主体和机制[③],深圳、惠州之间垃圾填埋场污染纠纷案和北基垃圾合作治理案中的行政协调[④]以及粤港澳大湾区的"四方协议＋大湾区发展合作委员会＋联席会议＋专项合作"的法治框架[⑤]等区域治理实践体现了区域治理的中国模式。

一、区域经济总量增长

自 1978 年中国开启改革开放大门,我国所取得的经济发展成就令世界瞩目。按可比价格计算,2020 年我国的绝对经济规模已经是 1978 年的 274 倍。按购买力平价估算,中国 GDP 占世界 GDP 的比重从 1980 年的 2.19％上升到 2020 年的17％。[⑥] 从增长速度来看,在 1978—2020 年间,中国实现了年均约 9.2 ％的 GDP增长。人均 GDP 从 1978 年的 205 美元上升至 2020 年的 10 229 美元,增长了约

---

① 马海龙.区域治理:内涵及理论基础探析[J].经济论坛,2007,419(19):14-17.

② 孟祥林.京津冀协同发展背景下的城市体系建设与雾霾跨区治理[J].上海城市管理,2017(1):37-42.

③ 申剑敏,陈周旺.跨域治理与地方政府协作——基于长三角区域社会信用体系建设的实证分析[J].南京社会科学,2016(4):64-71.

④ 饶常林,黄祖海.论公共事务跨域治理中的行政协调——基于深惠和北基垃圾治理的案例比较[J].华中师范大学学报(人文社会科学版),2018,57(3):40-48.

⑤ 李建平.粤港澳大湾区协作治理机制的演进与展望[J].规划师,2017,33(11):53-59.

⑥ 根据中国统计年鉴 2021(stats.gov.cn)计算得出。

50 倍。①

我国在 2017 年已经成为世界第二大经济体、最大的出口国、最大的外汇储备国,对世界经济增长的贡献率超过 20%,成为对世界经济有重要影响的新兴大国。按照省级尺度计算,全国(不含港、澳、台)31 个省、自治区、直辖市的地区生产总值年度增加趋势明显,如图 8-1 所示。地区货物进出口总额整体上呈现增加态势,近些年来由于全球经贸形势不确定性增强而导致地区进出口总额出现波动性,如图 8-2 所示。

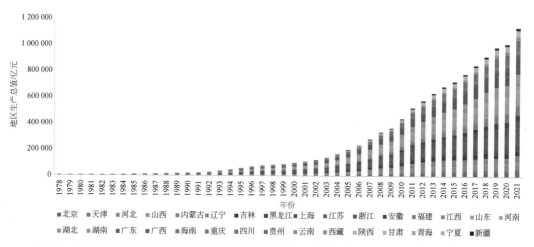

图 8-1　各省、自治区、直辖市地区生产总值增长趋势(不包括港、澳、台三地)(1978—2021 年)
资料来源:中国国家统计局国家数据库。

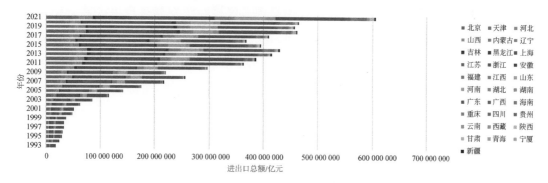

图 8-2　各省、自治区、直辖市地区货物进出口总额变化趋势(不包括港、澳、台三地)(1993—2021 年)
资料来源:中国国家统计局国家数据库。

自 1978 年以来,我国在实现脱贫、改善人民生活方面成效斐然。国务院新闻

---

① 根据联合国统计数据计算得出(UNdata | record view | Per capita GDP at current prices-US dollars)。

办公室 2021 年 4 月 6 日发布的《人类减贫的中国实践》白皮书显示,改革开放以来,按照现行贫困标准计算,我国 7.7 亿农村贫困人口摆脱贫困,按照世界银行国际贫困标准,我国减贫人口占同期全球减贫人口的 70% 以上,提前 10 年实现《联合国 2030 年可持续发展议程》减贫目标。近 10 年来,我国各地区居民人均可支配收入呈现增加趋势,北京、上海、浙江、天津、江苏和广东处在前列,如图 8-3 所示。

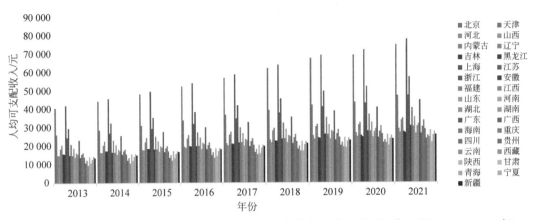

图 8-3　各省、自治区、直辖市地区人均可支配收入变化趋势(不包括港、澳、台三地)(2013—2021 年)
资料来源:中国国家统计局国家数据库。

二、区域经济差距缩小

随着近些年来国家不断推进区域协调发展,经济要素在空间分布开始出现从东向西迁移趋势,经济要素的溢出效应开始显现。区域经济发展呈现由区域分化向区域融合的发展轨迹。在 1979—2005 年间,我国的经济活动不断向东部沿海聚集,经济发展水平在空间上呈现出梯度差异[①],如图 8-4 所示。1978—2005 年,东部地区生产总值占全国 GDP 的比重由 43.62% 上升至 55.48%,中部、西部和东北地区分别由 21.60%、20.78% 和 10.63% 下降至 18.78%、17.11% 和 7.82%,经济发展水平的地区间差异比较明显。2005 年以后,随着西部大开发、中部崛起等区域协调战略的实施和生效,经济要素开始从东部向中西部地区转移,区域经济差距扩大的趋势得以缓解。东部经济比重领先优势明显,中、西两个地区的经济总量出现趋同性。东

---

① 根据联合国开发计划署划分标准,人类发展指数在 0.550 以下为低人类发展水平,介于 0.550 和 0.699 之间为中等人类发展水平,介于 0.700 和 0.799 之间为高人类发展水平,0.800 以上为极高人类发展水平。其中,7 个极高人类发展水平的省份依次为北京、上海、天津、浙江、江苏、福建和广东,5 个中等人类发展水平的省份依次为青海、甘肃、贵州、云南和西藏。可知,极高人类发展水平的省份均来自东部,中等人类发展水平的省份全部来自西部。如无特别说明,本文的经济社会指标均不包含港澳台地区的数据。

北地区经济比重有所下降。如图 8-5 所示,东部地区人均 GDP 水平高于全国平均水平(全国平均水平设定为 1),且趋势平稳。中、西部地区人均 GDP 水平趋同,近些年来开始逼近全国平均水平。东北地区人均 GDP 相对水平呈下降趋势,2022 年与西部地区水平相当。

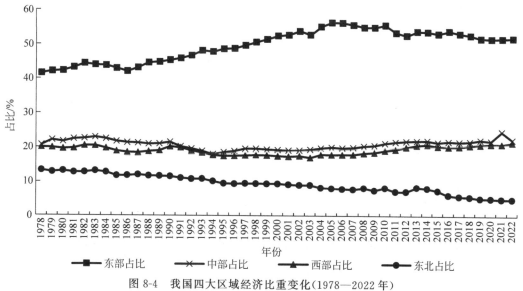

图 8-4　我国四大区域经济比重变化(1978—2022 年)
资料来源:中国国家统计局国家数据库。

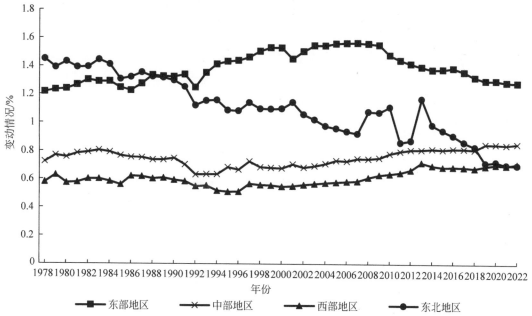

图 8-5　我国四大区域人均地区生产总值相对水平(地区人均 GDP 与全国人均 GDP 之比)
变动情况(1978—2022 年)
资料来源:中国国家统计局国家数据库。

三、地区粗放型发展方式得到改观，新兴产业成为新引擎

在 1979—2009 年间，固定资产投资从 30％增加到 47.5％[1]，支撑了实际GDP增长的大部分。但是，这一结构曾经也造成了重工业、房地产、基础设施等产能的严重过剩。国际贸易以商品贸易为主，服务贸易增长缓慢[2]，使得我国在国际贸易中易受贸易争端的影响。早期发展的粗放型增长方式导致了区域发展出现不平衡、不协调以及资源利用不可持续的困境，产生了地区间过度竞争、能源消耗过大、污染和环境恶化、地区间经济差距、产能过剩、内需市场消费不足等问题。在创新驱动发展方式下，我国外需主导、投资驱动型的区域发展模式在近 10 多年来正在得到改善，传统行业升级速度加快，地区生产率水平大幅提高。上海杨浦滨江从"工业锈带"变为"生活秀带"，昔日老工业企业集聚地成为居民后花园。[3] 宁夏贺兰山砂石矿区整治修复后成为葡萄酒庄，产业转型带来了丰厚回报。云南大理白族自治州古生村沿湖的鱼塘、耕地已退塘退耕，秀丽风光吸引的游客越来越多。[4] 上述实践诠释了我国探索符合自身区域禀赋特征的区域治理实践逻辑。

以数字经济、生物医药、高端装备制造为代表的一批新兴产业成为地区发展的新引擎。2010 年 10 月 10 日，国家颁布了《国务院关于加快培育和发展战略性新兴产业的决定》，将节能环保、新一代信息技术、生物、高端装备制造、新能源、新材料、新能源汽车作为主要的战略性新兴产业进行培育。"十四五"规划中进一步明确提出加快壮大新一代信息技术、生物技术、新能源、新材料、高端装备、新能源汽车、绿色环保以及航空航天、海洋装备等产业。推动互联网、大数据、人工智能等同各产业深度融合，推动先进制造业集群发展，构建一批各具特色、优势互补、结构合理的战略性新兴产业增长引擎，培育新技术、新产品、新业态、新模式。

近 10 年来，各地区战略性新兴产业整体成效显著，参见表 8-1。国家信息中心数据显示：2019 年，全国战略性新兴产业规上工业增加值年均增速达到 8.4％。2020 年，战略性新兴产业增加值占 GDP 比重为 11.7％。预计至 2025 年底，战略

---

[1] 根据中国国家统计局国家数据库中相关数据整理，www.data.stats.gov.cn。

[2] 2017 年，国际贸易余额为 5 107.3 亿美元，居世界第 1 位。但同期，我国的服务贸易余额为－2 456.6 亿美元，居世界倒数第 1 位。

[3] "工业锈带"转型"生活秀带"——上海杨浦滨江工业带更新改造纪实[EB/OL].(2021-03-28).https://baijiahao.baidu.com/s? id=1695449637834262789&wfr=spider&for=pc.

[4] 仲音.绿水青山就是金山银山（人民论坛）——共建人与自然生命共同体②[N].人民日报,2022-08-18(4).

性新兴产业增加值占 GDP 比重将超过 17%。[①] 地区优势集群日益形成。

表 8-1　我国战略性新兴产业的地区分布

战略性新兴产业领域	集　聚　地　区
信息技术	珠三角、长三角、环渤海、部分中西部地区
生物领域	长三角、环渤海主导；珠三角、东北初步成型；成渝经济圈、长吉图地区、长株潭地区、武汉城市群
节能环保	环渤海（北京、天津）、长江经济带（江苏、浙江、上海）、珠三角、山东
高端装备	北京、河北、辽宁、山东、上海、浙江、四川、山西、湖南
新材料	西部承担原材料生产；环渤海地区承担研发；东部及中部地区主要承担原材料加工；长三角、珠三角主要承担下游应用与销售
新能源	环渤海区域、长三角、西部（江西、河南、四川、内蒙古、新疆）
新能源汽车	珠三角（深圳、广州）、长三角（江苏、上海、浙江）、环渤海（北京、河北）
数字创意	长三角（上海、杭州、苏州、南京）、珠三角（广州、深圳）、昆明、丽江和三亚、川陕地区（重庆、成都、西安）、中部地区（武汉、长沙）

资料来源：中国战略性新兴产业集群的发展历程及特征［EB/OL］.（2021-03-10）. http://www. sic. gov. cn/ sic/82/459/0310/10830_pc. html.

四、创新驱动发展模式正在成型

改革开放初期，我国区域经济的主要动力是投资和出口这"两驾马车"，经济增长具有明显的要素驱动特征。近年来，随着国家和各地区对创新资源的持续投入以及区域创新体系的建设，创新驱动正在成为区域发展的最主要驱动力。知识密集型产业的快速发展推动了我国发展动力从要素投入转向创新驱动。[②] 习近平总书记强调，我国经济社会发展和民生改善比过去任何时候都更加需要科学技术解决方案，都更加需要增强创新这个第一动力。[③] 党的十八大以来，我国实施一系列重大科技创新战略，全面推进高水平科技自立自强，各地区在构建高质量的区域创新体系、实施创新驱动发展上成果丰硕。

中国统计年鉴和中国经济与社会发展统计数据库提供数据的综合计算结果显示：2020 年，中国科技进步贡献率达到 60.2%。截至 2020 年底，我国的国家级

---

① 未来战略性新兴产业发展形势研判及对策建议［EB/OL］.（2022-01-07）. https://www. ndrc. gov. cn/ wsdwhfz/202201/t20220107_1311547_ext. html.

② 中国科学技术发展战略研究院. 国家创新指数报告 2016—2017［M］. 北京：科学技术文献出版社，2017.

③ 人民日报，2020 年 9 月 11 日，https://baijiahao. baidu. com/s? id=1677550344705864704&wfr=spider&for=pc.

高新技术产业开发区已达 169 个。2020 年,我国高技术产业营业收入增至 17.5 万亿元,高技术产品主营业务收入占当年 GDP 的比重增至 17.2%,比 2010 年提高了14.3 个百分点。我国制造业的创新驱动优势逐步突出。制造业中高技术行业出口额占比保持在 30% 左右,2019 年为 30.8%,位居世界第四位,如图 8-6 所示。2020 年我国东部地区万人研发人员数量为 100.69,万人发明专利数为 43.66,显著领先于中部、西部和东北地区。以上三地相应指标值分别为 33.03、15.44、20.43,以及 14.79、10.14、11.46。

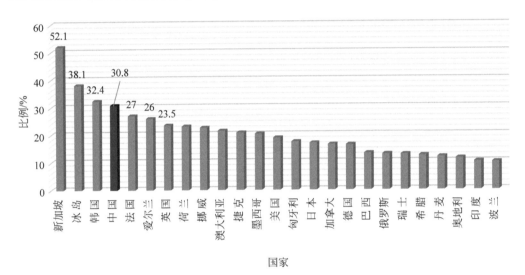

图 8-6　2019 年主要国家高技术产业出口额占制造业比重分布

《中国区域科技创新评价报告 2022》显示:党的十八大以来,我国区域科技创新水平普遍提升,重大战略区域科技创新发展成效显著。2022 年我国综合科技创新水平指数得分为 75.42 分,比 2012 年提高了 15.14 分。按照创新领先地区、中等创新地区和创新追赶地区 3 个梯队划分,北京、上海、粤港澳大湾区成为国内三个最主要的科技创新中心,长江经济带和黄河流域的跨区域创新体系建设取得了实效。可见,以完善区域创新体系,实施创新驱动下的区域治理转型,正在成为我国区域政策共识和区域高质量发展模式。

五、跨区域合作增强了区域间发展的协调性

在我国地区经济总量提升的过程中,各地区之间以及地区内部次区域之间仍存在一些差距。早期经济分权在加强区域间竞争的同时,也加强了行政区划的分

割效应,加剧了地方保护主义。当前,我国区域发展中存在的地区间要素市场分割、经济同质性竞争、地区间知识鸿沟、区域间政策的非协调性依然存在。很多地区实现增加居民消费、推进经济增长动力由要素驱动向创新驱动转变仍任重道远,经济转型升级的压力依然存在。近年来,虽然区域间经济差异呈现缩减趋势,但中国四大经济区域的产业结构均衡性、城镇化率和外贸依存度的差距仍比较明显。在人力资本、技术能力、劳动生产率、能力资源利用等指标上的差距不容忽视,参见表 8-2。与早期的经济差距相比,区域间的人力资本差距与技术差距成为区域间协调发展的主要制约因素。

表 8-2　区域经济指标(2020 年)

地　区	产业结构/%			城镇化率(城市人口/地区总人口)/%	外贸依存度(货物进出口总额/地区生产总值)/%
	第一产业	第二产业	第三产业		
全国	7.65	37.82	54.53	63.89	31.61
东部	4.76	37.75	57.49	72.45	48.59
中部	9.04	40.62	50.34	59.00	12.07
西部	11.88	36.83	51.29	57.26	15.05
东北	14.23	33.66	52.11	67.72	18.29

资料来源:国家统计局.中国统计年鉴 2021[M].北京:中国统计出版社,2021.

如何打破区域分割,加强区域合作,实现区域间协调发展,关系到我国改革发展全局。自"八五"规划首次提出要"促进地区经济的合理分工和协调发展"以来[①],区域协调发展纳入中央重大决策的议事议程中。2000 年《政府工作报告》正式提出实施西部大开发战略,标志着我国由沿海优先发展战略转到兼顾沿海与内陆的一体化发展战略。我国在 2003 年和 2006 年先后正式提出"振兴东北等老工业基地"和"中部崛起"战略。至此,我国全面协调的区域发展战略初步形成。中央提出"京津冀一体化"、"长江经济带"、雄安新区、粤港澳大湾区等重大区域发展战略,标志着我国跨区域协调发展进入新的阶段。当前,我国促进区域因地制宜发展,京津冀协同发展、粤港澳大湾区建设、长三角区域一体化发展、长江经济带发展、黄河流域生态保护和高质量发展、海南全面深化改革开放等"3+2+1"六大

① 1991 年在《关于国民经济和社会发展十年规划和第八个五年计划纲要的报告》中首次提出"促进地区经济的合理分工和协调发展",并且认为"生产力的合理布局和地区经济的协调发展,是我国经济建设和社会发展中一个极为重要的问题"。

区域战略对高质量发展发挥了引领作用。"3＋2＋1"六大区域重大战略,涵盖了我国 24 个省份和香港、澳门特别行政区,国土面积 480 万平方千米,占全国的 50%,2019 年底常住人口 11.35 亿,占全国的 80.4%。[①]

六、区域发展质量得到明显提升

在社会发展质量方面,我国在人均收入快速增长的同时,实现了各地区教育、健康、人类发展水平的协调发展。从最能反映国家、地区发展质量的人类发展水平来看,1982—2017 年,我国整体人类发展水平和各地区的人类发展水平均经历了一个显著的提高过程。大部分地区从低人类发展水平上升至高人类发展水平。1982 年,我国 29 个省、区、市都处于低人类发展水平;其中,上海是全国人类发展水平最高的地区,HDI 为 0.54,仍然低于中等人类发展水平的标准。西藏是人类发展水平最低的地区,HDI 仅为 0.21,属于人类发展水平极低地区。[②] 经过 35 年的发展,各地区居民的收入、教育、健康均实现了质的飞跃。2017 年,我国 31 个省份全部达到中等及以上的人类发展水平,其中,处于极高人类发展指数的省份增至 7 个,高人类发展水平的省份达到 19 个,其他 5 个省份为中等人类发展水平。全国平均的人类发展指数达 0.75,其中,预期寿命指数、教育指数和人均收入指数分别为 0.87、0.69 和 0.70。按地区来看,东部地区的人类发展指数为 0.80,是唯一一个总体达到极高人类发展水平的地区;东北、中部和西部的人类发展水平分别位列第二、第三和第四,各区域总体均达到高人类发展水平,参见表 8-3。可见,我国各区域的社会发展质量与经济发展质量是基本同步的,即经济发展质量越好的地区其社会发展质量也越好。

表 8-3　各区域人类发展水平比较(2017 年)

地　　区	人类发展指数	预期寿命指数	教　育　指　数	人均收入指数
全国	0.75	0.87	0.69	0.70
东部	0.80	0.91	0.73	0.75
中部	0.73	0.87	0.68	0.67

[①] 发挥"3＋2＋1"六大区域重大战略对高质量发展的重要引领——2020 年我国区域发展进展和 2021 年发展展望(上)[EB/OL].(2021-05-07).https://www.ndrc.gov.cn/xxgk/jd/wsdwhfz/202105/t20210507_1279334.html.
[②] 胡鞍钢,石智丹,唐啸.中国地区 HDI 指数差异持续下降及影响因素(1982—2015)[J].新疆师范大学学报(哲学社会科学版),2018,39(4):47-55.

续表

地　区	人类发展指数	预期寿命指数	教　育　指　数	人均收入指数
西部	0.71	0.83	0.64	0.66
东北	0.77	0.89	0.74	0.71

资料来源：UNDP，Human Development report，2017；联合国开发计划署，《中国人类发展报告（1997）》、《中国人类发展报告（2017）》，《新中国六十年统计资料汇编》；第三次和第六次全国人口普查等相关数据，《中国统计年鉴》(2016、2017)。

注：人类发展指数按照联合国发展计划署2010年公布的新方法计算。

总体来看，中国区域治理取得的成效来自国家宏观统筹与区域效率相互适配的区域治理模式。中央领导小组直接领导、编制区域规划以及区域对口支持的方式，推动了区域间协调发展。从计划经济向市场经济转换的过程中，发展型地方政府和渐进式创新这两种逻辑使区域政策得以辐射和扩散。

第二节　中国区域治理目标

从世界主要国家区域发展历程看，总体上经历了从非均衡增长到协调发展这两个阶段。中国的区域发展整体上经历了从均衡、非均衡再到协调与高质量发展的阶段过程。[①] 中国的区域产业布局也经历了"分散—集中—分散"的发展阶段，不是走一些西方国家的"集中—分散"的发展路径。[②] 因此，我国的区域治理逻辑是在中国式现代化进程中，体现我国的制度优势、国家发展利益与人民对美好生活期待的综合特征，是一个从经济增长向民生改善和共同富裕转型的进程。

一、经济增长目标下的区域工业化道路

从工业化路线来看，与典型国家明显不同的是，我国是优先发展重工业，然后再逐步发展轻工业，而不是先发展轻工业再发展重工业。[③] 我国从"一五"计划制定实施到改革伊始，基本上是通过工农业的"剪刀差"的形式实现最初积累，优先发展钢铁、冶金、能源、化学等重工业；建立了相对完善的工业体系，为改革开放之后发展轻工业奠定了基础。改革开放之后，轻工业发展潜力在市场化的经济体

---

① 吴霞.论战后20年间日本的区域开发和区域经济[J].辽宁师范大学学报，2001(3)：109-112.
② 孙久文，李恒森.我国区域经济演进轨迹及其总体趋势[J].改革，2017(7)：18-29.
③ 陈一鸣.发达国家工业化过程的特点及其启示[J].经济问题探索，2010，334(5)：119-123.

制改革中得到极大激发,使我国实现了轻、重工业的协调发展。[①]

基于对国内外局势的判断,我国采取的是"小而全"的工业体系,各地的经济发展各自为政、缺少分工,国家对地方的资源配置也相对分散,总体上遵循均衡发展逻辑。从改革开放到 2000 年,国家从"两个大局"出发,通过优先发展方式培育了东部沿海地区经济引擎,以设立深圳、珠海、汕头、厦门、海南 5 个"第一批"经济特区为标志,解决了资本、技术和管理经验在区域上过度分散的问题,优先实现了向工业化转型发展的目标,为国家经济夯实了基础。同时,国家通过制定一系列促进区域协调发展的政策实现区域间优势互补和产业梯度转移;在更大范围内实现了生产要素的流动和优化配置,推动了我国区域经济从以省为单元的区域协调向跨省联动的区域协调版本的升级。

通过设立经济技术开发区、高新技术产业区、国家综合配套改革试验区、国家自主创新示范区、国家级边境经济合作区、台商投资区,以及制定《全国主体功能区规划》,明确了各区域的功能定位,为区域发展提供了更加丰富的地区载体。例如,自 2013 年上海自贸区成立以来,截至 2023 年 12 月已有 22 个被批准的自贸区,北至黑龙江,南至海南,东至江浙沪,西至四川、陕西和新疆,从沿海到内陆,跨东、中、西区域,分布于全国各地。自贸区确定的外商投资企业的负面清单制度强化、提高了外商投资企业投资意愿和效率。自贸区提供的开放度更高、限制更少的措施,如电信增值业务、演艺经纪机构、建筑设计、投资管理、广告、培训机构、法律咨询、医院等之前不对外商投资企业开放的行业,增强了经济组织多样性和活力。自贸区实施的保税区政策促进了中国与其他国家(地区)的商品贸易和服务贸易。以上海的自由贸易试验区为例,外高桥、浦东机场和洋山深水港地处保税区内,拥有一般的保税区政策,转口贸易、来料加工免流转税,境外购物平台(B2C方式)按照个人商品标准征收关税;自贸区的金融制度改革,如利率市场化为融资租赁境外租赁物享受保税政策提供保障;开通的跨境人民币和外币功能增强了货币流通。

当前,面对极其严峻的国际经济和地缘政治形势以及国内仍存在的区域差距问题,国家在区域发展战略上更加注重整体协调性、系统性安排,适应性地实施一系列跨地区合作的重要区域战略,推进国内大循环和国际国内双循环的新发展格

---

① 武力,温锐. 1949 年以来中国工业化的"轻、重"之辨[J]. 经济研究,2006(9):39-49.

局以及全国统一大市场等重大战略部署,保障了国家各地区发展来适应世界政治经济格局急速变化的新形势和新挑战。

二、共同富裕目标驱动的区域间协调发展

党的十八大报告把"逐步实现全体人民共同富裕"纳入中国特色社会主义道路的内涵体系。习近平总书记指出:"共同富裕本身就是社会主义现代化的一个重要目标"[①],共同富裕"是中国式现代化的重要特征"[②]。党的二十大报告指出:中国式现代化是全体人民共同富裕的现代化。共同富裕是中国特色社会主义的本质要求,也是一个长期的历史过程。我们坚持把实现人民对美好生活的向往作为现代化建设的出发点和落脚点,着力维护和促进社会公平正义,着力促进全体人民共同富裕,坚决防止两极分化。

区域间协调发展为共同富裕创设了"中观"意义上的实现机制。共同富裕是全体人民的共同富裕;区域提供了人们活动的生活空间和场景要素。区域间的协调发展意味着在区域间能够为人们提供等质化的资源要素和生活空间。区域间的均质化不是简单意义上的平均化,而是地区从自身发展实际出发构建出体现区域个性的正向累积效应,是实现公共福利均等化的一种体现。

我国在区域间协调发展上的重要经验不仅是从更大空间半径上实施一系列重大区域发展战略和跨区域制度安排,更重要的是以"点对点"方式促进了地区间、城市间、乡村间、组织间和个体之间的协调发展。以城市网络开发的路径积极推进区域多个主体之间在经济建设、公共服务、社会文化和生态治理等方面的交流、协作和融合。近些年来,我国制定和正在实施中的一系列跨区制度安排凸显了以共同富裕为目标的区域治理特征。

(一)对口支援

对口支援是我国在促进地区间协调发展上一项重要制度安排。它是经济发达或实力较强的一方对经济不发达或实力较弱的一方实施援助的一种政策性的关联行为,如灾难援助、经济援助、医疗援助、教育援助等。自 1979 年在全国边防

---

① 习近平.全党必须完整、准确、全面贯彻新发展理念[J].求是,2022(16):4-9.
② 习近平主持召开中央财经委员会第十次会议[EB/OL].(2021-08-17).https://www.gov.cn/xinwen/2021-08/17/content_5631780.htm? eqid=c07b87aa0000233d000000046491b368.

工作会议上首次正式提出对口支援制度以来，我国修订和完善了对口支援政策，对口支援逐渐由试验政策上升为国家政策和法律。1984 年实施的《中华人民共和国民族区域自治法》首次以国家基本法律的形式明确规定了上级国家机关组织和支持对口支持的法律原则，并在"七五"规划和"八五"规划中再次明确了发达地区支援欠发达地区的原则。

除了传统的经济发达地区对经济欠发达地区的对口支援，如援藏、援疆不断扩展和充实外，对口支援也随着三峡工程移民迁建和汶川特大地震灾后重建经历了两次重大扩展的过程，逐渐形成了目前对边疆地区与民族地区的对口支援、对重大工程的对口支援、对灾害损失严重地区的对口支援三种模式[1]，支持范围逐渐扩大到灾难、经济、医疗、教育等领域内。除在中央层面设立西部大开发、东北振兴和中部崛起等领导小组外，各层级的地方政府设立对口支持办公室，为区域协调发展提供了组织保障。

最初采取对口支援的形式，其转移支付的大部分资金被用于公共设施建设和公职人员薪资等方面的支出上。由于空间距离遥远、产业结构互补性低等，支持地区与受援地区的共同利益少，提供支援的先进地区难以带动受援地区的产业发展，使支援效果受限。近些年来，对口支援在推动东西部地区扶贫协作中提供了组织化、制度化和可持续条件平台，成为我国跨区域治理中体现社会主义制度优势和中国特色的治理工具。对口支援有别于传统的税收转移再分配机制，通过结对支持，在生产过程的条件、要素和机会等方面进行前置性政府干预和机制治理。[2] 我国东西部 23 个省级行政区、东部 33 个发达城市，以及中西部 832 个贫困县所辖的广大农村地区都开展过对口扶贫。表 8-4 的数据显示了党的十八大以来我国东、中、西部地区对口扶贫协作中政府、企业和社会组织等主体广泛参与以及产生的经济社会效益。

表 8-4　对口支援东中西扶贫协作情况统计（2012—2020 年）

年　份	财政援助资金/亿元	吸引企业实际投资/亿元	社会帮扶/亿元	干部与专技人才交流/人	劳务输出/万人
2012	8.82	236.31	1.62	1 627	121.52
2013	11.81	3 400.30	1.50	1 489	21.24

---

[1]　钟开斌.对口支援：起源、形成及其演化[J].甘肃行政学院学报,2013,98(4)：14-24,125-126.

[2]　王禹澔.中国特色对口支持机制：成就、经验与价值[J].管理世界,2022,38(6)：71-85.

续表

年　份	财政援助资金 /亿元	吸引企业实际投资 /亿元	社会帮扶 /亿元	干部与专技 人才交流/人	劳务输出 /万人
2014	13.38	3 131.33	1.07	1 938	25.85
2015	14.51	2 103.58	0.75	1 989	43.15
2016	29.26	1 305.78	3.33	3 727	17.19
2017	58.76	1 220.91	36.89	14 946	19.21
2018	177.61	3 646.90	45.46	32 893	144.22
2019	228.93	1 060.00	65.09	38 600	98.23
2020	270.82	1 420.61	72.43	39 475	102.28
合计	813.9	19 625.72	228.14	136 684	592.89

资料来源：王禹澔.中国特色对口支持机制：成就、经验与价值[J].管理世界,2022,38(6)：71-85.

医疗卫生领域的对口支援是地区间、部门间、组织间的专业性支援与协作的重要形式,不仅包括技术支持和技术协作,也包括帮助培养当地的卫生技术人员。1983年,国务院有关部门明确指出：对口支援的任务是为少数民族地区培养医疗、卫生、教学、科研以及医疗、设备维修等各类专业技术人才,逐步壮大技术骨干队伍,并把帮助培养提高当地的卫生技术人员摆到首要地位；帮助开展新技术,解决疑难,填补空白,以便尽快改变这些地区的医疗卫生技术条件,提高专业卫生技术水平和科学管理水平。对口支援的形式和办法灵活多样,采取派出去、请进来,业务挂钩,聘请专家兼职和咨询服务,组织讲学,专业技术协作,安排边远少数民族地区的卫生技术干部到内地进修,举办各种短训班、提高班和指定高中等医药院校开办民族班、边疆班,派医疗教学小分队等多种方式。不论采取哪种办法,参与对口支援的部门和组织都从实际出发,分别不同对象、不同任务、不同地区、不同时间,由实施对口支援双方协商确定,要注重实际效果,从而真正解决问题。

对口支援也是我国推进脱贫攻坚、促进城乡协调发展、实现精准扶贫的主要途径之一。《中国农村扶贫开发纲要(2011—2020年)》指出：扶贫开发是统筹城乡区域发展、保障和改善民生、缩小发展差距、促进全体人民共享改革发展成果的重大举措。[1] 2013年11月3日,习近平总书记在湘西土家族苗族自治州花垣县排碧乡十八洞村考察时首次提出"精准扶贫"。习近平总书记表示,扶贫要实事求

① 中共中央 国务院印发《中国农村扶贫开发纲要(2011—2020年)》[EB/OL]. http://www.gov.cn/gongbao/content/2011/content_2020905.htm.

是,因地制宜。要精准扶贫,切忌喊口号,也不要定好高骛远的目标。^① 2014 年 1 月中共中央办公厅、国务院办公厅印发《关于创新机制扎实推进农村扶贫开发工作的意见》,提出建立精准扶贫工作机制。2010 年 5 月,国务院批准发布《关于做好农村最低生活保障制度和扶贫开发政策有效衔接扩大试点工作的意见》。在重点区域发展的对口支持工作中,老少边穷地区是重中之重。通过对口支援,"四好农村路"连片成网,贫困地区具备条件的乡镇和建制村全部通硬化路、通客车、通邮路;大电网覆盖范围内贫困村全部通上动力电,贫困地区农网供电可靠率达到 99%;贫困村通光纤和 4G 比例均超过 98%。基础设施建设突飞猛进,成为贫困地区发展的坚强后盾。^② 在现行标准下,中国 9 899 万农村贫困人口全部脱贫,832 个贫困县全部摘帽,12.8 万个贫困村全部出列。

(二)跨地区生态协同治理

"绿水青山就是金山银山,改善生态环境就是发展生产力。良好生态本身蕴含着无穷的经济价值,能够源源不断创造综合效益,实现经济社会可持续发展。"^③ 绿水青山既是自然财富、生态财富,也是社会财富、经济财富,更是区域协调发展的生态本底。^④

"双碳"目标下的生态治理已成为中国区域治理的重要组成部分。各地生态治理格局基本形成,生态环境质量日益改善。《2021 中国生态环境状况公报》显示:国家持续开展重点区域秋冬季大气污染综合治理攻坚行动,推进重点区域空气质量改善监督帮扶。环境污染通常具有负外部性,因为生态污染通过介质传播可能从一个地区扩散到另一个地区,造成跨地区环境污染。^⑤

在《中华人民共和国国民经济和社会发展第十四个五年规划和 2035 年远景目标纲要》(以下简称"《纲要》")中,"生态"一词一共出现了 111 次。其中,生态环境出现 22 次,生态保护出现 12 次,生态安全出现 7 次,生态文明出现 5 次,生态空间出现 2 次,生态功能区出现 8 次,生态修复出现 2 次,生态涵养出现 1 次,生

① 齐声.习近平总书记提出"精准扶贫"[N].光明日报,2019-11-29(2).
② 姚媛.告别绝对贫困 实现全面小康[N/OL].农民日报,2022-09-29(1).https://baijiahao.baidu.com/s?id=1745343221800449768&wfr=spider&for=pc.
③ 习近平.共谋绿色生活,共建美丽家园——在 2019 年中国北京世界园艺博览会开幕式上的讲话[N].经济日报,2019-04-29(2).
④ 仲音.绿水青山就是金山银山(人民论坛)——共建人与自然生命共同体②[N].人民日报,2022-08-18(4).
⑤ 田玉麒,陈果.跨域生态环境协同治理:何以可能与何以可为[J].上海行政学院学报,2020,21(2):95-102.

态脆弱出现 2 次,生态产品出现 2 次,生态补偿出现 4 次,生态系统出现 9 次,生态环保出现 3 次。此外,数字生态、产业生态、水生态体系等关键术语也在其中。词频体现了政府对生态治理较高的政策注意力。同时,《纲要》提出了推进生态退化地区综合治理和生态脆弱地区保护修复,重点生态功能区县城建设,推进生态修复和功能完善工程,优化生态安全屏障体系,推进生态环境共保联治等系统性和指导性的区域生态治理目标。图 8-7 显示:2021 年我国 339 个监测城市的空气质量情况中,优良比例占到 87.4%,这一结果比 2016 年我国 338 个监测城市的78.9%上升了近 9 个百分点。空气质量的改善很大程度上体现了我国区域发展方式转型与空气治理方面联动的效果。

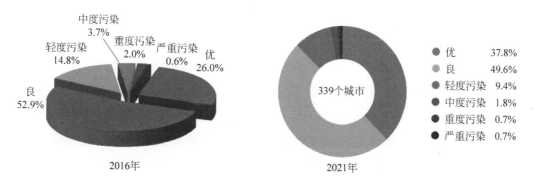

图 8-7 2016 年和 2021 年我国各城市环境空气质量各级别天数比例

资料来源:《2021 中国生态环境状况公报》和《2016 中国生态环境状况公报》。

生态环境治理通常是一项公共产品,因此更需要地区间协调一致行动与合作治理。地方政府执行环境规制标准的差异导致环境规制存在区域异质性,直接影响辖区主体绿色创新行为。生态治理受环境利益、治理成本和地区利益等多种因素影响,会产生跨地区生态治理的失灵问题。比较重要的两个观点是"波特假说"和"污染天堂"。"波特假说"是指邻近地区的环境规制通过溢出效应影响本地企业绿色创新收益预期,激励本地清洁技术研发与技术扩散。"污染天堂"是指部分区域较为宽松的环境规制使其成为"污染避难所",企业通过转移污染密集型工厂,逃离原有的高规制地区,抑制了本地区的生态治理成效。近年来,无论是国家层面还是地方政府都对跨地区生态治理投入大量资源,预期改善可能继续产生"污染天堂"问题。在国家层面的中央督导、部际协调、专家论证,地方政府间协同治理领导小组、工作组机制以及社会公众媒体监督机制上都体现了跨地区生态治理理念、治理方式和工作机制上的创新。2021 年,国家组织了 52 个专家团队深入京津冀及周边等重点区域 54 个城市开展驻点跟踪研究和技术帮扶指导；研究建立长江流域水生态考核机制,全面完成了黄河干流上游和中游部分河段 5 省区 18 个地市 7 827 千米岸线排污口排查；强化京津冀协同发展联防联控联治,整合长三角大气和水污染联防联控机制。[①]

第三节　中国区域治理进程

一、阶段特征

自新中国成立伊始,我国区域发展可分为三个阶段：1949—1978 年的均衡发展阶段、1979—1999 年向东部沿海倾斜的非均衡发展阶段以及 2000 年以来的区域协调发展阶段。[②] 从区域治理角度看,我们认为以改革开放作为时间起点比较合理。自改革开放以来,我国区域治理进程则总体经历了四个阶段,参见表 8-5。

我国区域治理是区域发展的子集,是为推进地区间资源更优配置与利益更优协调而实施的一系列行动集。在 1978—1999 年间,国家制定了优先发展战略,通过先后在发展条件较好的东部沿海和内陆省会、沿江和沿边地区建立特殊经济区,以点轴开发的路径实现了东部沿海及内陆部分城市的率先发展。根据政策作用的先后顺序,我国区域发展又可分为东部沿海优先发展阶段（1978—1990 年）和内陆跟随阶段（1991—1999 年）。进入 2000 年以后,面对日益突出的区域差距问题,国家逐渐转向区域协调的发展战略,先后通过西部大开发、东北振兴及中部崛起等战略,形成了全面协调的发展战略,相应的政策也以产业功能区为载体在各区域间全面铺开。党的十八大以来,在经济新常态背景下,国家为增强区域发展整体实力,先后实施了京津冀协同发展、长江经济带、粤港澳大湾区、雄安新区等协调发展战略,以网络式治理路径推动区域间优势互补和产业梯度转移,在更大空间范围内实现生产要素的流动和优化配置。"一带一路"倡议为我国沿线地区参与全球经贸、产业、科技与文化交流各领域合作提供了制度平台和机制安排。

---

① 全国生态环境保护工作会议在京召开［EB/OL］.（2022-01-07）. https://www. mee. gov. cn/ywdt/hjywnews/202201/t20220108_966450. shtml.

② 魏后凯,等.中国区域政策——评价与展望［M］.北京：经济管理出版社,2011.

表8-5　改革开放以来中国区域治理的四大阶段

阶段	地区优先发展（1978—1999年）		区域差异化发展（2000—2011年）	区域协调整体发展（2012—2017年）	区域高质量协调发展（2018年至今）
	东部沿海优先发展（1978—1990年）	内陆跟随（1991—1999年）			
治理目标	区域增长极	区域增长极	缩小区域差距	增强区域整体竞争力	构建优势互补、高质量发展的区域经济布局和国土空间体系
治理载体	特殊经济区	特殊经济区	产业功能区	城市群、湾区	优化重大生产力布局，优化区域开放布局核心科技产业的区域布局巩固东部沿海地区开放先导地位，提高中西部和东北地区开放水平。加快建设西部陆海新通道。加快建设海南自由贸易港，扩大面向全球的高标准自由贸易区网络
治理路径	点轴	点轴	平面	网络	全方位立体纵深发展
治理重点	东部沿海优先发展	内陆省会、沿江和沿海地区边疆地区加快发展	西部12省、中部6省和东北3省一体化发展	长江经济带、海西经济区、粤港澳大湾区、雄安新区带动发展	传统四板块：加快东部现代化，西部大开发新格局，东北全面振兴，中部加快崛起跨地区合作：京津冀协同发展，长三角一体化发展，长江经济带发展，推动黄河流域生态保护和高质量发展新增长极：雄安新区，成渝双城经济圈特殊地区：革命老区，民族地区加快发展，加快边疆地区发展粤港澳大湾区：坚持和完善"一国两制"，在推进祖国统一的进程中融入国家发展大局

区域发展阶段、工业布局和工业化路线关系到的是区域发展问题,区域政策体系和区域协调模式则与区域治理密切相关。西方工业化国家在解决区域发展与治理问题时,重点放在了通过立法将区域发展规划和相关政策措施制度化,设立专门的实体机构负责执行。美、英、日、韩等发达国家以动员市场和社会力量参与解决区域问题,将区域规划立法并成立专门机构负责执行,推进区域治理的法治化和制度化转型。

我国区域发展与治理过程具有鲜明的政府主导和规划引领特征。在执行国家发展规划的基础上,结合区域发展实际诉求和内外部发展条件,制定本地区发展规划来实现地区阶段性目标,并建立本地区连续性的政策支持措施。通过地方申请、国家批复的模式,东部地区发展得到了国家政策支持。政府在区域公共事务治理中发挥主导者的角色。[①] 我国在推动可持续发展的政策试点这一央地关系塑造中,"竞争申请制"作为一种激励型制度安排发挥了重要作用。[②] 当前,为更好地适应全球、地区的不确定性条件,构建开放、包容、韧性的区域治理法治化与制度化具有非常重要的现实意义。

二、阶段实践

(一)地区优先发展(1978—1999 年)

自改革开放到进入 21 世纪的这段时间,我国采取了非均衡型的区域增长政策,通过设立特殊经济区先后在沿海和内陆的省会、沿江和沿边地区进行点轴式开发,以打造区域增长极,助力国家宏观经济提升。这一阶段的政策重点是在本地区打造增长极,政策载体主要是出口加工区、经济技术开发区、高新技术开发区以及保税区等特殊经济区。当时我国面临的主要问题是资本、技术和人才等生产要素严重缺乏,经济发展严重滞后,人民的物质文化需要得不到充分满足。

为了改变这一不利局面,国家先后在区位条件较好的东部沿海和内陆省会、沿江和沿边地区设立出口加工区、经济技术开发区和高新技术开发区等特殊经济

---

① 陈瑞莲,杨爱平.从区域公共管理到区域治理研究:历史的转型[J].南开学报(哲学社会科学版),2012,226(2):48-57.

② 朱旭峰,张超."竞争申请制":可持续发展政策试点与央地关系重构[J].中国人口·资源与环境,2020,30(1):170-176.

区,并在资金、税收、土地利用以及经济管理权限方面提供优惠待遇;在空间上实现资本、技术和人才等生产要素的集聚,以点轴开发的模式塑造区域增长极、带动全国的经济发展。这一阶段按政策扩散的区域又可分为东部沿海优先发展(1978—1990年)和内陆跟随(1991—1999年)两个阶段。

(1) 东部沿海优先发展阶段(1978—1990年)。1979年,国家确定在广东、福建两省实行"特殊政策、灵活措施",利用其临近港、澳和台湾的区位优势,设立出口特区,并在特区内扩大地方和企业的外贸权限,鼓励增加出口[①],随后陆续设立了深圳、珠海、汕头、厦门4个经济特区。在以上4个经济特区取得良好效果、形成示范效应后,1984年国家进一步开放天津、上海、大连、秦皇岛、烟台、青岛、连云港、南通、宁波、温州、福州、广州、湛江和北海14个沿海港口城市,扩大地方权限,给予这些地区在外资项目审批权、财税、信贷等方面的优惠政策和措施。[②] 同年12月,国务院批准设立天津技术开发区。1985年1月,国务院批准广东设立湛江经济技术开发区。同年1月底,国务院决定将长江三角洲(以下简称"长三角")、珠江三角洲和闽南三角洲三个地区的59个县开放为沿海经济开放区,以发展外向型经济为主。至此,以特殊经济区为主要载体的点轴开发模式在我国东部沿海基本形成。

在"七五"(1986—1990年)计划中,我国首次提出了全国经济区域"三大地带"的划分,并进一步突出东部沿海地区优先发展的地位。[③] 1987年,国家提出加快沿海地区发展战略,强调沿海地区要按照"两头在外",即原材料在外和市场在外,发展外向型经济的原则,统筹考虑和调整沿海地区进出口商品结构,以及引进技术和利用外资的方向与重点,使沿海地区更多地利用国外资源、资金和技术,开展广泛的经济技术合作与交流。同时,提出加强沿海与中西部地区的横向经济联系,带动整个国民经济的发展。1988年,邓小平提出了"两个大局"的论述,强调当前其他地区要支持东部率先发展起来。截至1989年底,5个经济特区(深圳、珠海、汕头、厦门、海南)已批准外商投资项目5 700多个,协议外资金额94亿美元,实际利用外资41亿美元,占全国的1/4以上。5个经济特区1989年的工业产值接近300亿元,外贸出口达38.5亿美元,占全国出口额的近1/10。[④]

---

① 国务院.关于大力发展对外贸易增加外汇收入若干问题的规定[Z].1979.

② 国务院.国务院关于经济特区和沿海十四个港口城市减征、免征企业所得税和工商统一税的暂行通知[Z].1984.

③ 国务院.中华人民共和国国民经济和社会发展第七个五年计划[Z].1986.

④ 本书编写组.中国共产党简史:第九章 走自己的路,建设有中国特色的社会主义[M].北京:人民出版社,2021.

(2) 内陆跟随阶段(1991—1999 年)。沿海地区发展为内陆地区带来了示范效应。国家此后陆续推动内陆省份开放开发,在内陆地区的省会、沿江、沿海和沿边城市打造增长极。1991 年《关于国民经济和社会发展十年规划和第八个五年计划纲要的报告》首次提出"促进地区经济的合理分工和协调发展"。1992 年8 月,国务院决定将沿江、沿边、内陆省会城市实施开放,先后开放了重庆、岳阳、武汉、九江、芜湖 5 个长江沿岸城市,哈尔滨、长春、呼和浩特、石家庄 4 个边境沿海地区省会城市,太原、合肥、南昌、郑州、长沙、成都、贵阳、西安、兰州、西宁、银川11 个内陆地区省会城市。在沿边开放方面,1992 年 3 月以来,我国进一步开放黑龙江省黑河市、绥芬河市,吉林省的珲春市,内蒙古自治区的满洲里市、二连浩特市,新疆维吾尔自治区的伊宁市、塔城市、博乐市,云南省的瑞丽市、畹町市、河口市和广西壮族自治区的凭祥市和东兴镇 13 个市、镇,并在以上沿边开放城市中设立了边境经济合作区。我国的特殊经济区也在 1991 年到 1999 年间得到迅速发展,进入增长极加速形成阶段。1991 年 3 月,国务院批准建立 26 个国家高新技术产业开发区,加上原批准的北京新技术产业开发区,国家高新技术产业开发区已达 27 个。上海外高桥保税区也投入运营。至 1992 年 2 月 24 日,我国已有 154个海、陆、空口岸对外开放,比 1978 年增加了两倍。

(二) 区域差异化发展阶段(2000—2011 年)

东部沿海优先发展为东部地区塑造了先发优势。虽然内陆地区后来也跟随沿海地区进行了开放开发,但无论是从广度上看还是从深度上看,内陆地区与沿海地区依然存在差距。在 1979 年到 1998 年间,我国东部地区生产总值占全国比重由 52% 上升到 59%,中部地区、西部地区分别由 31%、17% 下降到 27%、14%,经济活动在空间上不断向东部沿海集聚。如何缩小我国各区域间的发展差距、实现"两个大局"的平衡成为我国区域发展面临的重要问题。

虽然国家在 1993 年已提出西部大开发战略[①],但是全面深化实施区域协调政策则是在进入 21 世纪以后。2000 年《政府工作报告》正式提出实施西部大开发战略并成立西部地区开发领导小组办公室。2001 年《中华人民共和国国民经济和社会发展第十个五年计划纲要》再次重申"实施西部大开发战略,促进地区协调

---

① 国务院.关于进一步推进西部大开发的意见[Z].1993.

发展",标志着西部大开发战略进入实施阶段。2002年11月,党的十六大报告正式提出"支持东北地区等老工业基地加快调整和改造"。2003年10月,《中共中央 国务院关于实施东北地区等老工业基地振兴战略的若干意见》发布,并于2004年4月成立振兴东北地区等老工业基地领导小组办公室,至此东北振兴进入实质性阶段。2005年中央经济工作会议再次提出,"促进区域经济协调发展是结构调整的重大任务",并将促进中部崛起作为当年经济工作的重要任务之一。至此,我国全面协调的区域发展战略初步形成。《中华人民共和国国民经济和社会发展第十一个五年规划纲要》第十九章"实施区域发展总体战略"中强调"坚持实施推进西部大开发,振兴东北地区等老工业基地,促进中部地区崛起,鼓励东部地区率先发展的区域发展总体战略,健全区域协调互动机制,形成合理的区域发展格局";并从国土空间角度把我国划分为四大板块,即东部、东北、中部和西部。《中华人民共和国国民经济和社会发展第十二个五年规划纲要》第十八章"实施区域发展总体战略"中提出实施新一轮西部大开发,全面振兴东北地区等老工业基地,大力促进中部地区崛起,积极支持东部地区率先发展;并提出了主体功能区战略(优化开发、重点开发、限制开发和禁止开发)。2005年至2011年,国务院先后批准设立11个综合配套改革试验区,并批复多个区域发展规划。[①] 上述政策标志着我国进入全面深化区域协调发展的新阶段。

(三)区域协调发展阶段(2012—2017年)

进入2012年以来,我国年均经济增速为8%,告别了过去30多年平均10%左右的高速增长,由高速增长进入中高速增长的"经济新常态"。提升我国各区域在全球经济竞争中的整体竞争力,保障我国经济健康平稳发展成为国家推进区域治理的首要任务。党的十八大报告提出"优先推进西部大开发,全面振兴东北地区等老工业基地,大力促进中部地区崛起,积极支持东部地区率先发展",明确我国区域经济总体发展战略。2014年12月,中央经济工作会议明确提出要实施"'一带一路'、京津冀协同发展、长江经济带三大战略",标志着我国的区域政策向区域一体化和整体协同性重构方向推进。

京津冀协同发展战略提出,在"十三五"期间,京津冀三地协同发展教育、医疗

---

① 孙久文,李恒森.我国区域经济演进轨迹及其总体趋势[J].改革,2017(7):18-29.

卫生、养老等社会事业,进一步缩小基本公共服务差距,提高区域基本公共服务均等化程度,促进三地一体化发展。长江经济带的战略定位依托长三角城市群、长江中游城市群、成渝城市群,构建上海、武汉、重庆三大航运中心,推进长江中上游腹地开发;促进区域"两端"带动沿线城市发展,形成转型升级新支撑带。同时,湾区建设也是我国区域一体化建设中的重要体现。2017年的《政府工作报告》中提出,要推动内地与港澳深化合作,研究制定粤港澳大湾区城市群发展规划,发挥港澳独特优势,提升在国家经济发展和对外开放中的地位与功能,粤港澳大湾区进入国家政策顶层设计架构。

党的十九大报告提出,"贯彻新发展理念,建设现代化经济体系",将实施区域协调发展战略列入其六项具体实施内容之一。报告强调了建立更加有效的区域协调发展新机制,以城市群为主体构建大中小城市和小城镇协调发展的城镇格局,加快农业转移人口市民化;同时,对京津冀协同发展、长江经济带建设、边疆地区发展、资源型地区转型发展和坚持陆海统筹等方面均做了相应部署。应当说,空间一体化战略在党的十九大以来得到进一步凸显,相应的区域发展政策也更加强调完善区域空间一体化发展机制、缩小全区域发展差距以及扶持特殊类型地区发展[①],推进陆海、国内和国外全空间一体化[②],城市群、特殊类型地区、海洋经济区和"一带一路"沿线地区将成为未来我国区域发展的主要政策载体。

(四) 区域高质量协调发展(2018年至今)

党的十九大首次提出"高质量发展",表明中国经济由高速增长阶段转向高质量发展阶段。创新、协调、绿色、开放、共享的新发展理念,是中国区域高质量协调发展方面的重大方向性的指导。2021年3月30日,中共中央政治局审议《关于新时代推动中部地区高质量发展的指导意见》。2021年9月14日,国务院颁布了《国务院关于推进资源型地区高质量发展"十四五"实施方案的批复》(国函〔2021〕93号),原则同意《推进资源型地区高质量发展"十四五"实施方案》。党的二十大提出:推进京津冀协同发展、长江经济带发展、长三角一体化发展,推动黄河流域生态保护和高质量发展。高标准、高质量建设雄安新区,推动成渝地区双城经济

---

① 这些特殊类型地区包括资源枯竭、产业衰退和生态严重退化等困难地区类型,在支持贫困地区加快发展的同时,实施革命老区振兴发展行动、民族地区奔小康行动、沿边地区开放开发行动、资源枯竭地区转型、产业衰退地区振兴发展和生态严重退化地区转型发展等特殊类型发展等重大工程。

② 杨开忠.区域协调发展新格局的基本特征[J].中国国情国力,2016(5):6-8.

圈建设……发展海洋经济,保护海洋生态环境,加强建设海洋强国。在教育、医疗、卫生、人才和应急能力建设上推进区域均衡发展。进一步从全方位、立体纵深视角推进中国区域高质量协调发展。

京津冀三地联合创建工业互联网协同发展示范区,重点在三地互联网资源的供需衔接和基础设施对接。三地企业以重大项目建设开展合作,支持京津冀企业联合争创工业和信息化部工业互联网相关试点示范,合力推动企业上云上平台;培育工业互联网服务体系,引导北京、天津工业互联网企业在河北建立服务体系,带动生态合作伙伴和上下游企业在河北聚集发展。[①] 辽宁省、吉林省、黑龙江省、内蒙古自治区(以下简称"辽吉黑蒙")四省区域竞技体育协同发展框架协议整合共享四地资源,激发发展潜力和活力,提升辽吉黑蒙竞技体育工作整体水平,为国家更优质高效地培养、输送竞技体育人才。黑龙江、吉林的短道速滑、速度滑冰有优势,辽宁的优秀运动员可以去他们那里学习、训练、提升,黑龙江、吉林过剩的运动员可以交流到辽宁、内蒙古自治区;同样,辽宁的自由式滑雪空中技巧项目强,黑龙江、吉林和内蒙古自治区的教练员、运动员也可以到辽宁交流、合作。[②]

第四节 中国区域治理制度创新

一、区域治理工具的选择与创新

改革开放以来的经济分权和政治晋升激励为各地区进行区域治理转型创设了激励的内在逻辑。地方政府通过营造良好的经营环境、增加要素供给和刺激市场需求等类型的政策措施来积极促进地区发展。按政府干预程度的不同,治理工具可分为政府部门直接提供、政府部门委托、签约外包、补助或补贴、抵用券、经营特许权、政府贩售、自我协助、志愿服务、市场运作等。自我协助式的治理工具如很多东部的村集体以股份制的形式对集体财产进行投资、管理,最终带领全村人民共同富裕,其中最具代表性的当属曾被称为"中国第一村"的江苏省江阴市华西村。市场运作的治理工具也比较多见,比较有代表性的有对公立医院进行市场化

---

① 京津冀联合加快建设高质量工业互联网平台[EB/OL]. (2022-08-08). https://baijiahao.baidu.com/s? id=1740538066659108411&wfr=spider&for=pc.

② "三省一区"正式成立区域竞技体育协同发展联盟[EB/OL]. (2022-08-01). https://baijiahao.baidu.com/s?id=1739929284850775159&wfr=spider&for=pc.

改革的宿迁医改的模式。

在我国跨区域协调发展进程中,地方政府特别是省级政府起到了非常重要的作用。随着区域一体化的不断推进,地区之间的联系也日益紧密。各地之间形成了更多的利益交集,为地方政府间的跨区域合作提供了重要的推动力。其合作形式包括地方政府领导人的联席会议,地区经济工作的部门会议等政府主导模式,也包括地区经济合作论坛、商品展销会等民间形式。前者如泛珠三角区域合作,后者如各种形式的经济博览会等。跨区域协调发展有助于全面缩小地区间在经济、产业、科技、人才、公共福利等各方面的发展差距,未来很长一段时间将是我国区域治理进程中的主导方向。诚然,跨区域治理需要纵向央地关系互动与横向政府间合作关系和纵横交叉型权力分配关系三者共同建构起的治理网络。

从区域政策载体来讲,我国重视规划对区域发展的引导作用。典型国家在区域发展过程中通过立法作为区域政策的制定依据和执行保障。[①] 如美国在 1933 年出台《麻梭浅滩和田纳西河流域管理法》来开发田纳西河流域,1965 年的《阿巴拉契亚区域开发法》促进阿巴拉契亚地区的经济发展。美国在 1960—1990 年间还颁布了《地区再开发法》《公共工程与经济发展法》《联邦受援区和受援社区法》等法律法规为落后地区的发展提供了法律依据。[②] 我国区域发展的规划驱动性非常明显。从1953 年制定实施的"一五计划"到"十三五规划",国家的宏观发展规划一直是我国经济社会发展中政策制定的主要依据。[③] 国家的宏观发展规划为"西部大开发""振兴东北老工业区"等区域发展战略规划提供了指引;"西部大开发""振兴东北老工业区"等区域发展战略又是各个部门、行业制定相关政策制度的依据。[④] 我国区域治理工具的重点应同时涵盖规划和各项法律法规对区域发展的制度支撑上。

按照治理目标和作用载体的不同,区域治理工具可分为传统工具、特殊经济区的政策工具、区域合作政策工具和专项政策工具,这些治理工具按是否直接产生作用又可进一步分类如下。在传统工具方面,地方政府既可在税收、财政补贴、

---

① 金钟范.韩国区域开发政策经验与启示[J].韩国经济,2002(4):59-63;衣保中,任莉.论日本的区域经济政策及其特色[J].现代日本经济,2003(5):18-23;隋鹏飞.美国区域协调管理方法及其借鉴[J].山东工商学院学报,2015,29(4):5-11.

② 其他典型国家的相关法律,如日本的《过疏法》、韩国的《地域均衡开发和地方中小企业育成法》、英国的《工业分散法》等。

③ 杨永恒.发展规划:理论、方法和实践[M].北京:清华大学出版社,2012:18-25;我国也是当今世界上将国民经济发展规划一直沿用至今的少数国家之一。

④ 韩博天,麦尔敦.规划:中国政策过程的核心机制[J].开放时代,2013(6):8-31.

优惠贷款、国家拨款、国家投资等方面进行创新，又对当地的经济发展产生影响，也可通过许可证制度、区域基础设施、区际通道建设、工业科技园区建设间接地作用于腹地经济。特殊经济区包括经济特区、开发区和高新区、海关特殊监管区和国家级新区，具体政策工具创新也因经济区类型而异。地方政府通常以税收、土地及专项资金等政策手段来推动本地区增长极。同时，通过下放"先行先试权"等制度创新进行区域治理改革、助推腹地经济增长。在区域合作方面，国家通过中央领导小组直接干预、编制区域规划和区域对口支持等"自上而下"的方式来发挥宏观调控的"指挥棒"作用，地方政府通过行政契约和府际协议、地方政府联席会议、专项合作等"自下而上"的形式执行国家政策并进行适应型治理创新。针对资源约束、环境污染等日益凸显的问题，地方政府也会通过专项领域治理行动来解决，如采用"河长制"等治理手段对区域内与区域间水资源进行综合管理[①]，也会采用排污权交易、公共服务外包等经济治理手段或社会治理手段解决问题。区域治理工具的分类参见表 8-6。

表 8-6　区域治理工具的分类

治理工具	治理领域		直接作用	间接作用
治理工具创新类型	治理工具		税收、财政补贴、优惠贷款、国家拨款、国家投资	许可证制度、区域基础设施、区际通道建设、工业科技园区建设
	特殊经济区域的治理	经济特区	税收："两免三减半"；低价土地供给；国家贷款；财政留存；外资银行准入	"先行先试权"：招拍挂制度、合同工制度、市场价格、现代企业制度；社会保障制度、住房制度；公务员制度、市区分税制度、特区立法权
		开发区和高新区	税收减免、土地供给、国家信贷、专项资金	"先行先试"、管委会体制创设、"N 通一平"；企业资格认定、外商投资审批权、"新三板"
		海关监管区	保税制度（免进口税）、投资备案管理制度、现汇管理	"先行先试权"（利率市场化、资本项目可兑换、外汇管理）、负面清单管理模式；安全审查制度、贸易"单一窗口"管理制度
		国家级新区	浦东：财政支持，税收"A 免 B 减半"（A、B 分别指具体数字），其他新区无直接优惠政策	先行先试权；中央在编制规划、项目安排、体制机制创新给予支持
	区域合作治理		中央领导小组直接干预、编制区域规划、区域对口支援	行政契约、地方政府联席会议、专项合作
	专项领域治理		监管标准制定和过程管理	市场：税费和产权交易 社会：信息公开和公众参与

---

① 王亚华,陈相凝.河长制实施进展的评价与展望[J].中国水利,2021(23)：21-24,27.

二、区域治理机制的优化与完善

从区域政策的制定与执行主体来讲,我国主要依靠中央政府放权和央地政策协调来推进。美国、日本等国采用区域独立的人员编制和财政预算权的区域治理法人负责制。如美国在开发田纳西河流域和阿巴拉契亚等地区时分别成立了田纳西河流域管理局和阿巴拉契亚区域委员会专门负责上述地区的开发工作;日本为振兴北海道和冲绳等地区成立了北海道开发厅和冲绳开发厅等管理机构。

我国没有设立专门的区域治理组织,而是以领导小组及其办公室方式行使专门治理领域的垂直领导和协调职能。领导小组的组长通常由政府首脑担任,组员一般由相关的各部委负责人构成,作为负责具体事务运行的办公室一般设在国家发改委等相应职能机构之内。这种体系通过高层领导的行政动员能力来达到统筹协调、灵活管理的目标,在具体运行过程中高层领导有较大的自主裁量权,较少受到规则的约束。

央地关系主要体现在财政分权和 GDP 激励上。我国地方政府在地区经济发展中的角色与功能也呈现出较强的时空阶段特性和制度特征。新中国成立之初,国家发展基础薄弱,百废待兴,"全能型政府"在计划经济体制下具有推动地方经济发展的独特优势。在经济发展初期,资源稀缺性非常强,因此资源配置需要寻求一个更有效率、更符合国家预期的目标。政府功能主要集中在资源配置上。通过行政指令、政策干预和监管等方式,建立一个组织、动员、协调各类市场主体进行生产的效率机制。同时,中央通过以地区生产总值和增长率作为地方政府行政效能体现的主要指标,激发地方政府以角逐地区生产总值方式获得中央财税激励。20 世纪 80 年代,我国开始进行市场化改革。当时,市场机制并非完备成型,计划经济与市场经济在一些地区和一些行业领域出现重叠,地区经济指挥棒和财政分权成为地方政府参与区域发展的体制特征。

当前,我国相继实施一批重大跨地区发展战略,着力提升更大尺度的区域合作层次和水平,构建跨区域的地方政府间合作、区际利益补偿等机制,更好地促进发达地区和欠发达地区、东中西部和东北地区协调发展。如支持省际交界地区探索建立统一规划、统一管理、合作共建、利益共享的合作新机制;完善财政转移支付支持欠发达地区的机制;逐步实现地区间基本公共服务的均等化;统筹引导人才、科技、教育资源向西部和艰苦边远地区流动转移。在流域治理、生态治理和公共卫生治理方面,通过创新区域合作与利益调节机制,支持流域上、下游,粮食主产区、主销区,资源输出地、输入地之间开展多种形式的利益补偿,实现内循环,鼓励探索共建园区、飞地经济等收益共享模式成为很多地区典型的经验做法。

三、区域产业发展中的链长制

(一)链长制的提出

链长制是在我国地区产业发展中出现的一种新的治理机制。设立链长制的最初目标是增强地区的产业链韧性,以实现"强链""补链"和"延链";最终目标是推动区域产业链升级创新,提升区域现代化产业体系的建设水平。

链长制经历了从概念提出到模式扩散的过程。2016 年,习近平总书记在宁夏西海固考察时就提出了"产业链上设立党组织"。2018 年 7 月,湖南省委办公厅、省政府办公厅印发《省委、省政府领导同志联系工业新兴优势产业链分工方案》,成为链长制的政策雏形。2019 年,浙江省商务厅发布《关于开展开发区产业链"链长制"试点 进一步推进开发区创新提升工作的意见》,在全国率先提出了产业链的链长制。2020 年 9 月,国务院发布《中国(浙江)自由贸易试验区扩展区域方案》,指出要建立产业链的链长制责任体系,以提升"补链"能力。为了应对全球产业链供应链可能出现的"脱钩""断链"风险,提升国内产业链条环节衔接的稳定性和竞争力,当前我国很多地区着手构建本地区的链长制体系。

(二)链长制的运行机制

国内学界对链长制的学术研究处在方兴未艾阶段。链长制的基本内涵是地方政府党政负责人担任链长,行业龙头企业担当链主。有学者认为,链长制本质上是一种责任分配机制、动员机制和要素保障机制。[①] 链长制能在特定条件下弥补市场机制和行政机制的治理缺陷,是市场机制和行政机制之外实现产业链协同的第三种治理机制。[②] "链长制"实施的核心是明确链长、链主职责分工,正确处理

---

① 李鹏飞.链长制:打造共赢产业生态[J].中国工业和信息化,2020(7):36-39.
② 中国社会科学院工业经济研究所课题组,曲永义.产业链链长的理论内涵及其功能实现[J].中国工业经济,2022(7):5-24.

政府与市场间的关系。[①]

根据我们近来对诸多地区开展的实地调研工作和理论研究，我们给出了链长制的基本结构，参见图8-8。基于产业高质量发展的区域治理目标，链长制涵盖四个体系，分别为政治系统和产业系统以及技术创新系统和社会系统。在政治系统中，地区党政负责人担任一条或者多条产业链的链长，负责领导每条产业链的工作组；工作组执行相应的产业推进政策。产业系统包括链主企业和非链主企业。链主企业一般是区域内有竞争力的龙头企业，非链主企业为关联性上下游企业。技术创新系统包括知识生产平台（如高校）和产业共性技术平台（如公共科研院所）。社会系统包括公众、社会组织和媒体三类主体。此外，其还包括两类关联性组织：一是由技术专家和管理专家组成的专家系统，负责联结技术创新系统和产业系统；二是产业协会，负责联结政治系统与产业系统。上述各类治理主体聚焦区域产业发展目标，塑造为一个关系紧密的地区链长制的治理结构。

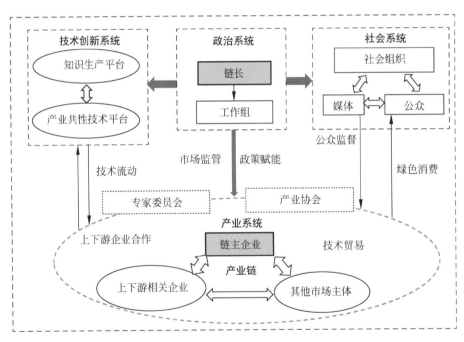

图 8-8　链长制的基本结构

①　郑茜，王臻，蒋玉涛.产业链"链长制"的理论内涵与实施路径——基于扎根理论的多案例实证研究[J].科技管理研究，2022(23)：209-215.

（三）链长制的典型案例：江门新会的陈皮产业链党委

1. 新会陈皮产业发展历程

2023年4月，习近平总书记在广东视察时强调，"发展特色产业是实现乡村振兴的一条重要途径，要着力做好'土特产'文章，以产业振兴促进乡村全面振兴。"广东省江门市新会区，是南粤鱼米之乡，更是"陈皮之乡"。新会陈皮是用新会柑果皮为唯一原料，经炮制而成的陈年贮存品，药食同源、历史悠久、文化深厚、品质优秀，具有很高的药用价值，也是传统的香料和调味佳品，在中国历史上的两宋时代起已经销往海外。

新会陈皮近些年来已经实现从以传统农业形态的"靠天吃饭"模式，到逐步产业化和品牌化的高质量发展目标（图8-9）。2006年新会陈皮获得国家地理标志，逐步实现陈皮产业资源配置的组织化和制度化。从没有品牌，到成为地区公共品牌，再到获得全国农业知名公共品牌；从粗放型种植到精准化病虫害防治和科学化的种质资源保护繁育，再到高品质产品研发创新；从被列入非物质文化遗产保护名录到立法保护，这一过程诠释了"小陈皮、大产业"的发展是经济理性、科学价值和人文情怀的完美融合。当前，新会陈皮产业依托于国家现代农业产业园区，产品线拓宽、产业链延长、产业集群优势逐步显现。新会陈皮"基地＋企业＋农户＋政府＋电商"的产业模式也正在成为中国乡村振兴中"富民强村"的典范。新会区的陈皮经营主体超过2000家，形成了药食茶健以及文旅、金融等六大类、35细类、100余品种的系列产品规模，带动了当地7万人就业，推动了乡村振兴和农民致富，展示了中国式现代化进程中的区域高质量发展成效。

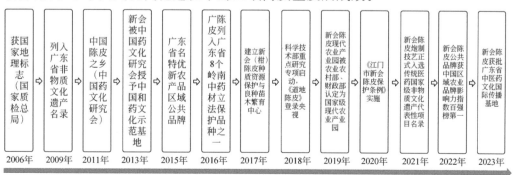

图8-9 新会陈皮产业发展历程（2006—2023年）

2. 新会陈皮产业的区域禀赋优势

我国广东、四川等地均为陈皮产地。江门新会陈皮产业则更加具备区域禀赋。一是生态本底得天独厚。江门新会区内西江、潭江交错,南海海水上溯形成独特咸淡交融的浇灌条件和沉积机质土壤,绝佳的种植条件为新会陈皮创造了良好的生产基础。二是历史文化积淀深厚。新会柑作为传统农产品,种植历史已达1 000年,陈皮作为药用已有400年;农民有丰富的新会柑种植经验和柑皮陈化技术。三是市场成长性强。当前,大健康产业作为国家战略性新兴产业处在成长期,消费市场空间巨大。在新冠疫情发生后,陈皮被列入《疫情防控重点保障物资(医疗应急)清单》。新会陈皮柑鲜果总产量从2007年的1.5万吨增长到2022年的14.75万吨,柑皮产量从2007年的近千吨增长到7 350多吨。四是科技创新驱动产业高质量发展。近些年来,新会区政府建立种质资源保育科研平台、农业产业园区等公共基础设施;企业通过自主研发生产设备,实现对新会柑皮、肉、渣、汁、核的充分开发利用;研发出了陈皮果酱、陈皮酒、陈皮月饼、陈皮酵素、陈皮面膜、陈皮清洁剂等多条产品线,改变了新会陈皮产业以销售原材料为主的产业结构,不断深挖新会陈皮精深加工发展潜力。产业链总产值从2007年的1亿元增长到2020年的102亿元,2022年增长到了190亿元,位居"中国区域农业产业品牌影响力指数TOP100"首位。

3. 新会陈皮产业链党委

在国家有关部门和广东省的政策支持下,江门市和新会区两级党委、政府上下联动,对新会陈皮产业发展提供了有效的制度安排。2017年,新会区成立了由区委书记任组长、区长任常务副组长的新会陈皮现代农业产业园建设领导小组,下设产业园管委会负责农业产业园的具体工作。2021年,省委"两新"工委印发贯彻落实《广东省加强党的基层组织建设三年行动计划(2021—2023年)》实施方案,明确提出了"探索加强产业链、供应链、创新链党建工作,推动产学研、上下游、大中小企业开展党建联建"。2021年,新会区整合了组织、工商联、农业农村、供销社、市场监督等部门的党建资源,正式建立了新会陈皮产业链党委。

产业链党委成立之初,党委设委员9名,其中书记1名、副书记3名,由新会区工商联、区委组织部、区农业农村局有关领导干部以及新会陈皮行业协会代表、新会陈皮产业链企业代表兼任。在保留党员组织关系的前提下,产业链党委从产业链上相关企业、职能部门和行业协会选配党员组成党委班子,协调产业相关各部门职能分工;目标是规范新会陈皮产业的市场秩序,引导企业严格按照行业协会标准规范生产经营,保护新会陈皮品牌。在新会陈皮产业链党委组织架构下,产业链党委负责整合区域内的相关政府部门资源,重点解决制约陈皮产业发展中的棘手问题。

新会陈皮产业链党委是广东省首个非公经济组织产业链党委,通过以"产业链牵头职能部门＋属地主管部门＋行业协会＋产业链'链主'企业或骨干企业党组织"的形式建立功能型党组织,组织形式创新,政策导向明确,参与主体多元(涉及文广旅体、发改、统计、税务、市场监管等部门),社会影响广泛。产业链党委采取的是"区域治理＋产业链治理"的叠加模式。近年来,新会区推广陈皮产业链党建模式,在轨道交通、造纸及纸制品等重点产业链,以及大鳌镇对虾、司前镇不锈钢等本土特色产业链成立党组织,产业链党建助推产业发展的效能逐步显现。

近年来,新会陈皮产业链党委优化调整委员结构,党委委员来自大种植、大加工、大仓储、大平台、大电商等不同领域,有效覆盖了新会陈皮全产业链条。产业链党委整合了新会陈皮现代农业产业园现有的阵地和设施资源,打造集党建展示、业务办理、数据支持、学习培训等功能于一体的新会陈皮产业链党群服务中心,为链上的党员、企业和群众提供"一站式"产业链党群服务。

根据江门市新会区相关部门提供的数据:截至 2023 年 11 月,产业链党委吸纳了产业链条中 28 个党组织,并覆盖了个体种植户党员约 1 000 人。产业链党委选定 4 个链主企业,牵头科技研发、技术攻关、权益保障等。产业链党委组织企业党组织参加链上主题党日、"行业交流沙龙"、"链上企业参观日"等活动,促进链上企业分享发展经验。龙头企业党组织通过党建交流,形成差异化发展战略,避免业内企业无序竞争。新会陈皮产业链党委在种植、加工、销售、仓储等环节发挥统揽全局、协调各方、聚合资源作用,构建了党组织建在产业链上、党员聚在产业链上、群众富在产业链上的新模式。

4. 主要成效

在产业链党委领导下,新会正以"陈皮＋"模式开创大湾区富民强村的新范本。近些年来,新会陈皮产业发展不仅延长了陈皮产业链,拓宽了陈皮产品线,而且创造性地构建起"陈皮＋"的新会模式。产业链党委成立一年后,新会陈皮产业总产值于 2022 年升至 190 亿元,连续两年位居"中国区域农业产业品牌影响力指数 TOP100"首位。2021 年,江门市新会区陈皮全产业链典型县成功入选全国农业全产链重点链和典型县建设名单,是广东唯一一个入选的典型县;涌现出很多示范企业。

一是"陈皮＋科技"模式。在产业链党委带动下,新会陈皮国家现代农业产业园与国内 30 多家科研院所、12 家省级以上科研教育单位设立合作平台;整合财政和社会资金累计投入科研经费超 1 亿元,建成 1 个院士工作站、1 个博士后工作站、8 个陈皮相关研究院以及一批企业技术研发中心,成立由柑橘生产技术、陈皮标准化生产、柑橘及陈皮精深加工等领域专家组成的新会陈皮智库,建立了新会(柑)陈皮种质资源保护与良种苗木繁育中心。新会陈皮企业与中山大学、广东省农业科学院等多家科研院校合作,累计获得 30 多项发明专利和新型专利,自主研发生产设备近 100 套,推动柑果清洗、开皮、加工、烘干、包装等环节机械化、自动化,切实促进科技成果转移转化。

二是通过"陈皮＋文旅"将新会陈皮作为文化历史元素,建设陈皮古道、新会陈皮村、陈皮小镇、陈皮文化主题酒店月泉湖居等文旅项目,举办中国·新会陈皮文化节、新会柑农节、陈皮美食旅游节等活动;陈皮宴、陈皮预制菜也不断出新。新会区政府主动开发新会陈皮生态、休闲、健康和文化价值,建设多样性的"新会陈皮庄园"。

三是"陈皮＋金融"实现惠农强企。江门新会区政府牵头农商银行、农业银行等共建了"葵乡惠农贷""陈皮 e 贷""陈皮助保贷"等特色金融产品。截至 2023 年10 月,已累计发放新会柑、陈皮产业贷款 22.3 亿元。

四是"陈皮＋人才"模式。广东在全国首创提出了"乡村工匠"概念,培育乡村本土人才,设立了 10 个领域,其中包含了 2 个陈皮专业领域;加大对乡村陈皮产业技术管理人才的引育力度。

五是"陈皮＋数字经济"模式。新会区政府近几年根据数字销售发展趋势,设立了"新会陈皮＋直播＋电商"数字服务平台,打造"直播卖陈皮""云赏柑花""云品柑茶"等数字销售案例。通过支持发展适合家庭农场和农民合作社经营的新会柑初加工,培育了丽宫食品、陈皮村、新宝堂、泓达堂等多家省级农业龙头企业,以及柑之林等 306 家新会柑专业合作社,建设陈皮产业集群,促进产业链的本地化,让当地农民分享陈皮产业增值收益。

截至 2023 年 12 月,新会区已有 6 家省级农业龙头企业、4 家市级农业龙头企业、306 家新会柑专业合作社,孵化新会陈皮企业超 200 家,带动规模化种植户 900 多户,形成产业集群效应。产业园内加工企业数量也从 2016 年的 50 家上升至 2022 年的 340 家;带动全区农民平均增收 2.2 万元。

综上,新会陈皮产业链长制是我国地方探索的一种新型的有为政府和有效市场联动的模式。在链长制党委推动下,江门市和新会区两级协同联动,制定了广东省地方标准《地理标志产品新会柑》《地理标志产品新会陈皮》,江门市地方性法规《江门市新会陈皮保护条例》以及产业联盟标准《新会柑皮普洱茶》等 5 项(注:产业联盟标准有 5 项,包括《新会陈皮预包装标签》《新会柑皮普洱茶》《新会陈皮普洱茶》《新会青柑代用茶》和《新会陈皮粉》,加上前面地方标准、地方性法规,共 8 项)。新会区发布了《新会陈皮产业高质量发展》白皮书;制定了公共监管仓制度,推进了新会陈皮产业数字化溯源管理体系;全面实行新会陈皮产品贴标销售制度;同时增加了新会陈皮的金融交易功能,建设中国陈皮交易中心,实现了以陈皮融通一、二、三产业跨产业链融合发展的模式。这些制度安排也为我国其他地区探索面向产业创新发展的区域治理机制提供了借鉴。

第五节　长三角绿色治理实践

一、长三角一体化的基本情况

长三角地区是我国经济发展最活跃、开放程度最高、创新能力最强的区域之一,在国家现代化建设大局和全方位开放格局中具有重要的战略地位。推动长三角一体化发展,增强长三角地区创新能力和竞争能力,提高经济集聚度、区域连接性和政策协同效率,对引领全国高质量发展、建设现代化经济体系意义重大。

长三角地区涵盖了上海、江苏、浙江、安徽全域,面积 35.8 万平方千米,常住人口 2.3 亿,2020 年前三季度地区生产总值 17.5 万亿元,同比增长 2.0%,高于全国 1.3 个百分点,占全国经济总量的 24.3%。长三角地区以上海市,江苏省南京、无锡、常州、苏州、南通、扬州、镇江、盐城、泰州,浙江省杭州、宁波、温州、湖州、嘉兴、绍兴、金华、舟山、台州,安徽省合肥、芜湖、马鞍山、铜陵、安庆、滁州、池州、宣城 27 个城市为中心区(面积 22.5 万平方千米)。[①] 长三角生态绿色一体化发展示范区对全国生态治理起到示范引领作用,也是跨行政区推动区域治理实践的典型案例。

长三角区域合作发端于 1992 年,由上海、无锡、宁波、舟山、苏州、扬州、杭州、绍兴、南京、南通、常州、湖州、嘉兴、镇江 14 个市经协委(办)发起、组织,成立长江三角洲十四城市协作办(委)主任联席会,至 1996 年共召开五次会议。到 1996 年,成立"长江三角洲城市经济协调会"(以下简称"长三角城市经济协调会"),并吸纳泰州市为成员单位。1997 年发端于长三角协作办(委)主任联席会议的长三角城市经济协调会正式升格为市长峰会。至 2021 年,已成功举行 21 届会议。进入 2000 年以后,长三角区域合作机制迅速推进。2004 年,启动了"沪苏浙主要领导座谈会制度",由沪苏浙省(市)委书记、省(市)长出席。2008 年,国务院发布《国务院关于进一步推进长江三角洲地区改革开放和经济社会发展的指导意见》,其中强调要加强区域生态环境的共同建设、共同保护和共同治理。[②] 2018 年 11 月 5 日,习近平主席在首届中国国际进口博览会开幕式上的讲话指出:支持长三角区域一体化发展并上升为国家战略,这一战略"升格",大大加快了长三角区域一体化发展进程,为长三角世界级城市群高质量发展注入强劲动力。[③] 2019 年 12 月,国务院印发的《长江三角洲区域一体化发展规划纲要》指出:到 2025 年,长三角一体化发展取得实质性进展。跨界区域、城市乡村等区域板块一体化发展达到较高水平,在科创产业、基础设施、生态环境、公共服务等领域基本实现一体化发展,全面建立一体化发展的体制机制。[①] 2020 年,习近平总书记先后在浙江、安徽、上海、江苏考察调研,并在合肥、上海两次发表重要讲话。8 月,习近平总书记在合肥主持召开扎实推进长三角一体化发展座谈会,赋予长三角更高使命定位,要求率先形成新发展格局、勇当我国科技和产业创新的开路先锋、加快打造改革开放新高地。11 月,习近平总书记在上海出席浦东开发开放 30 周年庆祝大会并发表重要讲话,深刻指明新时代浦东发展的战略使命。长三角正紧扣"一体化"和

---

① 中共中央 国务院印发《长江三角洲区域一体化发展规划纲要》[EB/OL]. (2019-12-01). http://www.gov.cn/zhengce/2019-12/01/content_5457442.htm.

② 国务院关于进一步推进长江三角洲地区改革开放和经济社会发展的指导意见[EB/OL]. (2008-09-16). http://www.gov.cn/zhengce/content/2008-09/16/content_1715.htm.

③ 李志青,刘瀚斌.长三角绿色发展区域合作:理论与实践[J].企业经济,2020,39(8):48-55.

"高质量"两个关键词,打破行政壁垒、提高政策协同,凝聚更强大的合力,促进高质量发展。

二、长三角绿色治理方案

长三角绿色治理从 1992 年就已展开。习近平总书记于 2005 年 8 月在浙江湖州安吉考察时就提出"绿水青山就是金山银山"的绿色发展理念。"千村示范、万村整治"工程、新安江流域生态补偿经验,以及密集的全国森林城市、环保模范城市和生态城市,河长制、湖长制的施行推广经验均在长三角地区有政策实验。长三角绿色治理目标是实现生态环境共保联治能力显著提升;跨区域跨流域生态网络基本形成,优质生态产品供给能力不断提升;环境污染联防联治机制有效运行,区域突出环境问题得到有效治理;生态环境协同监管体系基本建立,区域生态补偿机制更加完善,生态环境质量总体改善。到 2025 年,细颗粒物(PM2.5)平均浓度总体达标,地级及以上城市空气质量优良天数比率达到 80% 以上,跨界河流断面水质达标率达到 80%,单位 GDP 能耗较 2017 年下降 10%。[①]

2019 年《长江三角洲区域一体化发展规划纲要》显示:长三角地区空气、水、土壤污染联防联治联动机制逐步完善,太湖、淮河等流域合作治理取得明显成效。333 条地表水国考断面中水质Ⅲ类及以上占 77%,41 个城市细颗粒物平均浓度较 2015 年下降 19%。[①]2019 年 11 月 19 日,国务院办公厅正式公布《长三角生态绿色一体化发展示范区总体方案》。一体化示范区范围包括上海市青浦区、江苏省苏州市吴江区、浙江省嘉兴市嘉善县(以下简称"两区一县"),面积约 2 300 平方千米(含水域面积约 350 平方千米)。一体化示范区的战略定位为生态优势转化新标杆、绿色创新发展新高地、一体化制度创新试验田、人与自然和谐宜居新典范。示范区要率先探索将生态优势转化为经济社会发展优势,在坚持生态绿色的同时实现经济社会高质量发展。[②] 建设长三角生态绿色一体化发展示范区是实施长三角一体化发展战略的先手棋和突破口,这标志着长三角示范区正式进入大发

① 中共中央 国务院印发《长江三角洲区域一体化发展规划纲要》[EB/OL].(2019-12-01).http://www.gov.cn/zhengce/2019-12/01/content_5457442.htm.
② 《长三角生态绿色一体化发展示范区总体方案》发布[EB/OL].(2019-11-20).http://www.gov.cn/zhengce/2019-11/20/content_5453710.htm.

展阶段。2020 年 6 月 18 日,《长三角生态绿色一体化发展示范区国土空间总体规划(2019—2035 年)》草案正式向社会公布,其中示范区范围为"两区一县"约 2 413 平方千米的行政辖区,先行启动区范围为金泽、朱家角、黎里、西塘、姚庄 5 个镇全局,约 660 平方千米。示范区总规提出了"世界级滨水人居文明典范"的总体发展愿景,突出生态绿色特征,提出构建示范区"一心、两廊、三链、四区"的生态格局。① 2021 年,推动长三角一体化发展领导小组办公室印发《长江三角洲区域生态环境共同保护规划》,提出要统筹构建长三角区域生态环境保护协作机制。这些新文件进一步为推进长三角生态绿色一体化提出了发展方向,在新起点上不断把长三角生态环境保护提高到新水平。② 长三角生态绿色一体化发展示范区在全国首次实现跨省级行政区域执行统一的产业发展指导目录和产业项目准入,发布国内首个省级行政主体共同编制的跨省域国土空间规划。目前,长三角地区印发实施《长三角科技创新共同体建设发展规划》《长三角 G60 科创走廊建设方案》,加快打造"轨道上的长三角",沪通、商合杭、盐通铁路开通运营,沪苏湖铁路开工建设,安徽、江苏实现市市通高铁,国家发改委、交通运输部印发《长江三角洲地区交通运输更高质量一体化发展规划》;建设了上海张江、安徽合肥综合性国家科学中心"两心共创"。③

三、长三角绿色治理工具

长三角绿色一体化治理分为两个部分。

一是强化生态环境共保联治,提出要坚持生态保护优先,把保护和修复生态环境摆在重要位置,加强生态空间共保,推动环境协同治理,夯实绿色发展生态本底,努力建设绿色美丽长三角。其具体分为三个维度:共同加强生态保护,包括保护重要生态空间和保护重要生态系统;推进环境协同防治;推动生态环境协同监管。通过这三个维度,完善跨流域、跨区域生态补偿机制,参见表 8-7。

---

① 李志青,刘瀚斌.长三角绿色发展区域合作:理论与实践[J].企业经济,2020,39(8):48-55.
② 刘伟,陈雯.扎实推进长三角区域生态环境共保联治[J].群众,2021(14):39-40.
③ 发挥"3+2+1"六大区域重大战略对高质量发展的重要引领——2020 年我国区域发展进展和 2021 年发展展望(上)[EB/OL].(2021-05-07).https://www.ndrc.gov.cn/xxgk/jd/wsdwhfz/202105/t20210507_1279334.html.

表 8-7　生态环境共保联治

机　制	要　素	指　标	具　体　内　容
共同加强生态保护	保护重要生态空间	生态廊道	加快长江生态廊道、淮河—洪泽湖生态廊道建设,加强环巢湖地区、崇明岛生态建设
		生态屏障	以皖西大别山区和皖南—浙西—浙南山区为重点,共筑长三角绿色生态屏障
		自然保护地建设	加强自然保护区、风景名胜区、重要水源地、森林公园、重要湿地等其他生态空间保护力度,提升浙江开化钱江源国家公园建设水平,建立以国家公园为主体的自然保护地体系
	保护重要生态系统	森林生态系统保护	加强天然林保护,建设沿海、长江、淮河、京杭大运河、太湖等江河湖岸防护林体系,实施黄河故道造林绿化工程,建设高标准农田林网,开展丘陵岗地森林植被恢复
		流域生态系统保护	推动流域生态系统治理,强化长江、淮河、太湖、新安江、巢湖等森林资源保护,实施重要水源地保护工程、水土保持生态清洁型小流域治理工程、长江流域露天矿山和尾矿库复绿工程、淮河行蓄洪区安全建设工程、两淮矿区塌陷区治理工程
		湿地生态系统保护	实施湿地修复治理工程,恢复湿地景观,完善湿地生态功能
推进环境协同防治	水污染综合防治	跨界水体联合防治	共同制订长江、新安江—千岛湖、京杭大运河、太湖、巢湖、太浦河、淀山湖等重点跨界水体联保专项治理方案,开展废水循环利用和污染物集中处理,建立长江、淮河等干流跨省联防联控机制,全面加强水污染治理协作
		船舶污染防治	加强港口船舶污染物接收、转运及处置设施的统筹规划建设
		地表、地下水水源保护	持续加强长江口、杭州湾等蓝色海湾整治和重点饮用水源地、重点流域水资源、农业灌溉用水保护,严格控制陆域入海污染。严格保护和合理利用地下水,加强地下水降落漏斗治理
	大气污染综合防治	强化能源消费总量和强度"双控"	合力控制煤炭消费总量,实施煤炭减量替代,推进煤炭清洁高效利用,提高区域清洁能源在终端能源消费中的比例
		优化能源结构,依法淘汰落后产能	联合制定控制高耗能、高排放行业标准,基本完成钢铁、水泥行业和燃煤锅炉超低排放改造,打造绿色化、循环化产业体系。加强涉气"散乱污"和"低小散"企业整治,加快淘汰老旧车辆,实施国Ⅵ排放标准和相应油品标准
		控制大气污染物排放总量	共同实施细颗粒物和臭氧浓度"双控双减",建立固定源、移动源、面源精细化排放清单管理制度,联合制订区域重点污染物控制目标

机　制	要　素	指　标	具　体　内　容
推进环境协同防治	固废危废污染联防联治	统一固废危废防治标准	推动固体废物区域转移合作，完善危险废物产生申报、安全储存、转移处置的一体化标准和管理制度，严格防范工业企业搬迁关停中的二次污染和次生环境风险
		建立联防联治机制	统筹规划建设固体废物资源回收基地和危险废物资源处置中心，探索建立跨区域固废危废处置补偿机制。全面运行危险废物转移电子联单，建立健全固体废物信息化监管体系。严厉打击危险废物非法跨界转移、倾倒等违法犯罪活动
推动生态环境协同监管	完善跨流域、跨区域生态补偿机制	水污染生态补偿机制	研究建立跨流域生态补偿、污染赔偿标准和水质考核体系，在太湖流域建立生态补偿机制，在长江流域开展污染赔偿机制试点。建设新安江—千岛湖生态补偿试验区
		湿地生态补偿机制	积极开展重要湿地生态补偿，探索建立湿地生态效益补偿制度。在浙江丽水开展生态产品价值实现机制试点
		统一标准，联合监控	统一区域重污染天气应急启动标准，开展区域应急联动。加强排放标准、产品标准、环保规范和执法规范对接，联合发布统一的区域环境治理政策法规及标准规范，积极开展联动执法，创新跨区域联合监管模式
	健全区域环境治理联动机制	统一应急管理	强化环境突发事件应急管理，建立重点区域环境风险应急统一管理平台，提高突发事件处理能力
		跨行政区协调管理	探索建立跨行政区生态环境基础设施建设和运营管理的协调机制。充分发挥相关流域管理机构作用，强化水资源统一调度、涉水事务监管和省际水事协调
		统一信息监管平台	发挥区域空气质量监测超级站作用，建设重点流域水环境综合治理信息平台，推进生态环境数据共享和联合监测，防范生态环境风险

资料来源：中共中央 国务院印发《长江三角洲区域一体化发展规划纲要》[EB/OL]．(2019-12-01)．http://www. gov. cn/zhengce/2019/12/01/content_5457442. htm.

　　二是建立高水平建设长三角生态绿色一体化发展示范区。《长三角生态绿色一体化发展示范区总体方案》(以下简称《总体方案》)的建设目标是要在严格保护生态环境的前提下，率先探索将生态优势转化为经济社会发展优势、从项目协同走向区域一体化制度创新，打破行政边界，不改变现行的行政隶属关系，实现共商共建共管共享共赢，为长三角生态绿色一体化发展探索路径和提供示范。[①]《总体

---

　　① 中共中央 国务院印发《长江三角洲区域一体化发展规划纲要》[EB/OL]．(2019-12-01)．http://www. gov. cn/zhengce/2019/12/01/content_5457442. htm.

方案》明确示范区要走出一条跨行政区域共建共享、生态文明与经济社会发展相得益彰的新路径。示范区将重点围绕规划管理、生态保护、土地管理、项目管理、要素流动、财税分享、公共服务政策和公共信用八个方面率先开展一体化制度创新,示范引领全国区域协调发展。[①]示范区的发展模式是生态友好型高质量发展模式,主张以水为脉,保护水生态、提升水品质、做好水文章。坚持绿色发展、集约节约发展。将生态优势转化为经济社会发展优势,为长三角践行绿水青山就是金山银山理念探索路径和提供示范。[①]《总体方案》明确了示范区将加快重大改革系统集成。党的十八大以来党中央明确的全面深化改革举措,可以在地方试点的,一体化示范区将集中落实、率先突破,进行系统集成。同时,两省一市实施的改革创新试点示范成果也均可在一体化示范区推广分享[②],参见表8-8。

表 8-8　高水平建设长三角生态绿色一体化发展示范区

领　域	含　　义	要　素	阐　　释
制度创新	跨行政区域共建共享、生态文明与经济社会发展相得益彰的新路径	规划管理	探索建立统一编制、联合报批、共同实施的规划管理体制
		生态保护	探索统一的生态环境保护制度
		土地管理	探索跨区域统筹土地指标、盘活空间资源的土地管理机制
		项目管理	探索项目跨区域一体化管理服务机制
		要素流动	探索促进各类要素跨区域自由流动的制度安排
		财税分享	探索跨区域投入共担、利益共享的财税分享管理制度
		公共服务政策	探索共建共享的公共服务政策
		公共信用	建立统一的公共信用管理制度
发展模式	生态友好型高质量发展模式:以水为脉,保护水生态、提升水品质、做好水文章	科技创新	西岑科创中心、汾湖高新区和高铁科创新城等为发展组团,形成蓝色创新链
		饮用水水源保护法规	沪苏浙共同制定实施示范区饮用水水源保护法规,加强对淀山湖、太浦河等区域的保护
		生态保护红线管控制度	建立严格的生态保护红线管控制度,对生态保护红线以外区域制定严格的产业准入标准,从源头上管控污染源
		统一监管平台	共同建立区域生态环境和污染源监控的平台,统一监管执法

---

① 《长三角生态绿色一体化发展示范区总体方案》十大看点[EB/OL]. http://www.jsjnw.org/news/220617-787.html.

② 中共中央 国务院印发《长江三角洲区域一体化发展规划纲要》[EB/OL]. (2019-12-01). http://www.gov.cn/zhengce/2019-12/01/content_5457442.htm.

续表

领　域	含　义	要　素	阐　释
改革集成	探索深入落实新发展理念、一体化制度率先突破、深化改革举措系统集成的路径	高质量发展体系	加快构建高质量发展体系,包括率先建立跨行政区域的一体化高质量发展的指标体系
		城乡统筹发展	推进城乡统筹发展,包括深化农村产权制度改革,探索乡村产业混合所有制经营
		创新创业活力	激发创新创业活力,包括完善吸引海外高端人才制度,完善创新激励制度
		政府行政效能	提高政府行政效能,包括深入推进行政审批制度改革、深入推进事中事后监管制度改革、推进信息资源互联共享等

四、典型案例

(一)嘉兴、苏州跨行政区水污染治理

嘉兴与苏州水污染纠纷起始于 20 世纪 90 年代中期,两地纺织业发展导致了两地特别是嘉兴的水质恶化。跨界水污染导致了嘉兴与苏州两次较大的纠纷,分别是 2001 年堵坝行动与 2005 年酒精厂污染事件。前者于 2001 年 11 月 22 日凌晨爆发,是一场群众自发的反污染行动。该水污染事件发生于苏州市盛泽镇与嘉兴市秀州区交界的麻溪乡,由于大量纺织印染企业的存在,当地生产企业与水产养殖户受到很大影响。于是当地近千名群众穿着统一制服,自筹资金 100 万元,自沉 28 条水泥船,截断河道,堵塞了江苏盛泽至嘉兴的航道。[①] 后者于 2005 年 5 月至 6 月在吴江市桃源镇和嘉兴秀洲区新塍镇交界处发生,直接影响了 3 万人的饮水。这次的反污染主角是两地政府,两地政府接到群众举报电话后立即赶往现场,阻止了污染事态的蔓延。

这两次纠纷是嘉兴、苏州跨行政区水污染治理的集中体现。2001 年水污染发生时,两地政府尚未建立合作机制,双方站在各自立场提出有利于本地的处理意见,直到上级政府强烈干预,这件事才得以解决。2001 年水污染发生之后,在国务院、水利部、国家环境保护总局及江苏省和浙江省主要领导的直接干预下,双方签署了《江苏盛泽和浙江王江泾边界水域水污染联合防治方案》,浙江省政府、

---

① 郭玉华,杨琳琳.跨界水污染合作治理机制中的障碍剖析——以嘉兴、苏州两次跨行政区水污染事件为例[J].环境保护,2009(6):14-16.

江苏省政府、水利部、国家环境保护总局联合签署了《关于江苏苏州与浙江嘉兴边界水污染和水事矛盾的协调意见》。① 在《江苏盛泽和浙江王江泾边界水域水污染联合防治方案》中，提出了苏州市和嘉兴市要建立两市环保部门间的合作机制，着手建立省界水质及水污染事故联合监测机制、两市边界水环境信息通报机制，边界水质异常及水污染事故处置机制，源头控制和技术保障机制以及两市政府间的联席会议机制等。① 两地政府遵从《江苏盛泽和浙江王江泾边界水域水污染联合防治方案》有关要求，第一时间互通信息，在最短时间内赶到现场，并且积极配合合作，在短时间内就查到污染源，对污染的主要肇事者采取停产措施，防止了事态的进一步恶化。这是嘉兴、苏州两地环保部门跨界水污染防治合作的开始，也标志着我国地方政府间环境合作协议形式的真正落地。

近些年来，江苏、浙江水污染合作机制也在逐步完善丰富，上述水纠纷的主角之一的嘉兴市秀洲区与苏州市吴江区自 2012 年起，打破行政区划壁垒，相继创新实施联合河长机制、水质联合监测机制、水环境联合治理机制、水环境联合执法机制、水环境联合保洁机制"五位一体"水域联防联治协同机制，使以往需江浙两省甚至国务院协调处理的跨省治水难题在区级、镇级乃至村级层面就能得到解决，构建了跨区域协同治水新格局。② 两地已实现省际边界 18 条河道、湖荡 58 名联合河长全覆盖，彻底打破治水省际边界藩篱，推动两地水环境联防联治。③ 从因水结怨到联合制水，嘉兴与苏州已成为创新跨界水污染治理府际合作新模式的成功典型。

（二）大气污染综合治理——以南京青奥会为例

2014 年 1 月 7 日，沪苏浙皖三省一市和国家八部委建立了长三角区域大气污染防治协作机制，成立了区域大气污染防治协作小组，并在上海市环境保护局常设协作小组办公室，成为长三角一体化综合治理区域大气污染问题的开始。

长三角区域大气污染协同治理机制主要包括两部分：结构性机制和过程性

---

① 郭玉华,杨琳琳. 跨界水污染合作治理机制中的障碍剖析——以嘉兴、苏州两次跨行政区水污染事件为例[J]. 环境保护,2009(6)：14-16.

② 嘉兴市秀洲区携手苏州市吴江区合力打造长三角区域治水一体化基层样板[EB/OL]. (2019-09-05). http://sthjj.jiaxing.gov.cn/art/2019/9/5/art_1607472_37768362.html.

③ 秀洲与吴江携手持续深化区域治水一体化[EB/OL]. (2021-04-07). http://www.xiuzhou.gov.cn/art/2021/4/7/art_1684823_59165484.html.

机制,两者的相互配合是主要特点。在结构性机制上,长三角区域形成了以协作小组、小组办公室、空气预报中心等为核心的组织结构,包括决策层、执行层、保障层,为区域大气污染防治工作提供了组织支撑。过程性机制涵盖"确定议程、制订方案、政策执行、政策评估"在内多阶段的协同治理形式,降低了交易成本和合作风险。[①]

三省一市还从污染源控制着手,采用法律、技术、经济等多种手段,协商出台了《长三角区域落实大气污染防治行动计划实施细则》以及《长三角区域空气重污染应急联动工作方案》,基本统一了预警启动条件和主要应急措施,初步完成了区域空气质量预测预报中心一期建设,发布了区域预测预报信息。[②] 通过结构、过程机制配合与多手段并行,长三角区域空气质量显著改善,主要污染物排放量总体呈现下降趋势。

为保证 2014 年 8 月青奥会期间南京及周边地区的空气质量,环境保护部发布了《第二届夏季青年奥林匹克运动会环境质量保障工作方案》,组织江苏、浙江、安徽以及上海三省一市共 23 个城市共同参与区域性联防控制。[③]以南京市为核心,周边百公里范围内,常州、淮安、扬州、镇江、泰州、马鞍山、滁州和芜湖为第一圈层,之外的长三角其他 14 个城市,无锡、徐州、苏州、南通、连云港、盐城、宿迁、杭州、嘉兴、湖州、合肥、宣城、蚌埠和上海为第二圈层,协同治污,联防联控。[④]

长三角各省市共享监测信息,严控污染源排放、机动车污染,开展区域协作,及时互通信息,确保各种突发环境事件在第一时间得到有效控制等配合。2014 年 8 月,南京工业 SO_2(二氧化硫)、NO_x 和烟粉尘减排量分别为 2 062、3 037、835 吨,月减排比例分别为 24%、30%、27%,减排效果突出,PM2.5 改善效果显著,为南京青奥会的举办提供了成功的保障。

当前,长三角大气污染合作更加广泛,政府间合作方式可划分为"考察""召开""签订"三方面。"考察"是指地方政府就大气污染问题到另一城市实地考察和参观学习,如宿迁市宿豫区环境保护局主要负责人赴徐州市铜山区考察学习大气

① 吴建南,刘仟仟,陈子韬,等.中国区域大气污染协同治理机制何以奏效?来自长三角的经验[J].中国行政管理,2020(5):32-39.
② 毛春梅,曹新富.大气污染的跨域协同治理研究——以长三角区域为例[J].河海大学学报(哲学社会科学版),2016,18(5):46-51,91.
③ 李荔,刘倩,李冰,等.南京青奥会期间管控措施空气质量改善效果评估[J].环境科学研究,2016,29(2):175-182.
④ 潘良宝,汤浩,刘晓蕾.南京青奥会空气质量保障工作的回顾与启示[J].环境监控与预警,2015,7(3):1-3.

污染防治情况；"召开"是指就大气问题开展府际合作交流活动等，如 2012 年上海、江苏、浙江、安徽三省一市环保部门召开了区域合作例会，并明确了完善区域大气污染联防联控机制、完善跨界污染应急联动机制、加强重点流域区域环境综合治理等重点合作事项；"签订"是指签订府际合作协议，如《"绿色青奥"区域大气环境保障合作协议》。[①] 当然不可被忽视的是企业间的商业行为，这也是跨区域合作的代表。例如在二氧化硫控制方面，2002 年太仓港环保发电有限公司以每年 170 万元费用向南京下关电厂购买了 1 700 吨二氧化硫排污权；2003 年国电常州发电有限公司以每年 300 万元向镇江谏壁电厂购买了 2 000 吨二氧化硫的排污权，为解决区域二氧化硫排放问题树立了示范。[②]

（三）新安江—千岛湖生态保护补偿试验区

千岛湖是我国极为难得的优质水资源，所以加强千岛湖水资源保护意义重大，新安江—千岛湖流域也因此成为我国首个跨省流域生态补偿试点。新安江源于黄山市休宁县率山主峰六股尖，最后注入千岛湖，借千岛湖、富春江、钱塘江，汇入东海。新安江流域是钱塘江正源，是浙江省最大的入境河流。[③] 2010 年，千岛湖部分湖面蓝藻异常增殖，汛期数十万吨垃圾从新安江顺流入湖，环境保护迫在眉睫。由于黄山处于工业化、城镇化加速中，新安江上下游处在不同的发展阶段，复杂的境况无法用既往经验解决。2012 年，在财政部、环境保护部的指导下，皖浙两省在新安江启动全国首个跨省流域生态补偿机制试点，按照"谁受益谁补偿、谁保护谁受偿"原则，建立补偿标准体系。[④]

新安江流域生态补偿机制框架分为两个维度：一是财政部、环境保护部承担制度实施的协调功能，并由中央财政每年转移支付 3 亿元生态补偿资金；二是国家环境监测总站与安徽、浙江两省实施水质的联合监测，达到双方协议的水质技术标准指标，浙江拨付安徽 1 亿元补偿资金，否则，安徽拨付给浙江 1 亿元资金。但是，目前新安江流域生态补偿仍需完善两种机制：一是明确下游地区政府治理

---

① 锁利铭,李雪.从"单一边界"到"多重边界"的区域公共事务治理——基于对长三角大气污染防治合作的观察[J].中国行政管理,2021(2):92-100.

② 张颖瀚,鲍磊.长三角区域的生态特征与生态治理保护的一体化推进措施[J].科学发展,2010(2):57-67.

③ 曾凡银.共建新安江—千岛湖生态补偿试验区研究[J].学术界,2020(10):58-66.

④ 问"江"哪得清如许——生态文明建设的"新安江实践"[EB/OL].(2020-05-22).https://www.huangshan.gov.cn/zxzx/ztzl/rdzt/xajqdhstbhbcsyqzt/gzdt/8369099.html.

主体责任和相关利益群体(如上游渔民、林农、移民、农民)的准确补偿办法;二是治理工具单一,仅靠财政转移支付,缺少地方政府间其他补偿方式和税收工具。[①]新安江目前已建立了"亿元水质对赌"机制。这是长三角地区采用经济手段和市场化工具来解决生态环境问题的一次积极探索,也是对中共中央、国务院健全生态文明体制,推行市场化机制要求的积极响应。自2012年开展新安江流域生态补偿机制试点以来,新安江的水质稳定向优,连年达到补偿标准,实现了百亿级的生态价值。[②]

诚然,生态治理中仍需要进一步完善生态补偿立法、标准体系和政策工具体系。经济社会发展水平不同,阶段存在差异,因此治理主体的利益需求也会有差异。支付流域污染治理成本、发展机会成本和生态服务成本在上下游流域治理主体的权利、责任与义务分配上并不对称。如果遵照"谁污染、谁治理,谁受益、谁补偿"的"受益者负担"原则,那么流域生态补偿利益链、责任链就需要与之匹配。

新阶段我国区域发展质量的评价尺度应广泛涵盖经济增长、生态环境改善和公共福利创造与地区间均衡协调等多个维度。我国各地区发展体量和区域公共事务的复杂性的增加与增强,迫切需要区域政府之间构建畅通开放的合作网络。诚然,多个地方政府共同提供公共物品或服务时仍面临集体行动困境。地区间经济政策和社会政策的联动性不强,核心区域对周边区域的虹吸效应仍旧存在,地方政府行为的负外部性如"污染天堂"问题等。在区域治理权力的配置上仍存在"向上竞争";在环境规制责任上仍存在"逐底竞争";在基本公共服务配置中存在的分散行动和"搭便车"问题。因此,解决以上重大问题的过程,是各级政府、市场主体和社会主体构建更加优良的区域治理机制,推进区域治理过程的环节优化并实现区域治理目标的过程。在这一过程中,区域治理的中国实践也将为世界其他国家区域发展提供可行的借鉴思路与实施方案。

本章小结

改革开放以来,我国区域发展的成效表现在经济总量持续提升、地区间经济差距缩小、创新驱动发展模式成型、新兴产业成为新引擎、跨地区协调性不断增强

---

① 曾凡银.共建新安江—千岛湖生态补偿试验区研究[J].学术界,2020(10):58-66.
② 光峰涛,杨树旺,易扬.长三角地区生态环境治理一体化的创新路径探索[J].环境保护,2020,48(20):31-35.

等诸多方面。在从工业化向共同富裕这一区域治理目标转变过程中,我国区域治理工具、治理机制不断创新,形成了与西方主要国家不同的区域治理道路。上述内容在区域治理的典型案例中得以呈现。通过学习本章的内容,应能够运用区域治理的基本分析框架思考我国区域治理的新特点与新议题,凝练分析体现我国新时代发展特征并适应全球治理新形势的区域治理方案。

关键术语

协调发展　联席会议　工业化　共同富裕　高质量发展　跨地区合作

复习思考题

1. 改革开放以来,我国区域发展质量提升的主要表现是什么?

2. 我国区域治理目标发生了哪几个阶段性变化? 其主要特征分别是什么?

3. 我国区域治理进程与国外主要国家相比有哪些共性特征和差异?

4. 我国区域治理的基本工具有哪些?

5. 我国区域治理的制度创新体现在哪些方面?

6. 简述我国地方政府在促进跨地区生态合作上的主要措施。

参 考 文 献

[1] "工业锈带"转型"生活秀带"——上海杨浦滨江工业带更新改造纪实[EB/OL].(2021-03-28).
https://baijiahao.baidu.com/s?id=1695449637834262789&wfr=spider&for=pc.

[2] "三省一区"正式成立区域竞技体育协同发展联盟[EB/OL].(2022-08-01).https://baijiahao.
baidu.com/s?id=1739929284850775159&wfr=spider&for=pc.

[3] 《长三角生态绿色一体化发展示范区总体方案》发布[EB/OL].(2019-11-20).http://www.gov.
cn/zhengce/2019-11/20/content_5453710.htm.

[4] 《长三角生态绿色一体化发展示范区总体方案》十大看点[EB/OL].http://www.jsjnw.org/
news/220617-787.html.

[5] 奥斯特罗姆.公共事物的治理之道:集体行动制度的演进[M].上海:上海三联书店,2000.

[6] 本书编写组.中国共产党简史:第九章 走自己的路,建设有中国特色的社会主义[M].北京:人民
出版社,2021.

[7] 彼得斯.政府未来的治理模式[M].吴爱明,等译.北京:中国人民大学出版社,2001.

[8] 波斯坦,等.剑桥欧洲经济史:第七卷[M].王春法,主译.北京:经济科学出版社,2002.

[9] 博腾.非洲政治地理[M].伦敦:剑桥大学出版社,1978.

[10] 蔡拓,林南林.全球治理:适应全球化的新的合作模式[J].南开学报(哲学社会科学版),2004(2):
63-70.

[11] 蔡文春,张竟竟,杨德刚,等.基于时空理念的区域协调度模型及实证分析[J].生态与农村环境学
报,2009,25(2):9-15.

[12] 陈凤英.国家经济安全[M].北京:时事出版社,2005.

[13] 陈瑞莲,刘亚平.区域治理研究:国际比较的视角[M].北京:中央编译出版社,2013.

[14] 陈瑞莲,杨爱平.从区域公共管理到区域治理研究:历史的转型[J].南开学报(哲学社会科学
版),2012,226(2):48-57.

[15] 陈一鸣.发达国家工业化过程的特点及其启示[J].经济问题探索,2010,334(5):119-123.

[16] 陈迎.气候变化的经济分析[J].世界经济,2000(1):66-74.

[17] 崔晶.中国城市化进程中的邻避抗争:公民在区域治理中的集体行动与社会学习[J].经济社会
体制比较,2013(3):167-178.

[18] 狄尔泰.精神科学引论[M].艾彦,译.南京:译林出版社,2012.

[19] 第十五届非盟首脑会议闭幕[N].人民日报,2010-07-28.

[20] 东南亚国家联盟[EB/OL].[2023-10-31].https://www.fmprc.gov.cn/web/gjhdq_676201/
gjhdqzz_681964/lhg_682518/jbqk_682520/.

[21] 段艳红,何悦,胡品平.世界三大湾区的发展路径与特征[J].科技创新发展战略研究,2018(4):
27-30.

[22] 发挥"3+2+1"六大区域重大战略对高质量发展的重要引领——2020年我国区域发展进展和
2021年发展展望(上)[EB/OL].(2021-05-07).https://www.ndrc.gov.cn/xxgk/jd/wsdwhfz/
202105/t20210507_1279334.html.

[23] 非盟20年成果丰硕 中非合作前景光明[EB/OL].(2022-07-08).http://www.xinhuanet.com//
silkroad/2022-07/08/c_1128816852.htm.

[24] 冯友兰.中国哲学简史[M].北京:北京大学出版社,2010.

[25] 古谢列托夫,胡昊,廖东.金砖国家发展前景及其对世界经济的影响[J].中国投资(中英文),2023 (Z8):14-19.

[26] 光峰涛,杨树旺,易扬.长三角地区生态环境治理一体化的创新路径探索[J].环境保护,2020, 48(20):31-35.

[27] 郭延军.美国与东亚安全的区域治理——基于公共物品外部性理论的分析[J].世界经济与政治, 2010(7):36-50.

[28] 郭玉华,杨琳琳.跨界水污染合作治理机制中的障碍剖析——以嘉兴、苏州两次跨行政区水污染 事件为例[J].环境保护,2009(6):14-16.

[29] 国家发展改革委经济研究所课题组.推动经济高质量发展研究[J].宏观经济研究,2019(2):5-17,91.

[30] 国家市场监督管理总局.欧盟生态标签信息概况[EB/OL].(2015-09-30).http://www. chinagreenproduct.cn/GPIA/front/view-a031000b061c463c9f9587fb719ad868-d23a057e54c54785 9e5b3183c6e77c93.html.

[31] 国务院.关于大力发展对外贸易增加外汇收入若干问题的规定[Z].1979.

[32] 国务院.关于进　步推进西部大开发的意见[Z].1993.

[33] 国务院.国务院关于经济特区和沿海十四个港口城市减征、免征企业所得税和工商统一税的暂行 通知[Z].1984.

[34] 国务院.中华人民共和国国民经济和社会发展第七个五年计划[Z].1986.

[35] 国务院关于进一步推进长江三角洲地区改革开放和经济社会发展的指导意见[EB/OL].(2008-09-16).http://www.gov.cn/zhengce/content/2008-09/16/content_1715.htm.

[36] 哈贝马斯.后形而上学思想[M].曹卫东,付德根,译.南京:译林出版社,2012.

[37] 哈贝马斯.交往行为理论:第1卷[M].曹卫东,译.上海:上海人民出版社,2018.

[38] 海关总署全球贸易监测分析中心,青岛海关,中国海洋大学.上海合作组织成立20年贸易发展报 告[M].青岛:中国海洋大学出版社,2022.

[39] 韩博天,麦尔敦.规划:中国政策过程的核心机制[J].开放时代,2013(6):8-31.

[40] 韩凤芹,孙美楠.欧盟凝聚与区域发展基金的发展及其启示[J].经济研究参考,2012(1):62-76.

[41] 韩茂莉.中国历史地理十五讲[M].北京:北京大学出版社,2015.

[42] 洪世键.大都区域治理——理论演进与运作模式[M].南京:东南大学出版社,2009.

[43] 胡鞍钢,石智丹,唐啸.中国地区HDI指数差异持续下降及影响因素(1982—2015)[J].新疆师范 大学学报(哲学社会科学版),2018,39(4):47-55.

[44] 黄来钧.东盟成立的历史背景与发展的主要原因[J].东南亚南亚研究,1989(2):47-50.

[45] 基欧汉,奈.权力与相互依赖[M].门洪华,译.4版.北京:北京大学出版社,2012.

[46] 吉登斯.气候变化的政治[M].曹荣湘,译.北京:社会科学文献出版社,2009.

[47] 嘉兴市秀洲区携手苏州市吴江区合力打造长三角区域治水一体化基层样板[EB/OL].(2019-09-05).http://sthjj.jiaxing.gov.cn/art/2019/9/5/art_1607472_37768362.html.

[48] 贾开."实验主义治理理论"视角下互联网平台公司的反垄断规制:困境与破局[J].财经法学, 2015(5):117-125.

[49] 金碚.关于"高质量发展"的经济学研究[J].中国工业经济,2018(4):5-18.

[50] 金太军,汪波.中国城市群治理:摆脱"囚徒困境"的双重动力[J].上海行政学院学报,2014, 15(2):12-19.

[51] 金钟范.韩国区域开发政策经验与启示[J].韩国经济,2002(4):59-63.

[52] 衣保中,任莉.论日本的区域经济政策及其特色[J].现代日本经济,2003(5):18-23.

[53]　隋鹏飞.美国区域协调管理方法及其借鉴[J].山东工商学院学报,2015,29(4):5-11.

[54]　京津冀联合加快建设高质量工业互联网平台[EB/OL].(2022-08-08).https://baijiahao.baidu.com/s?id=1740538066659108411&wfr=spider&for=pc.

[55]　科勒-科赫,吴志成.社会进程视角下的欧洲区域一体化分析[J].南开学报,2005(1):1-9.

[56]　孔凡伟.全球治理中的联合国[J].新视野,2007(4):94-96.

[57]　蓝楠,夏雪莲.美国饮用水水源保护区生态补偿立法对我国的启示[J].环境保护,2019,47(10):62-65.

[58]　雷小华.中国—东盟建立对话关系30年:发展成就、历史经验及前景展望[J].亚太安全与海洋研究,2022(1):61-82.

[59]　黎国焜.21世纪北美自由贸易区的发展前景[J].世界经济研究,1998(5):54-58.

[60]　李建平.粤港澳大湾区协作治理机制的演进与展望[J].规划师,2017,33(11):53-59.

[61]　李荔,刘倩,李冰,等.南京青奥会期间管控措施空气质量改善效果评估[J].环境科学研究,2016,29(2):175-182.

[62]　李林,郭赟,冉晓醒,等.促进就业的欧洲社会基金政策及经验借鉴[J].经济研究参考,2017(28):22-24,33.

[63]　李鹏飞.链长制:打造共赢产业生态[J].中国工业和信息化,2020(7):36-39.

[64]　李婷.欧盟生态标签制度评析及启示[J].海南大学学报(人文社会科学版),2008(5):507-511.DOI:10.15886/j.cnki.hnus.2008.05.021.

[65]　李应博,周斌彦.后疫情时代湾区治理:粤港澳大湾区创新生态系统[J].中国软科学,2020(S1):223-229.

[66]　李志强,原珂,姜流.东盟气候区域合作治理:"共生型网络"模式特征及建构路径[J].晋阳学刊,2021(5):81-87.DOI:10.16392/j.cnki.14-1057/c.2021.05.011.

[67]　李志青,刘瀚斌.长三角绿色发展区域合作:理论与实践[J].企业经济,2020,39(8):48-55.

[68]　联合国全球治理委员会.我们的全球伙伴关系[M].伦敦:牛津大学出版社,1995.

[69]　刘春湘.非营利组织治理结构研究[M].长沙:中南大学出版社,2007.

[70]　刘汉屏,刘锡田.地方政府竞争:分权、公共物品与制度创新[J].改革,2003(6):23-28.

[71]　刘伟,陈雯.扎实推进长三角区域生态环境共保联治[J].群众,2021(14):39-40.

[72]　刘绪贻.田纳西河流域管理局的性质、成就及其意义[J].美国研究,1991(4):36-43.

[73]　刘燔.美国非法移民问题研究——以1986年后的墨西哥籍非法移民为主[D].兰州:西北师范大学,2011.

[74]　卢梭.论人类不平等的起源和基础[M].邓冰艳,译.杭州:浙江文艺出版社,2015.

[75]　洛克.政府论[M].上海:商务印书馆,1964.

[76]　落实中国—东盟面向和平与繁荣的战略伙伴关系联合宣言的行动计划(2021—2025)[EB/OL].(2020-11-12).http://infogate.fmprc.gov.cn/web/wjb_673085/zzjg_673183/yzs_673193/dqzz_673197/dnygjlm_673199/zywj_673211/202011/t20201112_7605657.shtml.

[77]　马海龙.区域治理:内涵及理论基础探析[J].经济论坛,2007,419(19):14-17.

[78]　马红坤,毛世平.欧盟共同农业政策的绿色生态转型:政策演变、改革趋向及启示[J].农业经济问题,2019(9):134-144.

[79]　马克思,恩格斯.马克思恩格斯文集:第一卷[M].北京:人民出版社,2009.

[80]　麦克格鲁,陈家刚.走向真正的全球治理[J].马克思主义与现实,2002(1):33-42.

[81]　麦克格鲁.走向真正的全球治理[M]//俞可平.全球化:全球治理.北京:社会科学文献出版社,2003.

［82］ 毛春梅,曹新富.大气污染的跨域协同治理研究——以长三角区域为例[J].河海大学学报(哲学社会科学版),2016,18(5):46-51,91.

［83］ 孟唯.非营利组织及其治理[D].北京:中国社会科学院,2003.

［84］ 孟祥林.京津冀协同发展背景下的城市体系建设与雾霾跨区治理[J].上海城市管理,2017(1):37-42.

［85］ 米勒.管理困境——科层的政治经济学[M].王勇,赵莹,高笑梅,等译.上海:上海三联书店,2002.

［86］ 潘良宝,汤浩,刘晓蕾.南京青奥会空气质量保障工作的回顾与启示[J].环境监控与预警,2015,7(3):1-3.

［87］ 齐声.习近平总书记提出"精准扶贫"[N].光明日报,2019-11-29(2).

［88］ 青海三江源建生态补偿范例 为大自然"养颜"[EB/OL].(2016-08-23). http://finance. people. com. cn/n1/2016/0823/c1004-28656513. html.

［89］ 全国生态环境保护工作会议在京召开[EB/OL].(2022-01-07). https://www. mee. gov. cn/ywdt/hjywnews/202201/t20220108_966450. shtml.

［90］ 饶常林,黄祖海.论公共事务跨域治理中的行政协调   基于深惠和北基垃圾治理的案例比较[J].华中师范大学学报(人文社会科学版),2018,57(3):40-48.

［91］ 商务部介绍金砖国家领导人会晤经贸成果[EB/OL].(2022-06-26). https://www. gov. cn/xinwen/2022-06/26/content_5697794. htm.

［92］ 申剑敏,陈周旺.跨域治理与地方政府协作——基于长三角区域社会信用体系建设的实证分析[J].南京社会科学,2016(4):64-71.

［93］ 申剑敏,朱春奎.跨域治理的概念谱系与研究模型[J].北京行政学院学报,2015(4):38-43.

［94］ 申现杰,肖金成.国际区域经济合作新形势与我国"一带一路"合作战略[J].宏观经济研究,2014(11):30-38.

［95］ 史志呈,雷蕾.欧盟生态标签和欧盟产品环境足迹发展与我国绿色产品的对比分析[J].质量与认证,2021(S1):323-325.

［96］ 斯卡拉皮诺.亚洲及其前途[M].辛耀文,译.北京:新华出版社,1983.

［97］ 斯密.国富论:国民财富的性质和起因的研究[M].谢祖钧,译.北京:新世界出版社,2007.

［98］ 斯托克,华夏风.作为理论的治理:五个论点[J].国际社会科学杂志(中文版),1999(1):19-30.

［99］ 斯沃茨.文化与权力:布尔迪厄的社会学[M].陶东风,译.上海:上海译文出版社,2006.

［100］ 孙久文,李恒森.我国区域经济演进轨迹及其总体趋势[J].改革,2017(7):18-29.

［101］ 锁利铭,李雪.从"单一边界"到"多重边界"的区域公共事务治理——基于对长三角大气污染防治合作的观察[J].中国行政管理,2021(2):92-100.

［102］ 唐兴霖.政府转型、公民社会与中介组织功能定位[J].上海行政学院学报,2008(11):24-37.

［103］ 陶希东.跨省区域治理:中国跨省都市圈经济整合的新思路[J].地理科学,2005(5):529.

［104］ 田玉麒,陈果.跨域生态环境协同治理:何以可能与何以可为[J].上海行政学院学报,2020,21(2):95-102.

［105］ 汪波.双S曲线视阈下中国城市群治理形态变迁:耦合与策略[J].上海行政学院学报,2015,16(6):22-30.

［106］ 汪伟全.地方政府合作[M].北京:中央编译出版社,2013.

［107］ 汪亚光.东南亚国家应对气候变化合作现状[J].东南亚纵横,2010(5):44-48.

［108］ 汪阳红.城市群治理与模式选择[J].中国城市经济,2009,113(2):50-55.

［109］ 王川兰.区域经济一体化中的区域行政体制与创新[D].上海:复旦大学,2005.

[110] 王明国. 全球实验主义治理：内涵、价值与挑战[J]. 国际论坛,2017(4)：40-46.

[111] 王亚华,陈相凝. 河长制实施进展的评价与展望[J]. 中国水利,2021(23)：21-24,27.

[112] 王禹澔. 中国特色对口支持机制：成就、经验与价值[J]. 管理世界,2022,38(6)：71-85.

[113] 望海楼：金砖合作的三个历史性"超越"[EB/OL]. (2017-06-22)[2019-08-20]. http://theory. people. com. cn/n1/2017/0622/c40531-29354840. html.

[114] 韦伯. 支配社会学[M]. 康乐,简惠美,译. 上海：上海三联书店,2020.

[115] 未来战略性新兴产业发展形势研判及对策建议[EB/OL]. (2022-01-07). https://www. ndrc. gov. cn/wsdwhfz/202201/t20220107_1311547_ext. html.

[116] 魏后凯,等. 中国区域政策——评价与展望[M]. 北京：经济管理出版社,2011.

[117] 问"江"哪得清如许——生态文明建设的"新安江实践"[EB/OL]. (2020-05-22). https://www. huangshan. gov. cn/zxzx/ztzl/rdzt/xajqdhstbhbcsyqzt/gzdt/8369099. html.

[118] 吴建南,刘仟仟,陈子韬,等. 中国区域大气污染协同治理机制何以奏效？来自长三角的经验[J]. 中国行政管理,2020(5)：32-39.

[119] 吴霞. 论战后20年间日本的区域开发和区域经济[J]. 辽宁师范大学学报,2001(3)：109-112.

[120] 武力,温锐. 1949年以来中国工业化的"轻、重"之辨[J]. 经济研究,2006(9)：39-49.

[121] 习近平. 共谋绿色生活,共建美丽家园——在2019年中国北京世界园艺博览会开幕式上的讲话[N]. 经济日报,2019-04-29(2).

[122] 习近平. 全党必须完整、准确、全面贯彻新发展理念[J]. 求是,2022(16)：4-9.

[123] 习近平：加强和改进国际传播工作 展示真实立体全面的中国[EB/OL]. (2021-06-01). http:// cn. chinadaily. com. cn/a/202106/01/WS60b5e974a3101e7ce9752cfd. html? ivk_sa=1023197a.

[124] 习近平主持召开中央财经委员会第十次会议[EB/OL]. (2021-08-17). https://www. gov. cn/ xinwen/2021-08/17/content_5631780. htm? eqid=c07b87aa0000233d000000046491b368.

[125] 小岛清. 对外贸易论[M]. 周宝廉,译. 天津：南开大学出版社,1987.

[126] 谢烁今. 美国智慧边境建设及对我国的启示[J]. 中国公共安全(学术版),2018(3)：5-9.

[127] 星野昭吉. 全球政治学——全球化进程中的变动、冲突、治理与和平[M]. 刘小林,张胜军,译. 北京：新华出版社,2000.

[128] 秀洲与吴江携手持续深化区域治水一体化[EB/OL]. (2021-04-07). http://www. xiuzhou. gov. cn/art/2021/4/7/art_1684823_59165484. html.

[129] 徐晓芳. 印度尼西亚参与全球气候治理：动因与限度[J]. 战略决策研究,2023,14(3)：42-60, 106-107.

[130] 亚里士多德. 政治学[M]. 颜一,秦典华,译. 北京：中国人民大学出版社,2003.

[131] 严汉平,白永秀. 我国区域协调发展的困境和路径[J]. 经济学家,2007(5)：126-128.

[132] 杨爱平. 区域合作中的府际契约：概念与分类[J]. 中国行政管理,2011(6)：100-104.

[133] 杨大志. 政治安全是国家安全的根本[N/OL]. 解放军报,2018-04-20(7). http://www. 81. cn/ jfjbmap/content/2018-04/20/content_204248. htm.

[134] 杨慧. 国际经济机制变迁的竞争性多边主义趋向[J]. 现代国际关系,2020(1)：49,50-58,60.

[135] 杨洁勉. 中国应对全球治理和多边主义挑战的实践和理论意义[J]. 世界经济与政治,2020(3)：4-20,155.

[136] 杨金琼. 论非洲联盟的成立与发展[D]. 湘潭：湘潭大学,2007.

[137] 杨开忠. 区域协调发展新格局的基本特征[J]. 中国国情国力,2016(5)：6-8.

[138] 杨小云. 试论协调中央与地方关系的路径选择[J]. 中国行政管理,2002(3)：63-64.

[139] 杨毅,李向阳. 区域治理：地区主义视角下的治理模式[J]. 云南行政学院学报,2004(2)：50-53.

[140] 杨永恒.发展规划：理论、方法和实践[M].北京：清华大学出版社,2012.

[141] 姚媛.告别绝对贫困 实现全面小康[N/OL].农民日报,2022-09-29(1).https://baijiahao.baidu.com/s?id=1745343221800449768&wfr=spider&for=pc.

[142] 俞可平.全球治理引论[J].马克思主义与现实,2002(1)：20-32.

[143] 曾凡银.共建新安江—千岛湖生态补偿试验区研究[J].学术界,2020(10)：58-66.

[144] 张颢瀚,鲍磊.长三角区域的生态特征与生态治理保护的一体化推进措施[J].科学发展,2010(2)：57-67.

[145] 张景全.区域政治研究中的理论创新——兼论区域化与安全化悖论[J].东亚评论,2018(1)：24-38.

[146] 张宇燕,李增刚.国际经济政治学[M].上海：上海人民出版社,2008.

[147] 张越,陈晨曦.欧盟生态标签制度对中国的政策启示[J].国际贸易,2017(8)：45-48.DOI：10.14114/j.cnki.itrade.2017.08.010.

[148] 张蕴岭.中国的周边区域观回归与新秩序构建[J].世界经济与政治,2015(1)：5-25,155.

[149] 章文光,宋斌斌.从国家型创新城市试点看中国实验治理[J].中国行政管理,2018(12)：89-95.

[150] 郑茜,王臻,蒋玉涛.产业链"链长制"的理论内涵与实施路径　基于扎根理论的多案例实证研究[J].科技管理研究,2022(23)：209-215.

[151] 郑先武.区域研究的新路径："新区域主义方法"述评[J].国际观察,2004(4)：65-73.

[152] 中共中央 国务院印发《长江三角洲区域一体化发展规划纲要》[EB/OL].(2019-12-01).http://www.gov.cn/zhengce/2019-12/01/content_5457442.htm.

[153] 中共中央 国务院印发《中国农村扶贫开发纲要(2011—2020 年)》[EB/OL].http://www.gov.cn/gongbao/content/2011/content_2020905.htm.

[154] 中国—东盟合作事实与数据：1991—2021[EB/OL].(2021-12-31).http://new.fmprc.gov.cn/web/wjbxw_673019/202201/t20220105_10479078.shtml.

[155] 中国—东盟加强公共卫生领域合作[EB/OL].(2022-02-24).http://www.chinareports.org.cn/djbd/2022/0224/26617.html.

[156] 中国科学技术发展战略研究院.国家创新指数报告 2016—2017[M].北京：科学技术文献出版社,2017.

[157] 中国社会科学院工业经济研究所课题组,曲永义.产业链链长的理论内涵及其功能实现[J].中国工业经济,2022(7)：5-24.

[158] 中华人民共和国外交部.金砖国家(BRICS)[EB/OL].(2022-12-28).https://baike.baidu.com/reference/1111920/f1639blIDkz41IizUgT33oBrdDFHqcPh0rgyjktmG6hgAO_-MqgTViGB-TYEvfVBpHEhlJk_LAx5E9Oa2_H3m-tiGu5CTqI9R87E2La3Yuw0bfKw_6fFd5MEcZ3Qg-v1bGvNF71J83zJv_In4AU.

[159] 钟开斌.对口支援：起源、形成及其演化[J].甘肃行政学院学报,2013,98(4)：14-24,125-126.

[160] 仲音.绿水青山就是金山银山(人民论坛)——共建人与自然生命共同体②[N].人民日报,2022-08-18(4).

[161] 周文贵.北美自由贸易区：特点、运行机制、借鉴与启示[J].国际经贸探索,2004,20(1)：16-21.

[162] 朱旭峰,张超."竞争申请制"：可持续发展政策试点与央地关系重构[J].中国人口·资源与环境,2020,30(1)：170-176.

[163] AARS J, FIMREITE A L. Local government and governance in Norway：stretched accountability in network politics[J]. Scandinavian political studies,2005,28(3)：239-256.

[164] ADB. Toward a New Asian Development Bank in a New Asia：Report of the Eminent Persons

Group[R]. Manila：ADB，2007.

[165] ADLI M，KLEINERT S，BONK M，et al. Science to policy：M8 Alliance invites policy makers to step in[J]. Lancet，2011，378(9801)：1447-1449.

[166] AGNEW J A. Arguing with regions[J]. Regional studies，2013，47(1)：6-17.

[167] AKERLOF G A. The market for "Lemons"：quality uncertainty and the market mechanism[J]. The quarterly journal of economics，1970，84(3)：488-500.

[168] ALAGAPPA M. Constructing security order in Asia：conceptions and issues[M]//ALAGAPPA M. Asian security order：instrumental and normative features. Redwood City：Stanford University Press，2003.

[169] ALCHIAN A A，DEMSETZ H. Production，information costs，and economic organization[J]. American economic review，1972，3(2)：21-41.

[170] AL-HAYANI B，ILHAN H. Efficient cooperative image transmission in one-way multi-hop sensor network[J]. International journal of electrical engineering & education，2020，57(4)：321-339.

[171] AMIN A，THRIFT N. Globalization，institutions and regional development in Europe[M]. Oxford：Oxford University Press，1994.

[172] AMIN A，THRIFT N. Living in the global[M]//AMIN A，THRIFT N. Globalization，institutions，and regional development in Europe. Oxford：Oxford University Press，1994：1-23.

[173] AMIN A. Unruly strangers? The 2001 urban riots in Britain[J]. International journal of urban and regional research，2003，27(2)：460-463.

[174] AN B Y，BOSTIC R W. What determines where public investment goes? Regional governance and the role of institutional rules and power[J]. Public administration review，2021，81(1)：64-80.

[175] ANDERSEN O J，PIERRE J. Exploring the strategic region：rationality，context，and institutional collective action[J]. Urban affairs review，2010，46(2)：218-240.

[176] ANDREW S A，KENDRA J M. An adaptive governance approach to disaster-related behavioural health services[J]. Disasters，2012，36(3)：514-532.

[177] ANGELUCCI C，MERAGLIA S，VOIGTLANDER N. How merchant towns shaped parliaments：from the Norman conquest of England to the great reform act[J]. American economic review，2022，112(10)：3441-3487.

[178] ANIELSKI M. The genuine progress indicator：a principled approach to economics[Z]. 1999.

[179] ANSELL C，GASH A. Collaborative governance in theory and practice[J]. Journal of public administration research & theory，2008，18(4)：543-571.

[180] ANSOLABEHERE S，GERBER A，SNYDER J. Equal votes，equal money：court-ordered redistricting and public expenditures in the American States[J]. American political science review，2002，96(4)：767-777.

[181] ANTONOPOULOS C. Maritime geographies[M]//KOBAYASHI A. International encyclopedia of human geography. 2nd ed. Amsterdam：Elsevier，2019：397-406.

[182] AOKI M，KIM H K，OKUNO-FUJIWARA M. The role of government in East Asian economic development：comparative institutional analysis[M]. Oxford：Clarendon Press，1998.

[183] Asian Development Bank. The economics of climate change in Southeast Asia：a regional review [EB/OL]. (2009-04-18). https://www.adb.org/publications/economics-climate-change-southeast-asia-regional-review.

[184] ATTOH F, ISHOLA E. Migration and regional cooperation for development: ECOWAS in perspective[J]. Africa review,2021,13(2): 139-154. doi: 10. 1080/09744053. 2021. 1943146.

[185] BACCHETTA M,BEKKERS E,PIERMARTINI R,et al. COVID-19 and global value chains: a discussion of arguments on value chain organization and the role of the WTO[R]. WTO Working Papers,2021.

[186] BACHE I,BARTLE I,FLINDERS M,et al. Blame games and climate change: accountability, multi-level governance and carbon management [J]. The British journal of politics &. international relations,2015,7(1): 64-88.

[187] BAKER B. Estimates of the illegal alien population resigning in the United States: January 2015 [R/OL]. (2018-12-14) [2020-08-11]. https://www. dhs. gov/sites/default/files/publications/18_1214_PLCY_pops-est-report. pdf.

[188] BALASSA B. The theory of economic integration[M]. New York: Greenwood Press,1961.

[189] BALASSA B. Trade liberalization among industrial countries [M]. New York: McGraw-Hill,1967.

[190] BARATTA J P. The politics of world federation: from world federation to global governance [M]. Westport: Praeger,2004.

[191] BASOLO V U S. Regionalism and rationality[J]. Urban studies,2003(40): 447-462.

[192] BELL S, HINDMOOR A. Governance without government? The case of the Forest Stewardship Council[J]. Public administration,2012,90(1): 144-159.

[193] BENZ A,EBERLEIN B. The Europeanization of regional policies: patterns of multi-level governance[J]. Journal of European public policy,1999,6(2): 329-348.

[194] BENZ A. Two types of multi-level governance: intergovernmental relations in German and EU regional policy[J]. Regional &. federal studies,2000,10(3): 21-44.

[195] BEUC. EU report confirms Ecolabel must keep benefitting consumers and the environment[EB/OL]. (2017-06-30). https://www. beuc. eu/press-releases/eu-report-confirms-ecolabel-must-keep-benefitting-consumers-and-environment.

[196] BOOHER D E, INNES J E. Network power in collaborative planning[J]. Journal of planning education and resesrch,2002,21(3): 221-236.

[197] BORAS-ALOMAR S. Towards a "Europe of the Regions"? Visions and reality from a critical perspective[J]. Regional politics and policy,1994,4(2): 1-27.

[198] BOSCHMA R A. Proximity and innovation: a critical assessment[J]. Regional studies,2005, 39(1): 61-74.

[199] BOURDIEU P. Structures,habitus,power: basis for a theory of symbolic power[M]//DIRKS N B, ELEY G, ORTNER S B. Culture/Power/History. Princeton: Princeton University Press,1994.

[200] BOURDIEU P. The corporatism of the universal: the role of intellectuals in the modern world [J]. Telos,1989(81): 99-110.

[201] BOWLES S,CHOI J K, HOPFENSITZ A. The co-evolution of individual behaviors and social institutions[J]. Journal of theoretical biology,2003,223(2): 135-147.

[202] BRENNER N. Berlin's transformations: postmodern,postfordist… or neoliberal? [J]. International journal of urban and regional research,2002(3): 635-642.

[203] BRETON A. Competitive governments: an economic theory of politics and public finance[M].

Cambridge：Cambridge University Press，1996.

[204] BUCHANAN J M. The limits of liberty：between anarchy and Leviathan［M］. Chicago：University of Chicago Press，1975.

[205] BULL H. The anarchical society：a study of order in world politics［M］. 2nd ed. New York：Columbia University Press，1995.

[206] BUZAN B，WAEVER O. Regions and powers：the structure of international society［M］. Cambridge：Cambridge University Press，2003.

[207] CAPELLO R. 区域经济学［M］. 赵文，陈飞，等译. 北京：经济管理出版社，2014.

[208] CARVER J. Boards that make a difference：a new design for leadership in nonprofit and public organizations［M］. San Francisco：Jossey-Bass，Inc. Publishers，1990.

[209] CASTELLS M. The rise of the network society［M］. Cambridge：Blackwell Publishers，1996.

[210] CASTELLS M. The rise of the network society［M］. Malden：Wiley-Blackwell，2001.

[211] CERNY P G. The governmentalization of world politics［Z］. 2008.

[212] CHEEMA G S，MCNALLY C A，POPOVSKI V. Cross-border governance in Asia：regional issues and mechanisms［M］. New York：United Nations University Press，2011.

[213] CHRISTALLER W. Die zentralen orte in süddeutschland-eineökonomischgeographische untersuchung über die Gesetzmäßigkeiten der verbreitung und entwicklung der siedlungen mit städtischer funktion［M］. Jena：Gusta，1933.

[214] COASER H. The problem of social cost［J］. The journal of law and economics，1960，3：1-44.

[215] COCHRANE F，DUFFY R，SELBY J. Global governance，conflict and resistance［M］. London：Palgrave Macmillan，2003.

[216] COHEN R B. The new international division of labor，multinational corporations and urban hierarchy［M］//DEAR M，SCOTT A. Urbanization and urban planning in capitalist society. London：Routledge，1981.

[217] COMTE E. European regionalism and migration global governance［J］. Les cahiers irice，2012，9（1）：117-137.

[218] COOKE P，URANGA M G. Regional systems of innovation：an evolutionary perspective［J］. Environment & planning A：economy and space，1998，30（9）：1563-1584.

[219] COOPER R. The economics of independence：economic policy in the Atlantic Community［M］. New York：McGraw-Hill，1968.

[220] CROOK R C，MANOR J. Democracy and decentralization in South-East Asia and West Africa：participation，accountability，and performance［M］. Cambridge：Cambridge University Press，1998.

[221] CSR Report. The office of technology assessment：history，authorities，issues，and options［R］. 2020.

[222] DASANDI N，ESTEVE M. The politics-bureaucracy interface in developing countries［J］. Public administration and development，2017，37（4）：231-245.

[223] DE OLIVEIRA J A P. Implementing environmental policies in developing countries through decentralization：the case of protected areas in Bahia，Brazil［J］. World development，2002，30（10）：1713-1736.

[224] DE SOUSA L. Understanding European cross-border cooperation：a framework for analysis［J］. Journal of European integration，2012，35（6）：669-687.

[225] DENG J L. The basic method of grey system[M]. Wuhan：Huazhong University of Science and Technology Press,1996.

[226] DESMET K,HENDERSON J V. Chapter 22-the geography of development within countries[J]. Handbook of regional and urban economics,2015(5)：1457-1517.

[227] DESMET K,HENDERSON J V. The geography of development within countries[R]. CEPR Discussion Papers,2014.

[228] DESMET K,ROSSI-HANSBERG E. Spatial development[R]. NBER Working Paper,2010.

[229] DEWEY J. Human nature and human conduct[M]. New York：Prometheus Books,2002.

[230] DICKEN P. Global shift：reshaping the global economic map in the 21st century[M]. New York：Guiford Press,2007.

[231] DICKEN P. 全球性转变：重塑 21 世纪的全球经济地图[M]. 刘卫东,译. 北京：商务印书馆,2007.

[232] DIMAGGIO P J,POWELL W W. The iron cage revisited：institutional isomorphism and collective rationality in organizational fields[J]. American sociological review,1983,48（2）：147-160.

[233] DONAHUE J D,ZECKHAUSER R J. Collaborative governance：private roles for public goals in turbulent times[M]. Princeton：Princeton University Press,2011.

[234] DOS SANTOS A M,GIOVANELLA L. Regional governance：strategies and disputes in health region management[J]. Revista de saúde pública,2014,48(4)：622-631.

[235] DUFFIELD M R. Global governance and the new wars[J]. Journal of refugee studies,2014,15(3)：120-121.

[236] DUNLEAVY P. Bureaucrats,budgets and the growth of the state[J]. British journal of political science,1985,15(3)：299-328.

[237] DURAND F,NELLES J. Cross-border governance within the Eurometropolis Lille-Kortrijk-Tournai(ELKT)through the example of cross-border public transportation[R]. LISER Working Paper Series,2012.

[238] DURANTON G,PUGA D. Micro-foundations of urban agglomeration economies[M]// HENDERSON V,THISSE J F. Handbook of regional and urban economics：Volume 4. Amsterdam：North-Holland,2003：2063-2117.

[239] EDIE J M. John Wild and phenomenology[M]//KAELIN E F,SCHRAG C O. American phenomenology. Analecta Husserliana：vol 26. Dordrecht：Springer,1989.

[240] ELSNER B. Does emigration benefit the stayers? Evidence from EU enlargement[J]. Journal of population economics,2013,26(2)：531-553.

[241] EMERSON K,NABATCHI T,BALOGH S. An integrative framework for collaborative governance[J]. Journal of public administration research & theory,2012,22(1)：1-29.

[242] ESPARZA A X,KRMENEC A J. Large city interaction in the US urban system[J]. Urban studies,2000,37(4)：691-709.

[243] ESTES R J. The 'rich' and 'poor'：the widening income and development gap between rich and poor nations worldwide[M]//BRULÉ G,SUTER C. Wealth(s) and subjective well-being：social indicators research series，vol 76. Cham：Springer,2019.

[244] European Commission. EU Ecolabel facts and figures[EB/OL]. https：//environment. ec. europa. eu/topics/circular-economy/eu-ecolabel-home/business/ecolabel-facts-and-figures_en.

[245] European Commission. EU Ecolabel [EB/OL]. https://environment. ec. europa. eu/topics/circular-economy/eu-ecolabel-home_en.

[246] European Commission. Joint declaration on processors and semiconductor technologies [EB/OL]. (2020-12-07). https://digital-strategy. ec. europa. eu/en/library/joint-declaration-processors-and-semiconductor-technologies.

[247] European Commission. Maximising the development impact of migration [M]. Brussels: European Commission,2013.

[248] European Social Fund Plus (ESF+) | Culture and Creativity[EB/OL]. https://culture. ec. europa. eu/node/1164.

[249] EVANS P. Embedded autonomy: states and industrial transformation[M]. Princeton: Princeton University Press,1995.

[250] FANG C,YU D. Urban agglomeration: an evolving concept of an emerging phenomenon[J]. Landscape and urban planning,2017,162: 126-136.

[251] FAUX J. NAFTA's impact on U. S. workers[EB/OL]. (2013-12-09). https://www. epi. org/blog/naftas-impact-workers/.

[252] FEIOCK R C. Rational choice and regional governance[J]. Journal of urban affairs,2007,29(1): 47-63.

[253] FEIOCK R C. The institutional collective action framework[J]. Policy studies journal, 2013, 41(3): 397-425.

[254] FENNA A. Federalism: a normative theory and its practical relevance[J]. Australian journal of political science,2012,47(4): 745.

[255] FENNELL S. Building on Bandung: what does cooperation do for regional engagement? [J]. Asian journal of peacebuilding,2022,10(1): 87-105.

[256] FERNANDEZ-STARK K,BAMBER P,GEREFFI G. Regional competitiveness in the Latin America offshore services value chain[M]//BARDHAN A,JAFFEE D,KROLL C. The Oxford handbook of offshoring and global employment. Oxford: Oxford University Press,2013.

[257] FOSTER J,METCALFE J S. Frontiers of evolutionary economics competition,self-organization and innovation policy[M]. Cheltenham: Edward Elgar Publishing Limited,2001.

[258] FRASER N. Untruly practices[M]. Minneapolis: University of Minnesota Press,1989.

[259] FREEMAN R B. Globalization of scientific and engineering talent: international mobility of students,workers,and ideas and the world economy economy[J]. Economics of innovation and new technology,2010,19(5-6): 393-406.

[260] FRIEDMANN J. Regional development policy[M]. Cambridge: MIT Press,1966.

[261] FRIEDMANN J. The world city hypothesis[J]. Development and change,1986,17(1): 69-83.

[262] FØLLESDAL A. Survey article: the legitimacy deficits of the European Union[J]. Journal of political philosophy,2006,14(4): 441-468.

[263] GATES D M. Basic research in Europe-reply[J]. Science,1959,130(3368): 171.

[264] GEREFFI G,HUMPHREY J,KAPLINSKY R,et al. Introduction: globalisation,value chains and development[J]. IDS bulletin-institute of development studies,2001,32(3): 1-8.

[265] GEREFFI G. The organization of buyer-driven global commodity chains: how US retailers shape overseas production networks[M]//GEREFFI G,KORZENIEWICZ M. Commodity chains and global capitalism. Westport: Praeger,1994.

［266］ GERTLER M S. Rules of the game: the place of institutions in regional economic change[J]. Regional studies,2010,44(1): 1-15.

［267］ GHERE D. Simulating the cold war: the Yalta Conference[J]. OAH magazine of history,2010, 24(4): 46-51. doi: 10. 1093/maghis/24. 4. 46.

［268］ GIESSEN L. Regional governance in rural development programmes-which role for forestry? [J]. Folia forestalia polonica,2009,51(1): 54-60.

［269］ GILPIN R. A realist perspective on international governance[M]//MCGREW A, HELD D, GOLDBLATT D. Governing globalization: power,authority and global governance. Cambridge: Polity,2002.

［270］ Government of Canada. Canada-France statement on artificial intelligence[EB/OL]. (2018-06-07). https://www. international. gc. ca/world-monde/international _ relations-relations _ internationales/europe/2018-06-07-france_ai-ia_france. aspx? lang=eng.

［271］ GRANDORI A. Innovation,uncertainty and relational governance[J]. Industry & innovation, 2006,13(2): 127-133.

［272］ GULATI R, SINGH H. The architecture of cooperation: managing coordination costs and appropriation concerns in strategic alliances[J]. Administrative science quarterly,1998,43(4): 781-814.

［273］ GUNNINGHAM N,SINCLAIR D. Policy instrument choice and diffuse source pollution[J]. Journal of environmental law,2005,17(1): 51-81.

［274］ HABERMAS J. The philosophical discourse of modernity [M]. Cambridge, Mass: MIT Press,1990.

［275］ HABERMAS J. The theory of communicative action[M]. Boston: Beacon Press,1984.

［276］ HALKIER H. Regionalism contested: institution, society and governance [M]. London: Routledge,2005.

［277］ HALL P. The world cities[M]. New York: World University Library,1966.

［278］ HAMILTON D K. Measuring the effectiveness of regional governing systems: a comparative study of city regions in North America[M]. New York: Springer,2013.

［279］ HARDY C,PHILLIPS N. Strategies of engagement: lessons from the critical examination of collaboration and conflict in an interorganizational domain[J]. Organization science, 1998, 9 (2): 217-230.

［280］ HARRISON J. Configuring the new "regional world": on being caught between territory and networks[J]. Regional studies,2013,47(1): 55-74.

［281］ HARWOOD J, PHILLIMORE J, FENNA A. Federal implications of Northern Territory Statehood[J]. Australian journal of public administration,2010,69(1): 34-46.

［282］ HAYEK F A. The road to serfdom[M]. Chicago: University of Chicago Press,1994.

［283］ HENRY N, PINCH S. Neo-Marshallian nodes, institutional thickness, and Britain's 'Motor Sport Valley': thick or thin? [J]. Environment and planning A: economy and space, 2001, 33(7): 1169-1183.

［284］ HILLIER J. Splintering urbanism: networked infrastructures, technological mobilities and the urban condition[J]. Political geography,2003,22(6): 707-710.

［285］ HINDERAKER I,ANDERSON W,WEIDNER E W,et al. Intergovernmental relations in the United States as observed in the State of Minnesota[J]. The western political quarterly,1951(4): 679.

[286] HIV and AIDS[EB/OL]. (2023-07-13). https://www. who. int/news-room/fact-sheets/detail/ hiv-aids.

[287] Malaria[EB/OL]. https://ourworldindata. org/malaria.

[288] Tuberculosis in the WHO African Region: 2023 progress update[R]. Brazzaville: WHO African Region. Licence: CC BY-NC-SA 3. 0 IGO, 2023.

[289] HOLMSTROM B, MILGROM P. The firm as an incentive system[J]. American economic review, 1994, 84(4): 972-991.

[290] HOLMSTROM B. Moral hazard in team[J]. Bell journal of economic, 1982, 13(2): 324-340.

[291] HOOGHE L, MARKS G, SCHAKEL A H. The rise of regional authority: a comparative study of 42 democracies(1950-2006)[M]. London: Rouledge, 2020.

[292] HOTELLING H. Stability in competition[J]. The economic journal, 1929, 39(153): 41-57.

[293] HOWELL-MORONEY M. The Tiebout Hypothesis 50 years later: lessons and lingering challenges for metropolitan governance in the 21st century[J]. Public administration review, 2008, 68(1): 97-109.

[294] HÖNNIGE C, PANKE D. The Committee of the Regions and the European Economic and Social Committee: how influential are Consultative Committees in the European Union? [J]. Journal of common markets studies, 2013, 51(3): 452-471.

[295] IRALDO F, GRIESSHAMMER R, KAHLENBORN W. The future of ecolabels[J/OL]. The international journal of life cycle assessment, 2020, 25: 833-839. https://doi. org/10. 1007/ s11367-020-01741-9.

[296] ISAKSEN A, REMOE S O. New approaches to innovation policy: some Norwegian examples [J]. European planning studies, 2001, 9(3): 285-302.

[297] JAKOBSEN S E, BYRKJELAND M, BATEVIK F O, et al. Continuity and change in path-dependent regional policy development: the regional implementation of the Norwegian VRI programme[J]. Norsk geografisk tidsskrift-norwegian journal of geography, 2012, 66(3): 133-143.

[298] JESSOP B. Capitalism and its future: remarks on regulation, government and governance[J]. Review of international political economy, 1997, 4(3): 561-581.

[299] JONES B D. Conflict, power and irreconcilable preferences: some limits to self-organizing mechanisms[M]//FEIOCK R C, SCHOLZ J T. Self-organizing federalism: collaborative mechanisms to mitigate institutional collective action dilemmas. New York: Cambridge University Press, 2010.

[300] KAI W, WARNER J, TORTAJADA C. The dark side of governance: an introduction to the special issue[J]. International journal of water governance, 2014, 2(2/3): 1-6.

[301] KANG X G, HAN H. Administrative absorption of society: a further probe into the state-society relationship in Chinese mainland[J]. Social sciences in China, 2007(2): 116-128.

[302] KAPLAN R D. The geography of Chinese power: how far can Beijing reach on land and at sea? [J]. Foreign affairs, 2010, 89(3): 22-41.

[303] KARAMFILOVA E. Revision of the EU Regulation on classification, labelling and packaging of substances and mixtures[EB/OL]. https://www. europarl. europa. eu/RegData/etudes/BRIE/ 2023/740223/EPRS_BRI(2023)740223_EN. pdf.

[304] KAUFMANN D, KRAAY A, MASTRUZZI M. Governance matters VI: aggregate and

individual governance indicators 1996-2006[R]. World Bank Policy Research Working Paper No. 4280,Washington,DC,2007.

[305] KAUFMANN D, KRAAY A, MASTRUZZI M. The worldwide governance indicators: methodology and analytical issues[J]. Hague journal on the rule of law,2011,3(2): 220-246.

[306] KEATING M. Intergovernmental relations and innovation: from co-operative to competitive welfare federalism in the UK[J]. British journal of politics & international relations,2012, 14(2): 214-230.

[307] KENIS P,PROVAN K. The control of public networks[J]. International public management journal,2006,9(3): 227-247.

[308] KEOHANE R O,MACEDO S,MORAVCSIK A. Constitutional democracy and world politics: a response to Gartzke and Naoi[J]. International organization,2011,65(3): 599-604.

[309] KEOHANE R O,NYE J S. Power and interdependence[M]. 3rd ed. 北京：北京大学出版社,2004.

[310] KEOHANE R O,NYE J S. Power and interdependence: world politics in transition[M]. Boston: Little Brown & Company,1977.

[311] KERNAGHAN K. Empowerment and public, administration: revolutionary advance of passing fancy? [J]. Canadian public administration,1992(35): 194-214.

[312] KEYNES J M. The general theory of employment[J]. Quarterly journal of economics,1937,51(2): 209-223.

[313] KISSINGER H. World order[M]. New York: Penguin Books,2014.

[314] KLAPPER L F, LOVE I. Corporate governance, investor protection, and performance in emerging markets[J]. Journal of corporate finance,2004,10(5): 703-728.

[315] KLIJN E H. Governance and governance networks in Europe[J]. Public management review, 2008,10(4): 505-525.

[316] KONIGER P, JANOWITZ K. Drowning in information, but thirsty for knowledge[J]. International journal of information management,1995,15(1): 5-16.

[317] KOOIMAN J. Social-political governance: overview, reflection and design[J]. Public management,1999,1(1): 67-92.

[318] KOPPENJAN J F M, KLIJN E H. Managing uncertainties in networks[M]. London: Routledge,2004.

[319] KRAMSCH O T. The Rabelaisian border[J]. Environment and planning D: society & space, 2010,28(6): 1000-1014.

[320] KRAWCZYK Z, UNIDO. Industrial development report[J]. Przemysl chemiczny,2003,82(2): 65-69.

[321] KUBLER D,SCHWAB B. New regionalism in five Swiss metropolitan areas: an assessment of inclusiveness, deliberation and democratic accountability[J]. European journal of political research,2007(4): 473-502.

[322] KWON S W,FEIOCK R C,BAE J. The roles of regional organizations for interlocal resource exchange: complement or substitute? [J]. American review of public administration,2014, 44(3): 339-357.

[323] KÜBLER D,SCHWAB B. New regionalism in five Swiss metropolitan areas: an assessment of inclusiveness, deliberation and democratic accountability[J]. European journal of political

research,2007,46(4):473-502.

[324] LAKE D A. Rightful rules:authority,order,and the foundations of global governance[J]. International studies quarterly,2010,54(3):587-613.

[325] LANE M,MORRISON T. Public interest or private agenda?:a meditation on the role of NGOs in environmental policy and management in Australia[J]. Journal of rural studies,2006,22(2):232-242.

[326] LAWSON M,CHAN M K,RHODES F,et al. Public good or private wealth? [EB/OL]. (2019-01-21)[2019-02-25]. https://www.oxfam.org/en/research/public-good-or-private-wealth.

[327] LAZEAR E P. Pay equality and industrial polities[J]. Journal of political economy,1989,87(6):1261-1284.

[328] LEACH C W,BROWN L M,WORDEN R E. Ethnicity and identity politics[M]//KURTZ L. Encyclopedia of violence,peace,&. conflict. Salt Lake City:Academic Press,2008.

[329] LEWIS M W,WIGEN K E. The myth of continents:a critique of meta geography[M]. Berkeley:University of California Press,1997.

[330] LINDER S H,PETERS B G. Implementation as a guide for policy:a question of 'when' rather than 'whether'[J]. International review of administrative science,1989,55:631-652.

[331] LOSCH A. The economics of location[M]. New Haven:Yale University Press,1954.

[332] LUKES S. Power:a radical view[M]. 2nd ed. London:Palgrave Macmillan,2004.

[333] MARKS G,HOOGHE L,BLANK K. European Integration and the State[R]. EUI-RSCAS Working Papers 7,European University Institute(EUI),Robert Schuman Centre of Advanced Studies(RSCAS),1995.

[334] MARKS G,HOOGHE L,BLANK K. European integration from the 1980s:state-centric v. multi-level governance[J]. Journal of common market studies,1996,34(3):341-378.

[335] MARKS G. Structural policy and multilevel governance in the EC[M]//CAFRUNY A W, ROSENTHAL G G. The State of the European Community,Vol. 2:the maastricht debates and beyond. Harlow:Longman,1993.

[336] MCCARTHY J,ZALD M N. Resource mobilization and social movements:a partial theory[J]. American journal of sociology,1977,82(6):1212-1241.

[337] MEDEIROS E. Cross-border cooperation in inner Scandinavia:a territorial impact assessment [J]. Environmental impact assessment review,2017,62:147-157.

[338] MENZIES J. Blowing hot and cold-intergovernmental relations capacity in the commonwealth government[J]. Australian journal of public administration,2012,70(4):408-420.

[339] METZE T,LEVELT M. Barriers to credible innovations:collaborative regional governance in the Netherlands[J]. Innovation journal,2012,17(1):2-15.

[340] MEULEMAN L. Public management and the meta governance of hierarchies,networks and markets:the feasibility of designing and managing governance style combinations [M]. Heidelberg:Physica—Verlag,2008.

[341] MILLER D Y. The regional governing of Metropolitan America [M]. Boulder:Westview Press,2002.

[342] MITTELMAN J H. Rethinking the 'new regionalism' in the context of globalization[M]//HETTNE B,INOTAI A,SUNKEL O. Globalism and the new regionalism. London:Palgrave Macmillan,1999:25-53.

[343] MOE T M. Power and political institutions[J]. Perspectives on politics,2005,3(2):215-233.

［344］ MOLTZ J C. The changing dynamics of twenty-first-century space power[J]. Journal of strategic security,2019,12(1)：15-43.

［345］ MORAVCSIK A. Preferences and power in the European Community：a liberal intergovernmentalist approach[J]. Journal of common market studies,1993,31(4)：473-524.

［346］ MORRISON T H. Developing a regional governance index：the institutional potential of rural regions[J]. Journal of rural studies,2014,35：101-111.

［347］ NAHAPIET J,GHOSHAL S. Social capital,intellectual capital,and the organizational advantage [J]. The academy of management review,1998,23(2)：242-266.

［348］ National Science Board. Science and Engineering Indicators 2018[R]. Arlington,VA：National Science Foundation,2018.

［349］ NELLES J,DURAND F. Political rescaling and metropolitan governance in cross-border regions：comparing the cross-border metropolitan areas of Lille and Luxembourg[J]. European urban & regional studies,2012,21(1)：104-122.

［350］ NELSON R R,WINTER S G. An evolutionary theory of economic change[M]. Cambridge：Harvard University Press,1982.

［351］ NELSON R R. A theory of low-level equilibrium trap in underdeveloped economies [J]. American economic review,1956,46(5)：894-908.

［352］ NEWMAN P. Changing patterns of regional governance in the EU[J]. Urban studies,2000, 37(5-6)：895-908.

［353］ NICE D C. Federalism：the politics of intergovernmental relations[M]. New York：St. Martin's Press,1987.

［354］ NILSSON M,ZAMPARUTTI T,PETERSEN J E,et al. Understanding policy coherence：analytical framework and examples of sector-environment policy interactions in the EU[J]. Environmental policy & governance,2012,22(6)：395-423.

［355］ NIOSI J,BELLON B. The global interdependence of national innovation systems：evidence, limits,and implications[J]. Technology in society,1994,16(2)：173-197.

［356］ NORTH D C. Institutions,institutional change,and economic performance[M]. Cambridge：Cambridge University Press,1990.

［357］ NORTH D C. The role of institutions in economic development,United Nations economic[R]. Commission For Europe Discussion Paper,2003.

［358］ NYE J S JR,WELCH D A. Understanding global conflict and cooperation：an introduction to theory and history[M]. 10th ed. 上海：上海人民出版社,2021.

［359］ OECD. G7 Hiroshima process on generative artificial intelligence (AI)[EB/OL]. https://doi. org/10. 1787/bf3c0c60-en.

［360］ OLSON M. The logic of collective action：public goods and the theory of groups [M]. Cambridge：Harvard University Press,1965.

［361］ OLSON M. The logic of collective action：public goods and the theory of groups [M]. Cambridge：Harvard University Press,1971.

［362］ ONUF N. World of our making：rules and rule in social theory and international relationships[M]. Columbia：University of South Carolina Press,1989.

［363］ OSTROM E. A general framework for analyzing sustainability of social-ecological systems[J]. Science,2009,325(5939)：419-422.

[364] OSTROM E. Community and the endogenous solution of commons problems[J]. Journal of theoretical politics,1992,4(3)：343-351.

[365] O'BRIEN R,GOETZ A M,SCHOLTE J A,et al. Contesting global governance[M]. Cambridge：Cambridge University Press,2000.

[366] PAASI A. The institutionalization of regions：a theoretical framework for understanding the emergence of regions and the constitution of regional identity[J]. Fennia,1986,16：105-146.

[367] PAPADOPOULOS Y. Accountability and multi-level governance：more accountability, less democracy? [J]. West European politics,2010,33(5)：1030-1049.

[368] PAPADOPOULOS Y. Cooperative forms of governance：problems of democratic accountability in complex environments[J]. European journal of political research,2003,42(4)：473-501.

[369] PASWAN A K, HIRUNYAWIPADA T, IYER P. Opportunism, governance structure and relational norms：an interactive perspective[J]. Journal of business research,2017,77：131-139.

[370] PEARCE G,MAWSON J,AYRES S. Regional governance in England：a changing role for the government's regional offices? [J]. Public administration,2008,86(2)：443-463.

[371] PEMPEL T J. Soft balancing,hedging,and institutional Darwinism：the economic-security nexus and East Asian Regionalism[J]. Journal of East Asian studies,2010,10(2)：209-238.

[372] PETERS B G. Institutional theory in political science[M]. London：Continuum,2012.

[373] PETERS B G. Managing horizontal government：the politics of co-ordination [J]. Public administration,1998,76(2)：295-311.

[374] PETERS B G. Public bureaucracy and public policy[M]//ASHFORD D E. History and context in comparative public policy. Pittsburgh：University of Pittsburgh Press,1992.

[375] PETERSON P E. City limits[M]. Chicago：University of Chicago Press,1981.

[376] PHILLIMORE J. Intergovernmental relations in Australia：increasing engagement [M]//CHATTOPADHYAY R,NERENBERG K. Dialogues on intergovernmental relations in federal systems. Montreal Quebec：McGill-Queen's University Press,2010.

[377] PHILLIMORE J. Understanding intergovernmental relations：key features and trends[J]. Australian journal of public administration,2013,72(3)：228-238.

[378] PHILLIPS N. The rise and fall of open regionalism? Comparative reflections on regional governance in the Southern Cone of Latin America[J/OL]. Third world quarterly,2003,24(2)：217-234. https：//doi. org/10. 1080/0143659032000074565.

[379] PIKNER T. Reorganizing cross-border governance capacity：the case of the Helsinki-Tallinn Euregio[J]. European urban & regional studies,2008,15(3)：211-227.

[380] POIRIER J,SAUNDERS C. Cooperative mechanisms and intergovernmental relations in federal regimes[M]//CHATTOPADHYAY R，NERENBERG K. Dialogues on intergovernmental relations in federal systems. Montreal Quebec：McGill-Queen's University Press,2010.

[381] POLLITT C. Managerialism and the public service[M]. 2nd ed. Oxford：Blackwell,1993.

[382] PRAKASH A. The impact of climate change in Southeast Asia [EB/OL]. (2021-12-31). https：//www. imf. org/en/Publications/fandd/issues/2018/09/southeast-asia-climate-change-and-greenhouse-gas-emissions-prakash.

[383] PRESSMAN J,WILDAVSKY A. Implementation[M]. Berkeley：University of California Press,1974.

[384] Project to support the evaluation of the implementation of the EU ecolabel regulation[R/OL].

https://environment.ec.europa.eu/system/files/2023-05/Ecolabel%20Synthesis%20Report.pdf.

[385] PUTNAM R D. Making democracy work: civic traditions in modern Italy[M]. Princeton: Princeton University Press,1993.

[386] RADIN B A. Varieties of federal governance: major contemporary models, edited by Rekha Saxena[J]. Publius: the journal of federalism,2012,42(4): e6.

[387] RAPACKI R,PROCHNIAK M. EU membership and economic growth: empirical evidence for the CEE countries[J]. The European journal of comparative economics,2019,16(1): 3-40.

[388] RHODES R A W,MARSH D. New directions in the study of policy networks[J]. European journal of political research,1992(21): 181-205.

[389] RHODES R A W. Understanding governance: ten years on[J]. Organization studies, 2007, 28(8): 1243-1264.

[390] RHODES R. The new governance: governing without government[J]. Political studies,1996, 44(4): 652-667.

[391] RISSE-KEPPEN T. Exploring the nature of the beast: international relations theory and comparative policy analysis meet the European Union[J]. Journal of common market studies, 1996,34(1): 53-80.

[392] ROBSON P. The economics of international integration[M]. London: Routledge,1998.

[393] RODRÍGUEZ-POSE A. Do institutions matter for regional development? [J]. Regional studies, 2013,47(7): 1034-1047.

[394] ROSENAU J N,SINGH J P. Information technologies and global politics: the changing scope of power and governance[M]. Albany,NY: SUNY Press,2002.

[395] SABEL C,ZEITLIN J. Experimentalist governance in the European Union: towards a new architecture[M]. Oxford: Oxford University Press,2010.

[396] SABEL C,ZEITLIN J. Learning from difference: the new architecture of experimentalist in the EU[M]//SABEL C,ZEITLIN J. Experimentalist governance in the European Union: towards a new architecture. Oxford: Oxford University Press,2010.

[397] SABEL C. Constitutional ordering in historical context[M]//SCHARPF F. Games in hierarchies and networks. London: Routledge,1993.

[398] SACK R D. Human territoriality[M]. Cambridge: Cambridge University Press,1986.

[399] SALMON L M. The international guide to nonprofit law[M]. Hoboken: Wily,1997.

[400] SANDHOLTZ W,SWEET A S. European integration and supranational governance[M]. Oxford: Oxford University Press,1998.

[401] SAVITCH H V,RONALD K V. Paths to new regionalism[J]. State and government review, 2000,32(3): 158-168.

[402] SCHOLTE J A. Civil society and democratically accountable global governance[J]. Government and opposition,2004,39(2): 211-233.

[403] SCOTT A J. Globalization and the rise of city-regions[J]. European planning studies,2001, 9(7): 813-826.

[404] SCOTT A. From Silicon Valley to Hollywood: the multimedia industry in California[M]// BRACZYK H, COOKE P, HEIDENREICH M. Regional innovation systems. London: UCL Press,1997.

[405] SHAPLEY L S,SHUBIK M. A method for evaluating the distribution of power in a committee

system[J]. The American political science review,1954,48(3): 787-792.

[406] SIMON H A. Administrative behavior: a study of decision-making processes in administrative organizations[M]. 4th ed. New York: Free Press,1997.

[407] SNIDER C F. Country and township government in 1935-36 [J]. American political science review,1937,31(5): 884-913.

[408] SNYDER J M JR, TING M M, ANSOLABEHERE S. Legislative bargaining under weighted voting[J]. American economic review,2005,95(4): 981-1004.

[409] SOLOW R M. A contribution to the theory of economic growth[J]. The quarterly journal of economics,1956,70(1): 65-94.

[410] SOUSA L D. Understanding European cross-border cooperation: a framework for analysis[J]. Journal of European integration,2013,35(6): 669-687.

[411] STEIN A A. Coordination and collaboration: regimes in an anarchic world [J]. International organization,1982,36(2): 299-324.

[412] STONE C N. Systemic power in community decision making: a restatement of stratification theory[J]. American political science review,1980,74(4): 978-990.

[413] STONE D. Global public policy,transnational policy communities,and their networks[J]. Policy studies journal,2008,36(1): 19-38.

[414] STUBBS R,UNDERHILL G R D. Political economy and the changing global order [M]. London: Macmillan Press,1994.

[415] SWAN T W. Economic growth and capital accumulation[J]. Economic record,1956,32(2): 334-361.

[416] TALBERTH J,WEISDORF M. Genuine progress indicator 2. 0: pilot accounts for the US, Maryland,and City of Baltimore 2012-2014[J]. Ecological economics,2017,142: 1-11.

[417] TAYLOR C. Foucault on freedom and truth[J]. Political theory,1984,12(2): 152-183.

[418] TAYLOR P J. World city network: a global urban analysis[M]. London: Routledge,2003.

[419] THAKUR R,WEISS T G. Global governance and the UN: an unfinished journey [M]. Bloomington: Indiana University Press,2010.

[420] The ASEAN Declaration (Bangkok Declaration) [EB/OL]. https://asean. org/wp-content/ uploads/2022/02/0719. pdf.

[421] The Commission on Global Governance. Our global neighborhood [M]. Oxford: Oxford University Press,1995.

[422] The White House. Executive order on America's supply chains[EB/OL]. (2021-02-24). https:// www. whitehouse. gov/briefing-room/presidential-actions/2021/02/24/executive-order-on-americas-supply-chains/.

[423] TIEBOUT C M. A pure theory of local expenditure[J]. Journal of political economy, 1956, 64(5): 416-424.

[424] TINBERGEN J. International economic integration[M]. Amsterdam: Elsevier,1954.

[425] Treaty of amity and cooperation in Southeast Asia [EB/OL]. https://asean-aipr. org/wp-content/uploads/2018/07/Treaty-of-Amity-and-Cooperation-in-Southeast-Asia-1976-TAC. pdf.

[426] UN General Assembly. 2005 World Summit Outcome: A/RES/60/1[R]. 2005.

[427] UNDP. Human Development Report 1990[M]. New York: Oxford University Press,1990.

[428] United Nations, Department of Economic and Social Affairs, Population Division. World population prospects[R]. New York,2017.

［429］ VAN DYCK R. 'Divided we stand'：regionalism,federalism and minority rights in Belgium［J］. Res publica,2011(2)：429-446.

［430］ VELD R J,SCHAAP L,TERMEER C J A M,et al. Autopoiesis and Configuration Theory：new approaches to societal steering［M］. Dordrecht：Kluwer Academic Publishers,1991.

［431］ VERNON R. International investment and international trade in the product cycle［J］. Quarterly journal of economics,1966,80(2)：190-207.

［432］ VINER J. The customs union issue［M］. Oxford：Oxford University Press,2014.

［433］ VON THÜNEN J H. Der isolierte staat in beziehung auf landwirtschaft und national konomie ［M］. Hamburg：Puthes,1826.

［434］ WEBER A. Über den standort der industrien,1. teil：reine theorie des standortes［M］. Chicago：University of Chicago Press,1929.

［435］ WESTABY J D,WOODS N, PFAFF D L. Extending dynamic network theory to group and social interaction analysis：uncovering key behavioral elements,cycles,and emergent states［J］. Organizational psychology review,2016,6(1)：34-62.

［436］ WILLIAMSON J G. Regional inequality and the process of national development：a description of patterns［J］. Economic development and cultural change,1965,13(4)：1-84.

［437］ WILLIAMSON O E. Comparative economic organization：the analysis of discrete structural alternatives［J］. Administrative science quarterly,1991,36(2)：269-296.

［438］ WINTERS L A. 模式4：贸易自由化对经济的影响［M］//MATTOO A,CARZANIGA A. 人才流动与服务贸易自由化. 北京：中国财政经济出版社,2004：42.

［439］ WOLLMANN H,SCHROTER E. Comparing public sector reform in Britain and Germany：key traditions and trends of modernization［M］//ROSKIN M G. Countries and concepts：politics, geography,culture. 12th ed. New York：Pearson Education,2012.

［440］ World Health Organization. Programme Budget 2018—2019［EB/OL］. (2020-11-12). https://www. who. int/publications/i/item/WHO-PRP-17. 1.

［441］ WRIGHT J. International encyclopedia of the social & behavioral sciences ［M］. 2nd ed. Amsterdam：Elsevier,2015.

［442］ WRIGHT V. Privatization in Western Europe［M］. London：Printer,1994.

［443］ ZHOU N,TAN J,REN X, et al. Measurement of coordination degree between economy and logistics in Hebei Province,China,Based on Fractional Grey Model(1,1)［J］. Discrete dynamics in nature & society,2022,2022：1-12.

后　记

当今世界,区域发展、国家发展、全球发展紧密联系。伴随发展议题的多样性和信息通信技术发展,地区间联系在普遍加强。由于全球治理主体的协调与动员成本受地缘政治、经济地理和现实主义的广泛影响,治理效果存在较大的不确定性,全球化前行面临巨大挑战。在这种情形下,区域治理被广泛认为是区域发展中解决重大公共问题的一种有效机制。

区域治理的理论范式是植根于发展实践基础上的。区域治理不仅用于解释现代社会中区域发展、政治秩序、行政权力运行与公共政策演化的理论工具体系,其本身也充分涵盖了综合性、交叉性、融合性和开放包容的理论特质。除政治学领域中的民主政治、国际关系理论、选举制度研究被广泛使用之外,制度经济学、区域经济学、发展经济学、公共选择理论、社会冲突论、社会动力学、集体行动理论、社会交换理论、知识社会学、政府间关系、公共政策网络等相关学科范式都为区域治理研究提供广泛的学科支撑。因此,区域治理的理论探索是一个方兴未艾的巨大空间。

从一国内部演化历史来看,国家间历史脉络与文化基因、现实政治制度与发展阶段各异;区域治理也就体现了国家特征。西方国家的区域治理是经济区域化背景下的志愿型政治契约过程。从世界主要国家的区域发展历程考察,区域发展过程整体上是随着本国工业化而同向演进的。如一些西方主要国家区域发展整体上经历了优先发展和均衡发展两个阶段。优先发展主要通过"政府干预＋市场效率"的治理机制建立大都市圈,解决地区间资源分散化配置导致的低效问题,打破"低水平均衡"状态。均衡发展阶段主要是以城市郊区化和逆城市化路径实现人口、经济要素和社会资源的跨区域配置重构。在这个过程中,参与式治理在解决这些国家内部地区财政差距、社会异化、经济预期和其他问题上发挥了一定作用。

区域高质量发展是中国式现代化中的最主要支撑力量。在全球经济发展波动性依然较强的严峻形势下,中国各地区的发展凸显了对当前经济形势把握的方向任务、明确目标和实践路径。各地区坚持在创新、协调、绿色、开放和共享的新发展理念引领下,积极探索由政府引导,市场主体、社会主体和人民群众齐心聚力的区域治理方案,以构建现代化的区域经济体系、自主安全的产业体系与协调合作型公共服务体系,为全社会持续稳健地提供高质量的经济社会发展成果。

中国区域高质量发展的治理目标是区域经济可持续韧性增长和地区间福利普遍公平分配两个目标的耦合。中国区域高质量发展的治理机制体现了发展议程设置的动态性、治理工具的创新性和测度指标的多维性。改革开放以来,国家通过重大区域发展规划,促进了地区之间融合优质的改革创新要素,建立与发展目标适配的治理工具,相继实施优先发展、差异化发展、融合发展和协调发展。治理工具与区域治理目标协同,在直接型政策工具和间接型政策工具,供给型政策工具和赋能型政策工具,单一型政策工具和组合型政策工具上进行创新;以央地协同、政策试验和经济放权等制度安排促进了包括基础设施空间互联、地区间经贸往来、地区间科技创新网络、公共服务供给府际协议等在内的区域治理结构。在治理效果的测度上,围绕区域治理能够有效促进经济增长和福利创造,从地区构建完善的赋能环境、人才资源总量与结构、市场结构和创新生态中选择产业、贸易、科技、生态、人文和安全等指标来评价区域治理效果。

区域高质量发展是在遵循可持续的韧性增长机制下,规避线性高速攀升和断崖式下跌风险,在合理波动区间实现螺旋式攀升的稳健型增长模式,以增强应对外部环境不确定性和风险冲击的能力。这也为对区域治理的理论探索与实践路径创新提出了新方向。在更为多元复杂和不确定的现实场景中,治理逻辑、制度框架、机制运行和路径选择都需要不断探索。对此,我们需要更宽广的视角、更韧性包容的机制来探索区域治理的理论范式和实践道路。

本书是清华大学公共管理系列教材之一,也是清华大学文科振兴基金基础研究专项(2021THZWJC09)的相关研究成果。在该书写作过程中,清华大学外文系的黄瑞涵同学参与了欧盟非营利组织和区域国际组织的相关资料整理工作,清华大学日新书院的高宇欣同学参与了东盟、非盟区域治理的相关资料和智库报告整理工作,清华大学日新书院的中文系的王予时同学参与了欧盟生态标签和长三角绿色治理的相关案例资料分析工作,清华大学公共管理学院研究生赵天仪参与了教材内容的文字格式校对工作。作者对支持本书出版的学术同仁、老师和同学们一并表示感谢。感谢清华大学出版社徐永杰编辑对本书审稿校对工作的辛勤付出。书中如有疏漏之处,恳请各位读者批评指正。